MYLÈNE

Du même auteur

Mille et Une raisons de rompre, Zulma, 1998.
Mémoire d'un répondeur, Le Castor Astral, 1999.
La Vie sitcom, Verticales, 2001.
Comme un seul homme, La Martinière, 2004.
Ma mère en plus jeune, Le Cherche-Midi, 2006.
Daddy Blue, Le Cherche-Midi, 2007.

La Société des people, essai, Michalon, 2008.

Hugues Royer

MYLÈNE

Biographie

Flammarion

ISBN : 978-2-0812-2125-3

À Papa...

« La vie des autres m'intéresse
beaucoup plus que la mienne. »
Mylène Farmer

Prologue

Trop tard. Il n'y a plus un seul coffret au premier étage de la Fnac Saint-Lazare. En ce lundi 25 août 2008, le magasin a exceptionnellement ouvert ses portes dès neuf heures du matin. Mais trop tard. La vingtaine de collectors de l'album *Point de suture* mise en vente s'est arrachée en moins de trente secondes, me dit-on. Il est neuf heures dix. Je m'engouffre dans le métro et file en catastrophe vers la Fnac des Ternes. Elle n'ouvre qu'à dix heures. J'attends une demi-heure devant les grilles de l'entrée. Là, j'ai toutes mes chances. Je plaisante avec une fille qui a réussi à se procurer le coffret tant convoité, mais qui veut en acheter un autre pour un ami – louable intention. « Il contient une aiguille et une pince à suturer », me dit-elle, enthousiaste.

À l'heure dite, dès que les grilles commencent à remonter, une trentaine de personnes se ruent vers l'intérieur. Bien décidé à mettre la main sur le précieux trésor, je prends l'escalator et m'élance jusqu'au deuxième étage. Las, point de collectors sur les présentoirs. « Ils sont au rez-de-chaussée », nous indique un vendeur, constatant la panique qui s'empare des clients. Je redescends aussitôt sans traîner, tourne et vire à la recherche des boîtiers métalliques couleur argent. En vain. J'aperçois un présentoir vide. Les coffrets se trouvaient-ils ici ? En quelle quantité ont-ils été livrés au magasin ? Comment ont-ils pu se volatiliser aussi vite ? Autant de mystères que je ne résoudrai pas. Je repars bredouille. Furieux et frustré.

*

Pourquoi le nier, j'aime Mylène. Depuis 1989, au moins. Depuis qu'elle a posé cette question qui m'obsédait déjà à l'époque : « À quoi je sers ? » Je débutais alors dans l'enseignement et partageais bien des doutes existentiels avec les élèves de terminale qui découvraient la philosophie par mon intermédiaire. À bien y réfléchir, pourtant, mon mal vient de plus loin. Trois ans auparavant, j'avais été intrigué par le clip de *Plus grandir*, par cette femme brune et frêle qui promenait sa poupée en poussette dans les allées d'un cimetière pour la conduire sur sa propre tombe. Déjà, je m'étais dit : voilà une artiste qui détonne. Par la suite, initié par une amie qui ne jurait que par elle, j'ai succombé à mon tour. J'ai attendu ses albums comme autant de pièces formant un puzzle inachevé. Je me suis suspendu à son filet de voix comme à la parole d'une sœur. J'ai puisé dans certains textes des consolations provisoires à un mal de vivre qui, aujourd'hui encore, m'étreint parfois comme un baiser au goût morbide. Amélie Nothomb a raison de dire que Mylène aide « bien des personnes dans leur vie ». En pointant ses propres fêlures, ce sont les nôtres qu'elle nous renvoie, comme dans un miroir. En cela, elle remplit le rôle le plus précieux qui incombe aux artistes : non pas simplement nous divertir en nous faisant sortir de nous-mêmes, mais nous conduire à l'intérieur de nous-mêmes pour nous aider à mieux nous comprendre et nous accepter.

*

Être fan suppose, toutefois, une soumission qui m'est impossible. Mylène n'est pas ma colonne vertébrale, je tiens debout sans elle. Amateur, c'est autre chose. Ça n'exclut pas de garder un certain sens critique. Malgré l'exigence de qualité qui traverse sa carrière depuis ses débuts, tout ce que publie la chanteuse n'emporte pas mon adhésion béate. Il m'arrive même d'être exaspéré par une forme de complaisance dans l'exposé de la souffrance. Mais ces petits agacements n'ont jamais suffi à me détourner d'elle. Si elle exerce un tel pouvoir de séduction sur moi comme sur tant d'autres c'est, bien au-delà de l'indéniable sex-appeal qui la rend si désirable, parce qu'elle offre à qui veut l'entendre un univers rare autant que complexe.

Et c'est là qu'il faut être vigilant, éviter le piège des clichés. Car depuis plus de vingt ans qu'elle fait carrière, Mylène est l'objet d'une rhétorique stérile qui l'a enterrée vivante dans une posture d'icône. Pour résumer : « C'est une star inaccessible, secrète, mystérieuse qui n'aime pas se livrer à la presse ; une diva sulfureuse adulée par des fans hystériques ; ses clips forment un cocktail de sang, de religion et de mort ; ses concerts ressemblent à des messes ; elle offre des shows à l'américaine, c'est notre Madonna française. » Si rien de tout cela n'est totalement faux, on conçoit bien qu'un tel laïus, aussi hagiographique soit-il, porte en germe un risque de fossilisation. Les biographies nombreuses déjà publiées à la gloire de la chanteuse semblent retracer une histoire qui s'est figée à force d'être réécrite dans les mêmes mots. Voilà pourquoi il importe de dépoussiérer un mythe qui sent déjà la naphtaline. Oui, il est urgent de retrouver le souffle de Mylène derrière la machine de guerre Farmer.

*

Mylène Farmer, c'est bien davantage qu'une discographie. C'est un monde qui s'ouvre. Un livre sans fin qui en contient d'autres. Il faut insister sur ce point : en multipliant les références littéraires, la chanteuse aspire son public vers le haut. Pour celui qui la suit, c'est une source de richesse intarissable. Si la chanteuse a pu échapper à la banalité ambiante et se forger une mythologie singulière, c'est parce que son œuvre ressemble à un labyrinthe. Ne faut-il pas accepter de se perdre si l'on veut conserver une chance de se trouver ?

« J'aime l'idée que chacun puisse y puiser ce qu'il a envie d'y puiser, et se raconter, dans le fond, sa propre histoire [1] », dit-elle à propos de ses chansons. On comprend mieux, dès lors, la sainte horreur de la justification qu'elle revendique depuis ses débuts. L'essentiel, n'est-ce pas cette relation profonde qu'elle a nouée avec son public ? Si les gens se déplacent en masse pour venir l'applaudir lors de ses shows pharaoniques, c'est en réalité avec chacun des spectateurs qu'un lien se tisse. L'immensité d'un Bercy n'empêche pas une forme d'intimité. En laissant sa « voix d'ange déchu » – comme la qualifie joliment Salman Rushdie – lui souffler des mots à l'oreille, chacun puise ce qu'il est venu chercher. « Pourquoi percer l'hymen si fragile de notre relation que je devine fusionnelle [2] ? », écrit Mylène en guise de préface au livre de Claude Gassian qui immortalise ses derniers concerts à Paris-Bercy. Loin de moi l'idée, à travers ces pages, de briser un lien aussi unique. Dans ce monde paradoxal où l'essor des technologies vouées à la communication engendre plus de solitudes que jamais, Mylène n'a plus à se demander à quoi elle sert. Être là pour nous, ce n'est pas rien du tout.

1

« Pourquoi moi ? »

Plus fort que Madonna. La presse n'en finit pas de commenter l'exploit. Les places pour la prochaine tournée se vendent comme des petits pains. Le 28 avril 2008, jour de l'ouverture des guichets, la totalité des 80 000 places du concert au Stade de France, qui aura lieu le 12 septembre 2009, soit plus d'un an après, s'arrachent en deux heures. Pour satisfaire les fans frustrés, une autre date est ajoutée. Cette fois, le show affiche complet en une heure et quinze minutes. Record battu ! Dès lors, Thierry Suc, tourneur et manager de Mylène, peut annoncer que la star se lancera dans une vaste tournée en France, en Belgique et en Suisse. Le 23 mai 2008, lorsque les billets sont disponibles, l'hystérie atteint son comble. En vingt-quatre heures, 100 000 places sont prises d'assaut. Quant au concert du 4 septembre 2009, à Genève, il affiche, à son tour, complet en un temps record.

« Nous avons tous été très, très émus. Et Mylène en premier lieu, évidemment, commente alors Thierry Suc. Tous ces gens qui se sont déplacés, qui ont attendu, qui parfois n'ont pas eu de place. C'est la preuve d'un amour réel du public, d'une relation unique et inexplicable. » Au printemps 2008, c'est le manager de Mylène qui est chargé d'assurer la promotion de la tournée. C'est lui qui accorde les interviews à la presse régionale, tandis que la chanteuse, fidèle à elle-même, se tait. « Je pense que Mylène a duré parce qu'elle n'a jamais cherché à expliquer ou expliciter ce qu'elle fait. Elle livre les choses, c'est tout. Et son public les reçoit. Elle fédère l'amour des gens comme personne. En France, aujourd'hui, il y a Johnny et Mylène. »

Thierry Suc n'a pas tort. En inscrivant son parcours dans la durée, alors que tant d'autres artistes ont sombré dans l'oubli, Mylène s'est forgé une légitimité. Elle est devenue un monument de la chanson. Aussi n'est-il pas étonnant que le grand public lui rende visite sur scène comme on honore un fleuron du patrimoine national. C'est la famille au grand complet, toutes générations confondues, qui va à un concert de Mylène, afin d'entendre ses tubes incontournables, *Libertine*, *Sans contrefaçon* ou *Désenchantée*. Pas sûr, en revanche, que la majorité des spectateurs connaissent par cœur les chansons du nouvel album, *Point de suture*.

*

« Après vingt ans de chansons et de scène, je mesure le succès à l'envie du public qui n'a jamais cessé. Cela est essentiel à mes yeux [1] », a récemment déclaré la chanteuse lors d'un entretien à *Paris Match*. Pourtant, Mylène le sait, le succès n'est jamais acquis. Redoutable position que d'être la première de sa catégorie, la chanteuse qui vend le plus d'albums dans l'Hexagone depuis deux décennies. À chaque fois, il lui faut remettre son titre en jeu. Voilà pourquoi il lui arrive de s'étonner, avec une humilité non feinte, fût-ce devant treize mille témoins, d'être toujours au sommet.

Palais omnisports de Bercy, mardi 17 janvier 2006. Mylène donne le quatrième des treize concerts qui font l'événement en ce début d'année. Elle se tient debout au centre de la scène, au côté d'Yvan Cassar, qui l'accompagne au piano pendant la séquence des ballades. Le recueillement est à son comble. Soudain, au beau milieu de *Rêver*, elle s'interrompt pour confier quelques mots au public, murmurés d'une voix étranglée de petite fille. « Vous n'imaginez pas l'émotion que ça donne. Je n'arrive pas à dormir en ce moment, je me demande pendant des heures "pourquoi moi" ? »

*

« Pourquoi moi ? » C'est toute la question, en effet. Comment expliquer que Mylène Farmer soit la seule rescapée, côté filles, des chanteuses ayant commencé leur carrière dans les années 1980 ? Et, surtout, par quel prodige a-t-elle réussi à relever ce défi qu'elle aurait, à l'âge de quatorze ans, lancé à ses camarades : « Je deviendrai quelqu'un » ? L'ambition, aussi démesurée soit-elle, n'explique pas tout, même lorsqu'elle est partagée avec un Pygmalion génial. Il faut croire que, depuis ses débuts, un ange veille sur elle. Qu'il la préserve des erreurs qui, à maintes reprises, auraient pu lui être fatales.

En 1984, Laurent Boutonnat et Jérôme Dahan envoient la maquette de *Maman a tort* à de nombreuses maisons de disques, mais se heurtent à un refus unanime. Ils auraient pu en rester là, choisir une autre interprète, ou même renoncer à la chanson – Boutonnat rêve surtout de cinéma –, mais non. Têtus, ils décident de réexpédier la même version en prétendant qu'il s'agit d'un « mix ». Un mensonge qui fait mouche : François Dacla, chez RCA, mord à l'hameçon. Et Mylène enregistre son premier 45 tours. Un succès d'estime qu'elle a bien l'intention de réitérer. « On dit souvent qu'il est difficile de durer, moi je mise sur une carrière et je préfère y croire, je cherche la continuité[2]. »

Pourtant, après l'échec cuisant de son deuxième single, *On est tous des imbéciles*, l'aventure aurait pu s'arrêter là. Mylène doit trouver une nouvelle maison de disques. Le métier lui accorde une seconde chance : Alain Lévy, chez Polydor, qui semble croire en son avenir, lui permet d'enregistrer son premier album. Tout pourrait sembler idyllique, sauf que le choix de *Plus grandir* comme single, imposé par le patron, risque une fois encore de faire capoter la jeune carrière de Mylène. Une grave erreur, selon Laurent Boutonnat et Bertrand Le Page, le manager de la chanteuse, qui misent beaucoup sur *Libertine*. « Nous sommes tous fiers de cette chanson, persuadés d'avoir le grand succès du disque, racontera Jean-Claude Dequéant, le compositeur. Le choix d'Alain Lévy a failli tout compromettre. Finalement, c'est le lancement de *Libertine* qui fera décoller l'album. C'est là que tout démarre vraiment, mais au bord du désastre[3]. »

Et encore, le succès de *Libertine* va en partie reposer sur le choc provoqué par le clip. Sans le soutien de ce petit chef-d'œuvre de raffinement pervers, qui surclasse toutes les productions de l'époque, peut-on imaginer que la chanson aurait connu un destin aussi prodigieux ? Le comble, c'est que ce court-métrage n'a pu être financé que grâce au soutien bénévole de Movie Box, une société de publicité où Laurent Boutonnat avait quelques amis. Toute l'équipe du clip, acteurs et techniciens, a accepté de participer à l'aventure sans la moindre rémunération.

*

Bien plus tard, même solidement accrochée à la première place, la star va devoir mobiliser toutes ses forces pour sauvegarder cette couronne si chèrement acquise. Ainsi, pour *Anamorphosée*, en 1995, son retour, trois ans après le carton de l'album *L'Autre*, est en passe de virer au cauchemar. Entre-temps, l'échec du film *Giorgino* a changé la donne. Tout le métier pense que Mylène est « finie », qu'elle va dévisser comme une Jeanne Mas avant elle. De fait, lorsque sort l'album *Anamorphosée*, en pleine vague Céline Dion, qui triomphe avec l'album *D'eux*, concocté par Goldman, Mylène a perdu du terrain. Contrainte de sortir de sa réserve, elle participe à plusieurs émissions de télévision. Surtout, elle entreprend une tournée flamboyante qui va lui permettre de reconquérir son public. Un an et demi après sa sortie, l'album se hisse enfin en tête des ventes. Une fois de plus, Mylène a échappé au naufrage.

*

« Si je dois tomber de haut / Que ma chute soit lente », chante-t-elle dans son plus grand tube, *Désenchantée*. Il semble bien que cette grâce lui ait été accordée. Appelons cela la chance ou le destin. Mylène est trop romantique dans l'âme, en effet, pour ne pas croire en sa bonne étoile. « Il y a les élus et les autres, dit-elle. De cette élection peut naître soit une grande élévation, soit l'abîme le plus profond. Certaines choses nous sont données, à nous de les enrichir[4]. » Malgré tout, elle ne cesse de douter. L'avenir n'est jamais acquis. Chaque album, chaque tournée représentant un nouveau pari qui n'est jamais gagné d'avance. Et l'ivresse des sommets rend encore plus vertigineuse la peur de dégringoler.

Après un quart de siècle, elle est toujours là. Et, contrairement à une rumeur persistante qui lui prête l'intention de prendre sa retraite dans un proche avenir, Mylène semble bien décidée à exercer ses talents aussi longtemps que le public l'encouragera dans cette voie. D'ores et déjà, le formidable succès annoncé de sa tournée 2009 résonne comme un retentissant pied de nez à tous ceux qui, nombreux dans le métier, ont cent fois prédit sa chute.

2

De l'inconvénient d'être née

Certains n'ont pas choisi de naître. Ils ne ressentent pas, au fond d'eux, ce souffle qui bouscule tout, chasse les nuages et vous pousse toujours vers la lumière. Ils traversent l'existence comme des fantômes, promenant leur souffrance comme un fardeau greffé dans leur dos. Parfois, ils ont besoin de se pincer très fort pour se rappeler à eux-mêmes qu'ils sont vivants. Ils ne parviennent pas à aller de l'avant sans être paralysés de questionnements. Ils ne sont pas suicidaires, non, ni forcément morbides. Simplement sceptiques. Pourquoi sont-ils nés ? Est-ce le fruit du seul hasard ? Leur existence a-t-elle bien un sens ? Autant de doutes qui ne les laissent jamais en paix. Jusqu'à leur dernier soupir, il leur faut apprendre à apprivoiser leurs peurs, ne plus redouter la tombée du jour comme la promesse d'une nouvelle insomnie.

Mylène est de ceux-là. Elle aime à citer un mot de Samuel Beckett qui, dit-elle, l'accompagne depuis des années : « Ma naissance fut ma perte[1]. » Le 12 septembre 1961, pourtant, c'est un magnifique bébé qui vient au monde à l'hôpital du Sacré-Cœur de Pierrefonds. Il est 5 heures 17 quand Mylène voit le jour, ce qui lui donne une configuration astrale singulière, Vierge ascendant Vierge. Marguerite, sa mère, a déjà donné la vie à deux autres enfants, Brigitte, en 1959, et Jean-Loup, en 1960. Pour cette femme de trente-sept ans à la silhouette gracile, la naissance de Mylène marque la fin d'un cycle. D'ailleurs, alors que les trois premiers enfants se suivent à une cadence rapide, le petit dernier, Michel, ne pointera le bout de son nez que huit ans plus tard. Une pause semble donc avoir été nécessaire avant d'agrandir encore la famille.

Mylène n'ignore rien des circonstances de sa venue au monde. La photographe Elsa Trillat, qui a eu des contacts privilégiés avec la famille Gautier en 1987, en témoigne. « Une fois, sa mère a fait une projection de photos de famille. J'ai vu Mylène bébé, elle était bien costaude. Ravie, elle s'est tournée vers moi et m'a dit : "Tu vois, quand je suis née, j'ai déchiré les entrailles de ma mère[2]." » Formule lapidaire qui dénote l'humour décapant de la chanteuse. Provocation, aussi, adressée à sa génitrice, comme si une rivalité fantasmée avait pu s'instaurer dès l'origine entre les deux femmes. Comme si, entre le bébé qui se bat pour naître, et sa maman, se jouait une lutte à mort, au terme de laquelle l'un des deux pouvait éventuellement disparaître...

*

« Je suis née en colère[3] », affirme Mylène. Un sentiment qui ne la quittera pas, signant sans doute une forme d'insoumission dans son tempérament. Surtout, cette colère va s'avérer très productive : elle sera le carburant de son expression artistique. Bien plus tard, la chanteuse évoquera un cauchemar récurrent qui la poursuit, et dans lequel son inconscient revisite cette scène archaïque. « Un lit immense, des draps blancs. J'y suis blottie en position du fœtus. Devant moi, un énorme cordon ombilical, vraiment énorme... Il m'incombe de le couper. Comment ? Avec les dents ? Je ne suis qu'une enfant[4]. » Détresse d'un être qui, malgré ses appels au secours désespérés, doit apprendre à se débrouiller seul. À bien des égards, ce mauvais rêve est révélateur d'une obsession qui va hanter l'œuvre farmerienne : cette solitude existentielle qu'elle chantera sur tous les tons.

*

De constitution fragile, Marguerite doit se ménager. Une amie de la famille Gautier, Bertha Dufresne, évoque également ses problèmes de dos. Bricoleur, Max Gautier fait son possible pour que son épouse puisse s'occuper des trois enfants dans les meilleures conditions. « Dans la salle de bains, il avait installé une planche amovible qui permettait à Marguerite de réaliser la toilette de Mylène en évitant de se pencher trop en avant au-dessus de la baignoire, car son dos la faisait parfois souffrir[5]. » Entre ce bébé robuste qui, très tôt, semble jauger les êtres, et cette maman ralentie par la fatigue, une forme d'incompréhension va s'installer.

Mylène ignore encore pourquoi elle ressent cette colère sourde. À mesure qu'elle grandit, que son corps s'affine, que son regard sur le monde s'intensifie, tout va s'éclairer. Impossible de savoir à quel moment le déclic se produit. Toujours est-il que cette découverte va marquer son existence à jamais : la fillette prend conscience de sa finitude. Ce que la vie a de révoltant, c'est qu'elle s'achève dans la mort. Rien ne dure, nous ne sommes que de passage. Comment ne pas éprouver une immense rage face à cette cruelle évidence que le monde adulte semble vouloir cacher aux enfants ? Un choc terrible, qui résonne comme la fin d'une certaine d'innocence. « Le fait d'être mortelle est quelque chose d'insupportable, dit-elle. Je porte ce fardeau avec moi[6]. »

*

Il lui faut vivre avec cette vérité indépassable, qui ne la réconcilie nullement avec sa mère. Car en lui donnant la vie, celle-ci l'a condamnée à mourir par la même occasion.

Est-ce un hasard si la première chanson de Mylène s'intitule *Maman a tort* ? À l'époque, Marguerite semble dubitative sur le succès du 45 tours. Sans doute ne croit-elle pas, à l'époque, aux chances de réussite de cette enfant qui lui semble si peu conciliante. Au fond, la comptine dit surtout le refus de la fille de s'identifier à la figure maternelle. Lors de son premier spectacle, en 1989, Mylène mettra d'ailleurs en scène une dispute avec sa mère, interprétée par Carole Fredericks, sur le thème : « Tu n'es pas ma mère et je ne serai jamais ta fille. » Un clin d'œil aux conflits qui ont émaillé les rapports entre les deux femmes.

Donner la vie, c'est donner la mort. Le clip de *Sans contrefaçon* illustre bien ce paradoxe. La marionnette de bois ne devient vivante qu'au contact de la figure maternelle, incarnée par Zouc ; son regard plein d'amour suffit à l'animer. Mais cette vie, qu'elle réussit à lui insuffler, elle la lui reprend aussitôt : dès qu'elle s'éloigne, l'héroïne redevient pantin, au grand désespoir de son créateur.

*

« Pendant vingt-trois ans, j'ai maudit ma mère de m'avoir mise au monde », avoue-t-elle. Avant d'ajouter : « Et puis après, je l'ai adorée[7]. » Il aura donc fallu que Mylène entame sa carrière de chanteuse pour trouver un sens à son existence et, par conséquent, faire la paix avec celle qui l'a enfantée. Voilà qui en dit long sur l'ambition qui la guide : en devenant artiste, elle veut, ni plus ni moins, défier cette mort qui lui gâche la vie.

Une obsession qui transparaît dans nombre de ses clips, où les personnages qu'elle incarne semblent flirter avec la Faucheuse comme pour mieux l'apprivoiser. Ainsi Mylène est-elle enterrée dans *Plus grandir*, empoisonnée dans *Tristana*, abattue dans *Libertine*, noyée dans *Ainsi soit je*, brûlée vive dans *Beyond My Control*, assassinée dans *California*, suicidée dans *L'Âme-Stram-Gram* ou encore refroidie dans *Fuck Them All*. Mettre en scène sa propre fin, n'est-ce pas le meilleur moyen d'exorciser son angoisse de disparaître ?

Dans *Paradis inanimé*, l'une des chansons de son dernier album, la chanteuse imagine même le scénario de sa mort avec une sérénité déconcertante : « Dans mes draps de chrysanthèmes / L'aube peine à me glisser / Doucement son requiem / Ses poèmes adorés. » Aucune angoisse n'affleure : le repos éternel a des allures de long sommeil apaisant. Rien ne viendra désormais perturber ce silence qui enveloppe le corps comme un linceul. Et lorsque les pensées ressuscitent le passé, c'est avec le sentiment d'une existence pleinement savourée. Le meilleur antidote à l'angoisse de disparaître ? L'amour reçu que Mylène garde dans son cœur comme un trésor inaliénable. « Et mourir d'être mortelle / Mourir d'être aimée », chante-t-elle à la fin du refrain.

*

Dans le salon de son appartement, en région parisienne, Marguerite Gautier expose à la vue des visiteurs le premier disque d'or de sa fille. Un signe qui ne trompe pas. Si Mylène a gardé en elle, intacte, cette colère qui reste le moteur de sa créativité, elle a fait, depuis longtemps, la paix avec celle qui lui a donné la vie.

3

La neige qui recouvre tout

Une silhouette sombre qui se découpe sur un paysage immaculé. Entre la plaine qui s'étend à l'infini et le ciel, pâle comme un linge, l'horizon a bien du mal à établir une frontière. La femme se tient debout sans bouger. Mais son corps, soudain immatériel, se dissout peu à peu dans l'espace : en quelques secondes, il se volatilise, nuée de poussière noire emportée par le vent. Ainsi s'achève le clip de *Fuck Them All*, tourné dans les environs de Budapest par Agustin Villaronga.

Si l'on devait retenir une seule image, ce serait la neige. La neige qui recouvre tout. Les toits des habitations, la cime des arbres, les routes et les champs. Les souvenirs, aussi. C'est bien pratique, la neige : c'est une couverture qui unifie le paysage, le purifie de sa blancheur. La neige a enseveli les souvenirs d'enfance de Mylène. Elle le répète chaque fois qu'on lui pose la question : sa mémoire lui fait défaut dès lors qu'il s'agit d'évoquer ses premières années au Canada. « Ce sont des pages effacées [1] », dit-elle. Pour faire émerger quelques scènes enfouies, il lui faut donc faire appel à un tiers, par exemple questionner Brigitte, sa sœur aînée, qui travaille toujours à ses côtés et la rejoint parfois en vacances. La neige ? « On m'a dit que j'en mangeais beaucoup [2]... » Derrière ce « on »-là se profilent les rares témoins d'une enfance verrouillée.

*

Sur un document filmé par Max, le papa, diffusé lors d'une émission de télévision, on découvre une petite fille apparemment comme les autres, plutôt rieuse et enjouée. Ses cheveux sont châtains et courts. Elle joue avec Brigitte, qui a de longs cheveux blonds, et Jean-Loup, son frère aîné. Les trois enfants s'ébrouent dans une piscine en plastique installée dans le jardin de la propriété de Pierrefonds. Mylène n'est pas la dernière à chahuter. L'hiver, elle se livre à d'interminables batailles de boules de neige.

De ses premières années ne filtre aucun souvenir précis, si l'on excepte quelques impressions éparses, le goût du sirop d'érable, un écureuil tombé d'un arbre et recueilli dans un tonneau. « C'est troublant pour moi[3] », lâche-t-elle. Reste, malgré tout, un sentiment vague, celui d'une atmosphère ouatée. « Le Canada est un pays confiné, on se sent comme en hibernation, davantage protégé, en confiance[4]. »

*

Dans le programme de sa première tournée, en 1989, Mylène a fait imprimer une phrase de Luc Dietrich : « L'oubli, c'est le sommeil de nos douleurs. » Faut-il alors fouiller dans son passé à la recherche de séquences traumatiques qui expliqueraient ce brouillard ? À quoi bon vouloir à tout prix exhumer une fêlure dans une petite enfance qui semble baigner dans la sérénité ? La véritable origine de cette amnésie, il faut sans doute la chercher ailleurs. Lorsqu'elle est âgée de huit ans, Mylène apprend que sa famille va quitter le Canada. Ce berceau douillet et tranquille où elle a fait ses premiers pas n'était donc qu'un décor de passage. La mission professionnelle de son père s'achève. Ingénieur des ponts et chaussées, il a participé à l'édification du plus grand barrage à voûtes du monde sur le Manicouagan pour

Hydro-Québec. Et ce départ pour Ville-d'Avray, en région parisienne, une banlieue policée et sans âme, non loin de Versailles, va résonner comme la fin d'un état de grâce.

*

Voilà pourquoi la neige aura toujours, pour Mylène, l'apparence d'un paradis perdu. « L'amnésie, c'est la seule maladie tolérable avec l'amour[5] », dit-elle. Oublier son bonheur passé, n'est-ce pas le moyen le plus sûr de fuir un présent qui s'annonce difficile ? À Pierrefonds, les plaines étaient vastes, la nature omniprésente, les voisins aimables ; l'existence avait cette lenteur apaisante propice à toutes les rêveries. Au domaine de La Ronce, où les Gautier se sont installés, l'horizon est plus réduit, malgré la proximité des étangs. Les enfants vont devoir réapprendre à vivre ensemble, inventer de nouveaux jeux. Plus rien ne sera jamais comme avant.

Mylène n'est pas amnésique. Elle est nostalgique d'un passé magnifié dont l'évocation est une souffrance parce qu'il symbolise un paradis désormais hors d'atteinte. Ses souvenirs enfouis, le froid les a conservés. Sinon, comment expliquer l'omniprésence de l'hiver dans les paroles des chansons et de la neige dans les clips ? De *Tristana*, à ses débuts, à *Fuck Them All*, en 2005, en passant par *Désenchantée*, les paysages immaculés constituent la trame la plus constante de l'imagerie farmerienne. La neige, c'est une couverture qui protège, le seul souvenir tolérable. Celui qui contient tous les autres, les empêche de vous blesser.

*

À quoi bon entreprendre une thérapie si c'est pour rouvrir des plaies enfouies ? Voilà pourquoi, sans doute, Mylène n'a jamais cédé à la tentation du divan. Elle s'en est expliquée. « On ne guérit jamais de son enfance. On peut analyser, prendre un peu de distance, pardonner. Les émotions demeurent. Enfouies mais entières. J'ai parfois rêvé de revivre sous hypnose, ou à l'occasion d'une psychanalyse, ces moments forts qui m'ont marquée. Pour retrouver à l'état brut l'intensité émotionnelle d'alors. J'ai hésité. J'hésite encore. Par peur peut-être. Par crainte aussi d'y perdre ma créativité[6]. »

Et pourtant, au détour d'une chanson, *Redonne-moi*, Mylène caresse l'idée d'émerger de ce grand trou noir. Alors qu'elle s'enfonce dans la souffrance, une voix amie lui murmure combien il pourrait être salutaire de « retrouver une trace de soi ». À quoi ressemblent donc ces souvenirs interdits et comme prisonniers sous la glace ? « Peut-être sève ? Peut-être fièvre ? », fredonne Mylène, désemparée, comme si elle ignorait absolument tout de son passé...

*

Si sa mémoire demeure aussi imprécise, c'est aussi parce que l'enfance de Mylène n'appartient pas tout à fait au passé. « Il y a une grande part d'enfance en moi. Peut-être que je ne dois pas la quitter[7]. » Toujours en contact avec la petite fille qu'elle fut, la star se félicite même de ne pas être « une grande personne » parce que « ça ne comporte aucun intérêt[8] ». Si l'enfance reste aussi vivante dans son présent, on comprend qu'elle ne puisse faire l'objet de réminiscences. Comment pourrait-on prétendre cueillir des souvenirs alors qu'il n'existe aucune cloison étanche avec ce passé ?

Pour tout cela, et pour d'autres raisons encore, Mylène est devenue une immense star. Loin d'être des handicaps, ces zones d'ombre ont d'ailleurs largement contribué à sa reconnaissance publique. Quand la neige fond, tout semble sale et gris. L'éclat du blanc fait place à des paysages peu séduisants. Mieux vaut sans doute alors garder l'image de la plaine enneigée. Comme une tache de lumière qui embellit la vie.

4

Une timidité maladive

Une enfilade de couloirs où même les pas feutrés résonnent. Une odeur d'éther qui vous prend à la gorge. Des chambres glacées, des lits étroits, des brancards qui vont et viennent dans les ascenseurs. Chaque dimanche, elle est fidèle au rendez-vous. Au départ, Mylène accompagnait d'autres élèves de son âge après les cours de catéchisme. Et puis, depuis plusieurs semaines, elle y vient seule. Elle préfère s'y rendre loin du regard des autres. Chaque dimanche, « pour échapper à l'ennui [1] », dit-elle, elle visite les enfants malades à l'hôpital de Garches. Certains, victimes d'accidents de la route, sont paralysés. D'autres souffrent de maladies génétiques. Elle a quatorze ans.

Voilà un souvenir, une fois n'est pas coutume, qui demeure indélébile. Mylène l'a évoqué maintes fois, et y revient sans cesse, comme un épisode marquant de son enfance à Ville-d'Avray. « Un électrochoc », dit-elle. « Une clé », même, pour comprendre qui elle est. Avant de préciser : « S'occuper d'enfants tétraplégiques, c'est insupportable pour quelqu'un qui marche. » Révoltée devant le spectacle de la maladie, l'adolescente ressent une forme de culpabilité, qui s'ajoute au chagrin. Impuissante devant ces drames souvent irrémédiables, elle se force à sourire, à s'ouvrir à ces enfants qui ont le même âge qu'elle. « J'essayais de communiquer avec eux, de jouer, de leur apporter quelque chose. C'est quelque chose qui vous marque fatalement à vie. Ça rend triste, définitivement[2]. »

Pour passer autant de temps auprès de ces êtres que la vie a diminués, il faut éprouver une immense solitude. Surtout, il faut se sentir soi-même différent de la multitude. Le handicap n'est pas nécessairement une catégorie répertoriée par un diagnostic médical. Il peut être vécu de l'intérieur, comme une fêlure qui vous rend inapte à une existence sociale normale. Baudelaire l'a bien montré dans son poème *L'Albatros*. « Ses ailes de géant l'empêchent de marcher », écrit-il à propos du poète, moqué par ses frères humains parce qu'il semble incapable de trouver sa place dans leur communauté.

Pour Mylène, partager des moments intenses avec ces enfants n'a rien d'une sinécure. Pourtant, la jeune fille y trouve son compte. Elle échappe à l'ambiance familiale, où elle se sent souvent incomprise. À leur contact, surtout, elle trouve un sens à ce mal-être sourd qui grandit depuis que sa famille a quitté le Canada. C'est cette proximité avec l'autisme qui permettra à Mylène d'incarner avec tant de crédibilité Catherine, l'héroïne de *Giorgino*. Pour se préparer au rôle, elle visitera d'ailleurs à nouveau un hôpital psychiatrique. « Je suis fascinée, confiera-t-elle, par les enfants autistes. Par le mystère qu'ils gardent, leur incapacité à communiquer[3]. »

*

Dans ces derniers mots, tout est dit, ou presque. Si l'adolescente se sent différente, c'est parce qu'elle se vit comme emmurée en elle-même. « Je suis constamment gênée par le regard des autres depuis que je suis toute petite[4] », avoue-t-elle. Une timidité maladive, voilà son infirmité. Trait de caractère qui la rapproche de son père, un homme du genre réservé, y compris dans le travail, si l'on en croit ses collègues de l'époque canadienne. Elle n'y peut rien :

dès qu'un inconnu pénètre dans la maison de Ville-d'Avray, elle devient muette comme une carpe. Incapable de s'ouvrir, elle baisse les yeux et ne décroche pas un mot.

Tous ceux qui, plus tard, ont croisé un jour la route de Mylène ont été frappés par cette timidité extrême. Sophie Tellier, la célèbre rivale de *Libertine* dans le clip et sur scène, en témoigne. « Elle est très renfermée. Lorsqu'il y a plus de deux personnes autour d'elle, elle ne parle pas[5]. » « Face aux gens, elle semble être totalement démunie, sans défense, comme si elle n'avait pas de cuirasse[6] », m'explique la photographe Elsa Trillat. Christophe Mourthé, qui a réalisé quelques-uns des clichés les plus glamours de la chanteuse entre 1986 et 1988, me raconte : « Quand nous marchions ensemble tous les deux dans la rue, elle était toujours du côté du mur, comme s'il lui fallait un rempart pour être protégée des autres[7]. » Philippe Séguy, le premier biographe officiel de la star, relate comment Mylène s'est présentée à lui au premier rendez-vous. « Elle baissait les yeux, m'a tendu la main, n'a fait que pincer la mienne, offrant un sourire aussitôt ravalé de petite fille intimidée[8]. »

*

Un tempérament qui constitue un obstacle majeur pour sa carrière. À ses débuts, elle est tellement réservée qu'il est impensable, pour Jérôme Dahan, qui a cosigné *Maman a tort* avec Laurent Boutonnat, d'envisager pour elle une carrière tonitruante à la Jeanne Mas. Lui, songe davantage à un créneau plus discret à la Françoise Hardy. « Chez ma mère, où il y avait une grande pièce avec un piano, on répétait la mise en scène des morceaux. Mylène avait du mal à appréhender tout cela, et on devait, Laurent et moi, lui apprendre les chorégraphies. Elle n'avait pas du tout de vision, de conscience de son corps[9]. » Bertrand Le Page, son premier manager, m'a également confié son désarroi devant une artiste aussi peu extravertie. « Ce n'était pas dans sa nature, il a fallu qu'elle travaille dur pour sortir quelque chose d'elle-même. Je mettais la chanson, je montais le son à fond et je lui disais : "Vas-y, montre-moi ce que tu sais faire." Mais ce n'était pas du tout concluant[10]. »

C'est là que Sophie Tellier va jouer un rôle déterminant. Danseuse professionnelle proche de Redha, créateur de ballets cultes dans les années 1980, elle devient la chorégraphe personnelle de Mylène. Il lui faut d'abord rompre cette gangue qui emprisonne le corps de son élève. Patiente, Sophie se rend tous les jours au domicile de la chanteuse et gagne sa confiance en la faisant rire. Peu à peu, elle parvient à trouver les mouvements de bras, de jambes et de tête qui lui sont naturels. Avec un professeur aussi doué, les résultats sont spectaculaires.

Malgré tout, lorsqu'on revoit les sauts de cabri de Mylène chantant *Libertine* sur le petit écran, on ne peut s'empêcher d'y déceler une raideur encore maladroite. Une telle exubérance force sans doute à l'excès son côté introverti. Plus tard, à mesure qu'elle trouvera des gestuelles plus adaptées à son véritable caractère, une indéniable grâce se dégagera des tableaux de certaines chansons comme *Désenchantée* ou *L'Âme-Stram-Gram*. Mais cette aisance inattendue, gagnée à la sueur de son front, ne changera rien à la nature profonde de Mylène.

*

Pour tous ceux qui ont partagé des moments forts avec la chanteuse, en tout cas, cette réserve extrême, loin d'être rebutante, s'impose comme un charme supplémentaire. « Elle en use et en abuse, mais elle le fait tellement bien que tout le monde est amoureux d'elle[11] », explique Christian Padovan, bassiste sur la première tournée en 1989. La chanteuse Marie Laforêt, dont Mylène reprendra sur scène *Je voudrais tant que tu comprennes*, n'est pas insensible non plus à la séduction qui se dégage d'une nature aussi effarouchée. « Je me suis retrouvée deux fois en interview avec elle, raconte-t-elle. Elle était quasiment muette, si bien que je me sentais obligée de meubler un peu. Elle était infiniment touchante : elle avait l'air d'un oiseau tombé du nid[12]. »

Des années plus tard, cette timidité semble s'être encore aggravée, si l'on en croit Mylène elle-même : sa cruelle absence médiatique, y compris au moment de promouvoir ses albums, serait la conséquence de cette appréhension ancrée en elle. En décembre 2005, ce n'est que sur l'insistance de sa maison de disques et de ses fans qu'elle consent à accorder une interview à Thierry Demaizière, dans le cadre de l'émission « Sept à huit » sur TF1. Un moment terrifiant pour elle. « Je vous dois une semaine et demie d'insomnie et un presque ulcère », dit-elle en préambule avec ironie. Quant au journaliste, qui n'a pas pu rencontrer l'artiste auparavant, il confiera après coup : « Elle tremblait à la fin de l'entretien. Elle souffrait vraiment[13]. » On la retrouve encore superbe et tétanisée, les cheveux défaits en cascade, le 12 décembre 2006, face à Patrick Poivre d'Arvor, dans le 20 heures de TF1, où elle vient annoncer la sortie de son DVD live. Sourire crispé, rires nerveux émaillent cette interview aux allures de séance de torture.

Le regard de l'autre, d'autant plus acide lorsqu'une caméra la filme, semble aussi difficile à accepter qu'à l'époque où Mylène était petite fille. Seule la scène lui permet de dépasser cette angoisse. Il lui faut se sentir démesurément aimée, submergée d'un amour XXL, pour offrir au public ses trésors les plus intimes.

5

« Fille manquée »

« Dis, maman, pourquoi je suis pas un garçon ? » La question, dérangeante à souhait, introduit les premières notes d'une de ses chansons les plus emblématiques, *Sans contrefaçon*. Pour l'occasion, la voix de Mylène est celle d'une fillette espiègle. Durant ses vacances d'été à La Garde-Freinet, en 1987, elle s'était amusée à faire son marché chez les commerçants locaux, demandant quelques poireaux et autres pommes de terre, comme si elle avait cinq ans. Des fous rires partagés avec la photographe Elsa Trillat. Venue rejoindre son amie dans une maison louée avec Laurent Boutonnat, elle a été le témoin de la genèse de *Sans contrefaçon*.

Au départ, les deux jeunes femmes écoutent en boucle *Comme un garçon*, un vieux tube de Sylvie Vartan, dans la voiture d'Elsa. Et puis, Mylène se lance. Au bord de la piscine, armée d'un dictionnaire de rimes, elle griffonne dans la bonne humeur des mots en lettres majuscules sur une feuille de papier. Chaque fois, elle demande à son amie ce qu'elle pense de ses trouvailles. En deux heures, l'affaire est bouclée. Laurent Boutonnat est aux anges.

Sans contrefaçon fera un carton. Et pas seulement parce que le thème de l'ambiguïté sexuelle, qu'il aborde, va comme un gant aux années 1980, durant lesquelles fleuriront le groupe Indochine et son apologie du « Troisième sexe ». Non, si Mylène triomphe avec ce titre, c'est parce qu'il correspond à un questionnement sincère. La chanteuse a grandi avec ce trouble en elle. Elle est loin d'être la seule : pour de nombreux adolescents, filles et garçons, la bipolarisation de l'espèce humaine en deux genres opposés n'a aucun sens. Comme Freud l'a constaté, chaque être peut abriter une part masculine et une part féminine.

*

À l'âge où sa sœur Brigitte coiffe ses poupées, Mylène préfère jouer avec des soldats de plomb, seule, accroupie dans sa chambre. Les témoins de sa petite enfance canadienne en témoignent : Mylène est plus intrépide, plus insoumise aussi, que ses deux aînés. Ainsi, elle ose se rouler sur la pelouse même si ses parents le lui interdisent. Plus tard, à Ville-d'Avray, comme les garçons de son école, elle fabrique des pétards à l'aide de bouchons et de mèches. Puis elle les dépose devant les portes avant de sonner et d'aller se cacher pour observer la réaction des gens. « Je n'ai jamais aimé jouer à la poupée, à la dînette, dira-t-elle. J'ai toujours préféré la compagnie et les jeux des garçons. Je n'étais pas un garçon manqué, mais une fille manquée [1]. »

Une jolie formule qui dit bien tout le cheminement qui reste à accomplir pour que Mylène s'approprie ce sexe qui lui a pourtant été donné à la naissance. Se sent-elle, à l'époque, plus garçon que fille ? En tout cas, elle cultive l'ambiguïté avec une indéniable délectation. « J'ai cette réflexion d'un gardien d'immeuble gravée dans ma mémoire. J'étais allée chercher le courrier. Il m'a demandé comment je m'appelais. J'ai dit : "Mylène", et il m'a dit, très sérieusement : "C'est un beau prénom pour un petit garçon."[2] » Puisque les gens la prennent pour ce qu'elle n'est pas, Mylène va en jouer jusqu'à créer la confusion. Sa voix est grave, ses cheveux sont courts. Afin que l'illusion soit totale, il ne lui reste, comme elle le chante, qu'à glisser un mouchoir dans son pantalon, « pour voir ce que ça fait[3] ».

Et l'adolescente n'est pas déçue des réactions ! Elle s'étourdit de ses provocations, sans doute pour mieux masquer sa détresse. Car, derrière ces jeux avec son identité, un véritable malaise l'étreint. « Je pensais être entre deux sexes. Je ne l'expliquais pas, c'était comme ça : j'étais quelqu'un d'indéfini. Mon comportement était celui d'une excentrique. Je refusais le carcan imposé par les normes attribuées à chacun des deux sexes. C'était un état de révolte, certainement révoltant aussi pour mon entourage[4]. »

*

En famille, le climat est à l'orage. C'est avec sa mère que les tensions sont les plus lourdes. Marguerite est une femme coquette qui s'efforce de toujours s'habiller avec goût : elle ne comprend pas l'attitude rebelle de sa cadette. Pourquoi n'est-elle pas délicate et féminine comme Brigitte, son aînée ? En outre, elle se montre agacée par les frasques de Mylène. Elle veut pouvoir partager son affection équitablement entre ses quatre enfants, refuse que l'une de ses filles tire la couverture à elle. Se comporter comme un garçon, n'est-ce pas encore une manière pour Mylène de faire son intéressante ? Max, son père, semble moins inquiet. Sa fille a toujours su comment s'y prendre pour obtenir de lui ce qu'elle voulait. Un sourire charmeur, et le voilà qui cède. Depuis toujours, ces deux-là se comprennent souvent à demi-mot, d'un regard. Sans doute Max pense-t-il que cette révolte n'est que passagère...

Bien sûr, durant cette période tourmentée, Mylène n'est pas à l'abri du fameux complexe œdipien décrit par Freud. Ce n'est d'ailleurs sans doute pas un hasard si le clip de *Tristana*, des années plus tard, reproduira de manière symbolique, en revisitant l'histoire de Blanche-Neige, le trio formé par l'adolescente et ses deux parents. Selon Bruno Bettelheim, à qui l'on doit une passionnante *Psychanalyse des contes de fées*[5], Blanche-Neige met en scène la rivalité entre la mère et sa fille au moment de la puberté. Plus belle, la jeune femme renvoie à son aînée l'image de la mort, ce qu'elle ne peut supporter. D'où l'idée de la faire disparaître pour demeurer le seul objet de désir aux yeux du père. C'est donc l'attirance inconsciente de la fille pour son géniteur qui provoque la colère de la mère.

Difficile pour une adolescente de prendre pour modèle une maman avec laquelle elle partage si peu de points communs. Mylène préfère admirer ce père à qui elle ressemble de plus en plus. Or, pour devenir adulte, il importe de s'identifier au parent du même sexe. Mylène se retrouve donc dans une impasse qui ne va aucunement simplifier son apprentissage sentimental. « Plutôt que des amours, j'ai eu des intimités intellectuelles avec des garçons, des relations platoniques, évidemment. Ce qui n'était pas le cas de mes copines. Elles avaient plein d'aventures et, bizarrement, j'en ai souffert. Quelque part, je jalousais leur succès auprès des garçons. J'avais trop d'appréhension pour franchir le pas. Je trouvais les autres filles tellement plus belles que moi[6] ! »

*

Alors qu'elle éprouvait auparavant un plaisir non feint à brouiller les repères en se grimant en garçon, Mylène ressent à présent un malaise diffus. C'est la contrepartie de ce jeu dangereux autour de l'identité sexuelle : désormais, sa difficulté à devenir une femme génère de la souffrance. Et même de l'envie, car l'adolescente se demande ce que les autres ont de plus qu'elle. Comment s'y prennent-elles pour attirer les garçons ? Quand elle se regarde dans le miroir, elle rêve de posséder ces formes qui, soudain, rendent si attirantes les filles de son âge. Mais à quoi bon les jalouser ? De toute façon, Mylène ne ressent pas encore l'appel du désir. Il est enfoui, verrouillé. Pour vivre ses premiers émois, il faudra qu'elle soit prête. L'heure n'est pas venue.

D'où la gêne qu'elle éprouve lorsqu'elle se rend dans les « boums ». Mal dans sa peau, elle passe son temps assise à refaire le monde avec un garçon qui n'aura, de toute façon, pas le privilège de l'embrasser.

« À cette période, l'ado est travaillé par la bisexualité, explique Maryse Vaillant, psychologue clinicienne. C'est un passage obligé pour tout être humain et un moment trouble, difficile à vivre, qu'il préfère cacher. Il se rend compte aussi qu'il sera toute sa vie assigné à un seul sexe. Mylène met en scène son rêve inaccessible : l'androgynie. c'est la complétude narcissique dont parle Freud, un idéal fondamental de perfection qui contient tout à la fois : le mâle, la femelle, le début, la fin. L'androgyne est immortel[7]. »

*

Avoir les deux sexes et ne jamais mourir. Deux fantasmes qui se répondent et se complètent, dessinant un idéal hors de portée pour l'être humain, nécessairement assigné à un genre et condamné à mourir. Mais il ne suffit pas de savoir pour cesser d'espérer : la thématique de l'androgynie parcourt l'œuvre farmerienne de part en part.

Les images des clips en disent d'ailleurs aussi long que les textes des chansons. La marionnette de *Sans contrefaçon* est un garçon qui s'anime sous les traits d'une femme. Libertine est une femme qui se comporte et s'habille comme un homme. Cheveux courts et pantalon, le personnage de *Désenchantée* est parfaitement asexué. Ce n'est qu'après 1995 que Mylène va se muer en femme fatale, quittant peu à peu les oripeaux d'une ambiguïté sexuelle qui aura toutefois posé le socle de son succès. C'est d'abord parce qu'elle a conservé intacte cette révolte face à la séparation du monde en deux sexes que tant d'adolescents se sont reconnus en elle.

6

La veine artistique

On ne devient pas artiste par hasard. On ne choisit pas ce chemin à part sans y avoir été initié. Ce germe qu'on porte en soi, comme une poussée impérieuse, encore faut-il qu'il croise la route d'un autre pour former une arborescence. Selon Lacan, « le moi se construit à l'image du semblable[1] ». Le mieux, sans doute, est d'avoir pu trouver un modèle dans son entourage familial. C'est du côté de la branche paternelle que le tempérament artistique de Mylène s'enracine. Depuis sa jeunesse, Paul Albert Gautier, le grand-père, s'adonne à la sculpture sur bois et sur plâtre. Même s'il décède bien avant la naissance de sa petite-fille, celle-ci n'ignore pas qu'il avait aménagé un atelier d'artiste à Vanves, près de Paris, afin de donner libre cours à sa passion. Dans le clip de *Plus grandir* apparaît d'ailleurs l'une de ses œuvres, une vierge en plâtre, prêtée par son père pour l'occasion. En 2006, lorsqu'elle choisit de situer l'action du clip de *Redonne-moi* dans un atelier de sculpture, Mylène rend, d'une certaine façon, un nouvel hommage à ce grand-père qu'elle n'a pas connu. Elle avouera d'ailleurs avoir elle-même été attirée par cette discipline. « Plus jeune, j'ai pratiqué le modelage, la poterie. Le contact avec la terre est si particulier[2]. »

*

Autre référent incontournable, la grand-mère Jeannette. Une femme de caractère, indépendante, très différente de Marguerite, qui semble ne vivre que pour ses quatre enfants. Depuis la mort de son mari, en 1953, Jeannette s'est installée avec la famille dans la maison de Pierrefonds. Une cohabitation pas toujours facile, notamment pour sa belle-fille qui a parfois le sentiment que Max lui échappe, pris dans les filets de sa mère comme un petit garçon docile. « Elle ne cessait de me disputer mon mari [3] », confiera-t-elle. Autoritaire, Jeannette exige le silence absolu lorsqu'elle s'installe au piano – elle a obtenu un premier prix au conservatoire de Marseille. C'est le père de Mylène qui, pour faire plaisir à sa maman, a fait installer l'instrument au milieu du salon.

Lorsqu'elle joue, les enfants ont pour consigne de se taire. Il ne leur viendrait pas à l'idée, d'ailleurs, de contrarier leur grand-mère. Parfois, sa présence suffit à glacer l'atmosphère. Peut-être le goût profond de Mylène pour le silence vient-il de là... En tout cas, Jeannette semble avoir noué un contact privilégié avec la fillette, qui l'admire et la redoute à la fois. Toutes deux ont trouvé un singulier terrain d'entente : la visite des cimetières. Entre la mamie et sa petite-fille, s'instaure également une vraie correspondance. Alors qu'elle n'a rien d'une élève modèle, Mylène s'applique dès lors qu'il s'agit d'écrire à sa grand-mère. Elle forme bien ses lettres, veille à ne laisser aucune faute d'orthographe. Là, s'enracine sans doute le sentiment que l'écriture peut être un soulagement quand le contact avec l'autre s'avère difficile. « J'ai été très gentille, alors fais ce que tu as promis, emmène-moi au cimetière », disent en substance les missives de Mylène. Au bas des pages, elle signe à l'américaine, avec des croix en guise de bisous.

*

Des années plus tard, la chanteuse a maintes fois évoqué le souvenir de sa mamie Jeannette. « Dimanche prochain, je t'emmènerai dans tel cimetière, m'écrivait-elle dans des lettres que j'ai conservées. Je l'envisageais sans angoisse, comme un cadeau à lui faire, une belle chose à partager. C'est avec elle que j'ai appris que ces endroits sont certes parfois tragiques, mais jamais sinistres[4]. » Pour la petite fille, les cimetières constituent une compagnie plutôt rassurante. On peut y contempler des curiosités architecturales, y comparer les stèles, y déchiffrer les hommages gravés dans le marbre. Bref, imaginer le destin de ces êtres dont l'existence semble coincée entre deux dates. Silencieux, ces lieux sont propices, sinon à la prière, du moins à la méditation. « J'arrive tout à fait à me recentrer dans un cimetière[5]. »

Décor privilégié de son enfance, les cimetières vont hanter l'imaginaire farmerien. Deux de ses clips, *Plus grandir*, à ses débuts, et *Regrets*, le duo avec Jean-Louis Murat, seront tournés dans ces endroits mortifères – le premier à Saint-Denis, le second à Budapest. Surtout, la scénographie du premier spectacle de Mylène, en 1989, sera entièrement conçue autour d'un cimetière. Après avoir interprété *L'Horloge*, la chanteuse s'engouffre même dans une tombe. Cette noirceur assumée classera d'emblée Mylène parmi les icônes « gothiques ».

*

Rien de morbide, pourtant, dans cette passion pour les cimetières. Du plaisir, au contraire, une forme de communication avec cette grand-mère qui fascine Mylène. Mamie Jeannette se montre également très intéressée par les choses de l'art. « Elle adorait le théâtre et la peinture[6]. » À son contact, Mylène s'intéresse à la comédie. Certains soirs, alors que ses frères et sœur sont endormis, elle se rêve actrice. Une manière d'exorciser la peur des autres qui la bloque parfois. Quand elle s'imagine sur scène, ceux qui la paralysaient se mettent à l'écouter religieusement. C'est comme une revanche. Elle n'a plus à surmonter cet effort surhumain de briser la glace.

Sa grand-mère lui montre également des reproductions de tableaux dans des livres lourds qu'elle feuillette comme des reliques. Elle lui apprend à distinguer les nuances infinies du ciel, le gris des nuages, les dégradés de vert qui donnent aux paysages leurs reliefs.

*

Mylène n'a que quatorze ans quand Mamie Jeannette s'éteint, en 1975. Durant plusieurs semaines, elle se terre, inconsolable, dans un silence violent comme une colère sourde. Elle caresse parfois les touches du piano, devenu muet, mais aucune mélodie ne fait danser ses doigts. Impossible de tourner la page sans saisir le sens de tout ça. Cette femme lui a montré la voie. Elle savait se faire entendre et respecter. Surtout, elle a vécu sans rien sacrifier de ses passions.

Mylène sent confusément qu'elle partage cette exigence avec sa Mamie. Elle non plus ne veut pas d'une existence tiède et convenue. Et puis, la disparition soudaine d'un être aimé renforce encore le sentiment d'urgence qu'éprouve l'adolescente : la vie n'attend pas, il faut la prendre à bras-le-corps, sans remettre au lendemain la moindre de ses envies. Dès cet instant, l'école lui semble un insupportable carcan.

Mais il est trop tôt encore pour ruer dans les brancards.

*

Même si tout est encore un peu flou, Mylène entend rester fidèle aux valeurs que lui a transmises sa grand-mère adorée. Par la suite, elle n'aura de cesse de rechercher la compagnie des artistes. Les seuls êtres avec lesquels elle peut partager ses angoisses sans se sentir exclue ou anormale. Les seuls qui soulageront le sentiment de solitude abyssale qui la ronge.

La veine artistique

Mais, surtout, elle veut elle-même devenir artiste. Dans quel domaine ? Il est trop tôt pour le dire. Elle aime dessiner, peindre, chanter aussi. Mais elle ne ressent aucune vocation précise. Juste l'envie de « devenir quelqu'un ». Comme un défi lancé à la mort.

7

« Être indépendante »

Elle a prémédité ce moment depuis des mois. Elle a retenu son souffle jusqu'au 12 septembre 1979. Ce jour-là, Mylène fête ses dix-huit ans. Elle sait que la majorité lui accorde le droit de dire non. Sûre d'elle, elle annonce à ses parents qu'elle quitte le lycée. À sa propre initiative ? « J'ai fait en sorte d'être renvoyée [1] », lâchera-t-elle dans une des formules laconiques dont elle a le secret. En tout et pour tout, elle n'aura passé que deux jours en classe de terminale A4. Éclats de voix dans le salon. Max Gautier, qui a décroché un diplôme d'ingénieur à la prestigieuse École des ponts et chaussées, rêvait mieux pour sa fille. Quant à Marguerite, elle est consternée de voir Mylène abandonner si près du but. Si au moins elle avait passé son bac... Mais impossible d'aller contre ce choix. Ses parents le savent : elle a mûrement réfléchi sa décision.

Et puis, il faut se résoudre à l'évidence : l'école n'a jamais été sa tasse de thé. Elle n'aura brillé, durant sa scolarité, que dans deux disciplines, le français et l'histoire. Pour le reste, ses résultats ont toujours été médiocres, surtout dans les matières scientifiques, au grand dam de son père. « Comme je détestais l'autorité, j'étais en rébellion perpétuelle [2] », avouera-t-elle. Refus d'être enfermée dans une salle de classe toute la sainte journée, refus d'apprendre, ennui mortel. L'école restera, pour Mylène, associée à une insupportable contrainte. Afin de devancer la souffrance, comme elle le dira plus tard, elle arrive d'ailleurs systématiquement une heure avant l'ouverture des grilles.

À ses parents qui la pressent de questions, veulent savoir si elle a la moindre idée de l'orientation qu'elle envisage, elle répond qu'elle veut devenir monitrice d'équitation. Ne s'entraîne-t-elle pas assidûment au club de Porchefontaine depuis six ans ? De fait, l'équitation est la passion la plus durable de Mylène qui, depuis l'enfance, a montré qu'elle n'était pas d'une constance exemplaire dans ses envies. Ainsi, s'est-elle essayée à plusieurs instruments de musique, dont le saxophone et le piano, mais sans obtenir des résultats probants. Également douée pour le dessin, elle semble revêche à tout apprentissage qui pourrait lui permettre de progresser dans la maîtrise de son art.

*

Désormais, Mylène n'a pas le choix : puisqu'elle quitte la voie balisée de l'école, il va lui falloir inventer sa propre histoire. Et c'est bien cette perspective qui aiguise sa soif d'émancipation. « Je voulais faire le chemin toute seule, apprendre, découvrir, et surtout ne pas subir un parcours imposé. Il était essentiel pour moi que je me prenne en charge[3]. » C'est là que le plus dur commence, car la jeune femme de tout juste dix-huit ans n'a pas l'idée d'une vocation. À ceux qui la croisent dans divers stages d'équitation, elle confie vouloir percer dans le show-business. « J'avais envie de me faire remarquer sous une forme ou une autre. D'exister à ma façon[4]. » Un projet d'autant plus vague qu'elle sait combien nul ne peut exister dans ce milieu sans faire les bonnes rencontres. Et elle ne connaît personne.

L'idée d'être comédienne s'impose à elle. Enfant, en écoutant les récits de sa Mamie Jeannette, elle rêvait de brûler les planches ou d'incarner une héroïne romantique sur grand écran. « J'avais très envie de m'orienter vers le théâtre ou le cinéma. En même temps, je pratiquais l'équitation. J'hésitais entre ces deux voies [5] », dira-t-elle rétrospectivement. Parce qu'elle pense que la scène peut l'aider à sortir de sa coquille, elle décide de s'inscrire au fameux cours dramatique Florent. Pour payer ces leçons, pas question de s'adresser à ses parents. Il lui faut apprendre à se débrouiller seule, ce qui signifie d'abord gagner sa vie. « Il était alors essentiel pour moi de me prendre en charge. Je possède un orgueil que je crois terrible. J'étais seule face à la vie, mais je n'ai jamais demandé d'argent à ma famille [6]. »

Durant ces années de vaches maigres, Mylène va accepter de multiples petits boulots. Difficile, aujourd'hui, d'imaginer que la star énigmatique qu'on connaît a exercé comme vendeuse dans un magasin de chaussures, puis dans une librairie ; qu'elle a travaillé comme assistante d'un dentiste, puis d'un gynécologue. À l'époque, Mylène est déjà une jeune femme très séduisante. Regard volontaire, silhouette gracile, longs cheveux châtains, manières polies... Elle n'a aucun mal à décrocher de menus travaux. Revers de la médaille, elle n'hésite pas à claquer la porte à la moindre contrariété. « Ça ne durait jamais plus d'une semaine et demie, expliquera-t-elle. Soit parce qu'on s'apercevait de mon incompétence, soit encore parce que ça ne me convenait pas et que je me sauvais. La seule chose qui me faisait tenir, c'était l'idée qu'il fallait être indépendante [7]. »

*

Mal à l'aise au cours Florent, intimidée par le tempérament extraverti jusqu'à l'hystérie de ses condisciples, elle s'aperçoit vite de l'hypocrisie qui règne parmi les apprentis comédiens. La soif effrénée de réussir transforme en une compétition stérile ce lieu qu'elle pensait propice à la méditation. Pour Mylène, le théâtre représente une épreuve de vérité : ce n'est pas un moyen de se fuir en empruntant d'autres masques, mais de répondre aux doutes qui l'assaillent. Or, rien ne lui permet d'avancer dans cette quête d'elle-même. Écœurée, elle tourne les talons. Avant d'intégrer un autre cours, celui dispensé par l'acteur Daniel Mesguich, histoire de voir si l'ambiance est différente. Elle n'y restera que quatre mois, sans s'y faire davantage remarquer.

« Je fus profondément choquée par l'artifice développé, je n'y ai vu que prétentions et contorsions [8] », confiera-t-elle à Philippe Séguy. Un verdict sévère, qui traduit d'abord une immense déception. Anne Roumanoff croisera l'élève actrice durant ses pérégrinations théâtrales, où gravitent d'autres illustres inconnus, comme Agnès Jaoui ou Thierry Mugler. Elle se souvient d'une présence « extrêmement discrète ».

Et pour cause : contrairement aux autres jeunes gens présents, pleinement concentrés sur leur envie de briller, Mylène n'a pas réglé un dilemme qui continue de la torturer. « Je ressentais déjà l'envie d'être en pleine lumière et de ne pas m'exposer en même temps [9]. » Ses questionnements existentiels l'empêchent d'avancer.

Est-ce à dire qu'elle n'est pas faite pour le métier de comédienne ? Aujourd'hui encore, des années après *Giorgino*, elle persiste à vouloir être reconnue au cinéma. Impossible de renoncer à son rêve de petite fille.

*

La fréquentation assidue de ce milieu lui permet néanmoins de décrocher, chemin faisant, quelques contrats : un peu de mannequinat, différents spots de publicité pour la télévision – les ciseaux Fiskars, Le Chat Machine. Rien de très marquant, même si l'argent récolté lui permet de payer son loyer. Rien en tout cas qui soit susceptible de provoquer ce changement de vie auquel Mylène aspire. Difficile pour elle de s'imposer alors que sa timidité maladive contrarie son désir profond. L'heure de la réussite n'a pas encore sonné. Pour donner le meilleur d'elle-même, elle a tant besoin de se sentir en confiance. Tant besoin d'un regard qui la galvanise.

En 1982, un homme va se pencher sur elle avec ce regard-là. Il s'appelle Laurent Boutonnat. En apprivoisant l'énergie brute de la jeune femme, en révélant, grâce à sa caméra, les trésors que recèle son âme, il va faire d'elle une star.

8

La muse et le Pygmalion

On s'est trompé sur toute la ligne. Lorsqu'elle est apparue, héroïne magnifiée par l'écrin des clips de Laurent Boutonnat, on a cru à un pantin docile entre les mains d'un créateur de génie. Comme s'il était le peintre, et elle le modèle. Lui le pinceau, elle la couleur qui s'étale sur la Toile. En réalité, les rapports entre Mylène et Laurent sont beaucoup plus complexes. Et s'il est vrai que cette rencontre a bouleversé de manière irréversible leur existence à tous les deux, il importe de repenser radicalement le mode de fonctionnement de ce duo d'exception.

À l'origine, deux amis recherchent une interprète. Jérôme Dahan, un fou de musique, et Laurent Boutonnat, un fou de cinéma, ont composé une chanson, *Maman a tort*, une petite bombe de perversité, et sont en quête de celle qui lui fera prendre vie. C'est Jérôme qui présente Mylène à Laurent. « J'avais passé trois ans à poser pour des photos, des pubs et à tourner des spots télévisés, dit-elle. Au cours d'un dîner, j'ai rencontré Laurent, compositeur et passionné de cinéma. » Le jeune homme de vingt et un ans est conquis. « Dès que je l'ai aperçue, avec son visage triangulaire, explique-t-il, j'ai aussitôt compris que ce serait elle et personne d'autre. Elle avait l'air dingue, c'était parfait [1]. »

Bien que Laurent soit convaincu d'avoir trouvé la perle rare, un casting plus large est organisé. Pour *Maman a tort*,

Mylène doit donc faire un bout d'essai, au même titre que d'autres candidates. Ce jour-là, surprise, elle ne cherche pas à s'imposer à tout prix, montre même un enthousiasme mesuré. Chanter n'est pas une vocation. Peut-être se battrait-elle pour décrocher un rôle au cinéma. Mais la chanson, à ce moment-là, représente davantage une opportunité qu'un projet de carrière. Jean-Claude Dequéant, qui assiste à l'audition, se souvient : « J'ai vu arriver, accompagnant Jérôme et Laurent, une jeune fille très jolie, timide, respectueuse et très gaie. La voix était étonnamment présente et elle riait après chaque prise en s'écoutant[2]. » C'est la première fois que Mylène s'entend chanter dans un micro. D'où cette joie de fillette qui semble découvrir en direct une facette jusqu'alors inconnue d'elle-même. Jérôme Dahan est satisfait : la voix est claire, bien articulée, juste. Si l'interprète débutante n'a pas un coffre de chanteuse lyrique, elle a l'oreille musicale et une tessiture grave qui grimpe avec aisance dans les aigus.

*

À l'issue du casting, Laurent est fou de joie. Il a trouvé sa muse. Cette jeune femme un peu effarouchée, à la fois timide et insoumise, il pressent déjà qu'elle peut devenir une inépuisable source d'inspiration. Conquis par son rire, qui semble contaminé par la folie, touché par sa beauté peu académique, fasciné par la violence que Mylène semble contenir en elle, Laurent vit un vrai coup de foudre artistique. « On aurait juré qu'elle sortait de l'hôpital avec ses cheveux longs, à la limite de la psychotique. Ça laissait imaginer les pires trucs, une enfance tragique, qu'elle avait été violée par son père, fouettée par les bonnes sœurs[3]. »

Laurent Boutonnat n'est pas un enfant de chœur. À dix-sept ans, il a réalisé un premier long-métrage, *La Ballade de la féconductrice*, qui a été interdit aux moins de dix-huit ans. Il faut dire que le scénario est résolument subversif.

Dans ce film où une jeune fille sème la mort sur son passage, assassinant surtout des victimes sans défense (un clochard, un enfant, une femme enceinte, un aveugle), on assiste à des scènes insoutenables pour un public non initié. Une émasculation aux ciseaux pratiquée par un prêtre, un nouveau-né jeté dans un vide-ordures, une électrocution dans une baignoire perpétrée par une mère sur son fils, une scène de zoophilie avec un basset... Autant d'ingrédients qui témoignent d'un nihilisme trash, sans doute exercé en réaction à l'éducation rigoriste que le réalisateur a reçue chez les jésuites.

*

De son côté, Mylène sent confusément que cette rencontre avec Laurent va être déterminante. « Tous les problèmes mal vécus sont à l'intérieur de l'œuf. La rencontre avec Laurent est l'équivalent de la fêlure de la coquille[4]. » Pour elle qui, depuis toujours, se sent incomprise, cet homme grand aux yeux clairs et à la voix suave comme une caresse ouvre l'horizon d'un autre avenir. Vivre, ce peut être une souffrance. Exister, c'est autre chose : une chance de se dépasser soi-même, d'atteindre des vertiges insoupçonnés.

D'emblée, la jeune femme est troublée par la quantité de points communs que tous deux ne cessent de recenser. Nés la même année, 1961, à trois mois près, ils ont quitté l'école prématurément, Laurent encore plus tôt que Mylène – quinze ans. De même, ils sont tous deux issus d'une famille nombreuse – lui est l'aîné de cinq enfants. Parmi leurs références communes, *Bambi*, le dessin animé de Walt Disney, les a fortement marqués : c'est le premier film que la jeune femme ait vu au cinéma, et la mort brutale de la mère du faon, tuée par des chasseurs, semble avoir constitué un choc pour l'enfant qu'elle était alors. Quant à Laurent, manifestant un intérêt précoce pour le maniement de la caméra, il a réalisé, dès l'âge de dix ans, une adaptation toute personnelle de *Bambi.*

Mais ce qui les relie, davantage encore que les similitudes de leur parcours, c'est un goût assumé pour le côté obscur des êtres et du monde, une profonde aversion pour la mièvrerie. Le spectacle d'un arbre calciné les touche davantage que celui d'un arbre en fleur. Pour toutes ces raisons, Mylène voit en Laurent un frère. « Il est mon jumeau. Ses fantasmes sont les miens et vice versa[5]. » Au fond, Boutonnat représente cet alter ego qu'elle semble avoir cherché toute son adolescence. « Lui seul a compris ce que je suis[6] », dit-elle, avec cet engagement total qui la caractérise. Parce qu'ils ont tant à faire ensemble, ils ne se quittent bientôt plus. Frère et sœur de sang, ces deux ambitieux, en unissant leurs forces, vont décupler leur énergie créative.

*

Et c'est là que la plupart des commentateurs se sont fourvoyés. Car s'il existe bien une osmose rare entre ces deux artistes, elle ne s'instaure pas sans heurts. « C'est une emmerdeuse. On se bagarre tout le temps[7] », confie Laurent avec humour. Mylène n'est pas la créature soumise que beaucoup ont imaginée : même à ses débuts, elle n'accepte d'obtempérer que si elle est convaincue du bien-fondé d'une décision artistique. Et il faut parfois que son acolyte déploie des trésors de persuasion. « Avec Laurent, dit-elle, nous formons une équipe de caractériels. Alors on se dispute violemment, et nous tombons toujours d'accord[8]. »

Sur le tournage des clips, en revanche, la chanteuse va se montrer plus docile. Il faut dire que son mentor est tellement à son aise qu'il force le respect de tous, figurants et techniciens. « Laurent dirige, et Mylène dispose[9] », confie Emmanuel Sorin, spécialiste des décors sur les premières vidéos de la chanteuse. Jean-Louis Murat, qui est venu participer au tournage de *Regrets*, en 1991, dans le vieux cimetière juif de Budapest, s'est dit impressionné par la force qui se dégage de leur collaboration. « C'était un vrai fonctionnement de couple où l'extrême rigueur demandée par l'un était comprise et acceptée entièrement par l'autre. Une vraie complémentarité, une intensité dans le désir de faire quelque chose de qualité, sur la même longueur d'onde. Quand on travaille avec eux, c'est toujours assez bluffant de voir jusqu'à quel point ils peuvent aller dans le commandement, dans la soumission aussi [10]. »

Si le prix à payer, pour atteindre l'excellence, est d'infliger à l'autre quelques blessures d'ego, aucun des deux ne s'en privera. Seul compte le résultat. Quelle est la nature exacte de leur complicité ? « On sentait beaucoup d'affection entre eux [11] », me confie Elsa Trillat. « À l'époque, Laurent incarne une sorte de père pour Mylène [12] », m'explique Christophe Mourthé, qui a beaucoup côtoyé le duo. Un père tendre, capable d'écouter, comprendre, consoler, mais qui sait aussi se montrer ferme quand il le faut. Bref, le partenaire idéal pour Mylène, qui oscille entre ses peurs et une combativité à toute épreuve.

Sûre d'avoir trouvé l'homme qui peut la révéler à elle-même et aux autres, la chanteuse ne tarit pas d'éloges sur Laurent, dont elle loue, chaque fois qu'on la questionne, les talents multiples, d'auteur, de compositeur et de réalisateur. Parfois même, elle avoue être angoissée à l'idée que cette belle complicité puisse prendre fin. « L'idée que l'un des deux puisse disparaître me fait peur. On a encore tant d'idées en commun [13]. » D'un autre côté, elle le sait, cette alchimie n'est pas acquise de façon définitive. « Je sais que nous avons tous les deux assez d'honnêteté pour arrêter si nous n'arrivions plus à échanger quelque chose [14] », confie Mylène en 1991.

*

Elle rêve d'être actrice, il veut être cinéaste. Elle sera chanteuse, et lui compositeur. Là encore, ce décalage par rapport à leur désir premier les rassemble. Du moins il va les souder jusqu'à ce que Laurent décide de concrétiser le projet de long-métrage qui le taraude. Un prénom, *Giorgino*, qui va changer la donne et faire exploser la belle harmonie.

C'est sur le tournage du film, en haute Slovaquie, durant cinq mois, de janvier à mai 1993, que les rapports s'enveniment au sein du duo Farmer/Boutonnat. La raison en est fort simple : obsédé par cette œuvre qu'il mûrit depuis dix ans, Laurent est méconnaissable. Il n'est plus à l'écoute de Mylène, mais au service de *Giorgino*, dont il veut faire un chef-d'œuvre. « Dès le début du tournage, mon comportement est devenu incontrôlable. Je ne pensais ni à moi, ni aux autres, mais uniquement au film. J'étais devenu quelqu'un d'autre. J'avais l'impression d'être fou, dans un autre monde. J'aurais pu tuer froidement quelqu'un [15]. »

Mylène en souffre. Pour la première fois depuis leur rencontre, dix ans plus tôt, elle se sent terriblement seule. « J'ai découvert un autre homme. Il n'y a pas à se demander si c'est en bien ou en mal, mais tout simplement constater que nos rapports ont évolué durant le tournage. C'était avec moi qu'il était certainement le plus dur, mais ça, c'est assez normal. Ce qui était surprenant, c'était de le voir basculer dans une espèce de folie qui me donnait le sentiment d'être là, moi, l'être le plus fragile au monde, face à une machine de guerre [16] ! »

*

Le fait que la chanteuse se rapproche de Jeff Dahlgren, l'acteur qui lui donne la réplique dans le film, ne va rien arranger. Lorsqu'il a pensé confier le rôle principal du film à ce guitariste américain, le réalisateur a immédiatement pensé qu'il formerait un couple crédible avec Mylène, qui doit incarner Catherine. « Après ma rencontre avec Laurent, explique Dahlgren en 2007, je suis certain qu'il a parlé à

Mylène pour lui dire qu'il pensait à moi pour le rôle, et que nous pourrions bien nous entendre tous les deux. Ce qui était capital car la relation de Giorgio et Catherine est au cœur de l'histoire. Elle m'a toujours aidé. Elle m'a toujours tendu la main et, grâce à elle, tout s'est bien passé [17]. » Trop bien, peut-être ?

« Oui, il est très beau. Mais il est au-delà de ça, dieu merci. Il a une âme [18] », confie Mylène lors d'une interview au moment de la sortie du film, en 1994. De fait, Jeff est un écorché vif dont les pensées sombres trouvent un écho chez Mylène. « Je suis désabusé, dit-il, parce que j'aimerais faire quelque chose de ma vie. Souvent, je pense que l'existence est un combat perdu d'avance. Alors j'envisage la mort, je l'attends comme une liberté, la paix enfin trouvée. Je ne veux encourager personne au suicide, surtout pas. Mais j'y pense, parfois, comme à une délivrance [19]. » Des propos qu'on n'aurait aucun mal à imaginer échappés de la bouche même de la chanteuse.

*

L'échec cinglant de *Giorgino* ne va pas non plus apaiser les tensions entre la muse et son mentor. Non que Mylène se serait soudain mise à douter du talent de Laurent : aujourd'hui encore, elle assume ce film, qu'elle défend bec et ongles. Mais parce que l'état d'abattement dans lequel sombre le réalisateur ne facilite pas la reprise du dialogue. Finalement, le duo se remettra au travail in extremis pour produire l'album *Anamorphosée*.

*

Quelques années plus tard, un autre orage va éclater au-dessus de leurs deux têtes. En 1987, sur le ton de l'humour, Mylène avait prévenu : « Libre à lui d'aller "convoler" ailleurs. Mais, dans ce cas, je l'étrangle [20]. » Or, en 1997, Laurent va prendre en mains la carrière de Nathalie

Cardone, ancienne actrice d'une trentaine d'années qui désire chanter. Pour elle, il crée une nouvelle société de production, Calliphora. Pour elle, il remet au goût du jour *Hasta siempre*, un chant révolutionnaire cubain, qui cartonne durant tout l'été 1997. D'un tempérament exclusif, Mylène ne décolère pas. Se sent-elle trahie ? Probablement. Elle attend que la suite des événements lui donne raison. De fait, la carrière de Nathalie Cardone ne décolle pas. Et l'album qui suit ne remporte qu'un succès d'estime. Cette beauté sauvage dotée d'une plastique parfaite a l'air perdue dans l'univers de Boutonnat. Même les clips qu'il tourne pour elle semblent vides de sens.

Bientôt, Laurent reprend sa collaboration avec Mylène. Et, ultime pied de nez à cette muse éphémère, il offre en cadeau à la rouquine la musique qu'il avait écrite pour la brune. La mélodie deviendra *Je te rends ton amour*, le second single extrait de l'album *Innamoramento*. Depuis, la star a rendu un vibrant hommage à son complice lors d'une cérémonie des NRJ Music Awards, à Cannes. Que serait-elle devenue si elle n'avait pas croisé la route de Laurent Boutonnat ? « Je suis sûre que je ne serais pas là », a-t-elle déclaré, en larmes, un trophée à la main.

*

« Aujourd'hui, Mylène est devenue pour moi comme une sœur, tant sur le plan artistique qu'affectif[21] », déclare le musicien cinéaste. Ce à quoi la chanteuse répond en écho : « La création est une démarche passionnelle, dans laquelle il peut y avoir des crises. Ce sont alors des crises fructueuses, de celles qui font progresser[22]. » De fait, vingt-quatre ans après ses débuts, c'est encore et toujours à Laurent Boutonnat que Mylène a confié le soin d'écrire les partitions de son nouvel album, *Point de suture*. Bien que sollicitée par d'autres compositeurs, elle ne confie ses mots qu'aux mélodies de Laurent – la seule exception à ce jour aura été pour *Slipping Away*, le premier duo avec Moby.

Unis par des intérêts communs qui scellent à jamais leurs destins, Mylène et Laurent n'ont pas encore dit leur dernier mot. La meilleure preuve ? Tout comme il était présent aux manettes des concerts de Bercy en janvier 2006, c'est Boutonnat qui sera l'un des maîtres d'œuvre du projet qui conduira la star sur la scène du Stade de France les 11 et 12 septembre 2009.

9

Et Mylène devint Farmer

« Je refuse de devenir la femme que vous voulez faire de moi. Terne, insignifiante, normale. » Ce matin-là, Frances Farmer s'entretient avec Walter Freeman, le psychologue qui prétend la soigner, suite à un internement en psychiatrie décidé par sa propre mère. En signe de défi, comme pour montrer qu'elle veut rester elle-même envers et contre tous, elle écrase sa cigarette sur le cuir du bureau. Jessica Lange interprète le rôle dans *Frances*, le film réalisé par Graeme Clifford, en 1983. L'histoire vraie d'une actrice hors du commun qui, après avoir grandi à Seattle, a fait carrière dans les années 1930. Une ascension aussi fulgurante qu'éphémère. Récompensée par un prix d'excellence à seize ans pour avoir rédigé une brillante dissertation niant l'existence de Dieu, puis star à Hollywood affichant des sympathies communistes, Frances Farmer n'obéit qu'à un seul principe : « Toujours faire ce qu'on juge bon et se moquer éperdument des autres. »

D'où le diagnostic d'asociale qui lui colle à la peau. Pour la couler dans la norme, la psychiatrie va multiplier les tentatives. Camisole de force, traitements par électrochocs, injections d'insuline à haute dose, bains glacés prolongés... Rien n'y fait. Et Frances reste fidèle à elle-même, insoumise malgré tout. Jusqu'à ce que le bon docteur Freeman décide de la lobotomiser, afin de mettre en sourdine ses émotions. Enfonçant une longue aiguille au fond du globe oculaire, il sectionne les nerfs reliant le cortex au thalamus. L'actrice, en qui le cinéaste Howard Hawks voyait une future Marlene Dietrich, mourra seule, à cinquante-sept ans, terrassée par un cancer de l'œsophage.

*

Un destin bouleversant, qui a marqué la jeune Mylène. Elle a vingt-deux ans lorsqu'elle visionne le film dans une salle obscure. Lorsqu'il s'agit de choisir un pseudonyme, le nom de Farmer, qu'on voit à plusieurs reprises apparaître en lettres capitales sur la boîte aux lettres de la maison familiale, s'impose avec la force de l'évidence. Laurent Boutonnat, lui aussi, a été impressionné par l'œuvre de Graeme Clifford. On trouvera d'ailleurs, dans *Giorgino*, des séquences qui rappellent certaines scènes de *Frances*, notamment l'internement de Catherine au milieu des aliénées. Et cet insoutenable sentiment d'oppression qui saisit un individu doué de raison lorsqu'il est immergé au milieu des malades mentaux.

Entre Frances et Mylène, il existe une filiation manifeste. Une haine farouche de l'hypocrisie sociale, d'abord. Dans le film, l'actrice, tout auréolée de gloire, revient à Seattle, où elle est célébrée par une fête, mais elle refuse de jouer le jeu. Ainsi, tout sourire, elle envoie ses quatre vérités à une dame patronnesse qui lui prédisait, il y a peu, qu'elle « finirait en enfer ». Sur le choix de son pseudonyme, Mylène restera plutôt laconique, se contentant d'évoquer son admiration pour cette femme « complètement écrasée par Hollywood [1] » qu'elle aurait aimé interpréter au cinéma. Comme Frances, Mylène éprouve une aversion pour la lâcheté ordinaire. « Depuis mes débuts, je n'ai accepté aucune concession. La qualité que j'admire le plus, c'est l'intégrité, et je remercie la vie qui m'a permis de suivre ce chemin. »

*

Le 19 novembre 1988, lors des Victoires de la Musique, la chanteuse va prouver qu'elle n'entend pas être de ces artistes qui s'agenouillent devant la profession. Sacrée meilleure interprète féminine de l'année, elle reçoit son trophée des mains d'Alain Souchon en se disant « contente et triste » à la fois. Une attitude mal perçue par le milieu qui, paradoxalement, la récompense ce soir-là. Quand on est ovationnée, ne faut-il pas s'incliner ? Pire, elle refuse d'interpréter une chanson en direct, comme la tradition l'exige des lauréats. En coulisses, c'est l'effervescence. En guise d'explication, son manager, Bertrand Le Page, n'apaise en rien les esprits chagrins : « Mylène ne chante pas avec un orchestre de bal », lance-t-il, comme pour jeter de l'huile sur le feu.

Dans son édition du 21 novembre, le quotidien *Libération* ne manque pas d'épingler la chanteuse pour ce manquement à ces « obligations » et de railler les « nouveaux mystères » que « son laconisme » soulève. Peur de chanter en direct ? Orgueil démesuré ? Mylène est sommée de s'expliquer. Mais ceux qui s'attendent à un repli stratégique en seront pour leurs frais. « En prenant ma récompense, j'ai vu défiler les plus belles images de ma vie et les plus cruelles aussi. Dans la voiture, en quittant le Zénith, avec mon manager Bertrand Le Page, nous n'avons échangé aucun mot. J'étais assise à serrer très fort entre mes mains cet objet très lourd. C'est ma manière de vivre les choses. Mon sens de la fête est le repli sur soi, sans occulter le bonheur. Chez moi, j'ai placé la Victoire dans mon salon, sur un haut-parleur. Comme beaucoup d'artistes, j'ai été étonnée, je n'ai vu aucune inscription sur le trophée, pas même la catégorie. Tout juste "Victoires de la musique 1988". Je regrette cet anonymat[2]. »

C'est donc pour n'avoir pas vu son nom sur la statuette que Mylène s'est assombrie. Cette reconnaissance, si ardemment désirée, lui a soudain semblé vide de sens. Ce nom qu'elle s'est choisi pour atteindre son astre n'a même pas été gravé sur le socle du trophée. Pour elle, il ne s'agit pas d'un simple détail, c'est une indélicatesse qui montre que ce sacre relève de la mascarade. En elle, c'est la petite fille en quête de vérité qui souffre dans un monde où les adultes mentent.

*

Mylène ne sera plus jamais nommée aux Victoires de la Musique. Tout juste évoquera-t-on en catimini sa récompense pour « l'album le plus exporté » en 1996. Le milieu n'a pas pardonné. Entre lui et la chanteuse, l'état de grâce n'a pas fait long feu. Rebelle à intégrer le moule, Mylène va mener sa route en toute indépendance, sans céder à ces compromissions qui la révulsent. Pour demeurer au sommet, pas besoin de taper dans le dos de ces artistes qui rêvent de l'intégrer dans leur grande et belle famille. Faire copain copain n'est pas son genre. L'amitié est une offrande qu'elle n'accorde qu'avec parcimonie. Ainsi, on ne la verra jamais parader dans les concerts des Restos du Cœur ; cette liesse collective n'est pas pour elle.

Dix-sept ans après l'incident des Victoires de la Musique, Mylène apprend par les organisateurs de la soirée que les votes du public l'ont sacrée « meilleure interprète féminine des vingt dernières années ». Un plébiscite qui aurait pu tourner au sacre cathodique si la belle avait daigné répondre présente à l'invitation de la production. Mais la chanteuse n'a pas oublié. Pire, au risque d'être une nouvelle fois taxée d'ingratitude, elle rappelle que son dernier single a pour titre *Fuck Them All*. Un bras d'honneur qui provoque un vif émoi dans la salle, où se sont pourtant infiltrés de nombreux fans. La voix de Jean-Luc Delarue, qui anime la soirée, a du mal à couvrir les sifflets qui pleuvent de toutes parts. Histoire de calmer le jeu, Nagui, son coéquipier, lance à la star une invitation pour l'année suivante, assurant qu'elle est « la bienvenue aux Victoires ».

Peine perdue... Confortablement installée devant l'écran de son téléviseur, Mylène peut jubiler. Le bras de fer continue de tourner à son avantage.

*

De même, elle boude systématiquement les hommages institutionnels. C'est pour cette raison qu'elle a refusé de se voir remettre la Légion d'honneur. À ses yeux, être une artiste ne mérite aucune récompense qui se situe sur le terrain de l'honneur. Cohérente, la star s'est également opposée à ce que son nom figure dans le dictionnaire Larousse, assorti d'une notice biographique de quelques lignes. Parce que rien ne l'indispose davantage que d'être figée dans la posture d'une statue inerte, elle a, enfin, décliné l'offre qui lui a été proposée de faire son entrée au musée Grévin. Avoir sa réplique de cire ? Une idée terrifiante à ses yeux. Une façon de l'enterrer vivante alors qu'elle est loin d'avoir livré tout ce qui agite son esprit.

*

Il faut une force colossale pour oser se mettre à dos une partie du métier. Une grande intégrité, aussi. Mais pour défendre son nom, si cruellement absent de son premier trophée, la chanteuse n'a jamais manqué de pugnacité. « Elle me fait penser au verre, me confie Philippe Séguy. Cette matière extrêmement fragile qui est, en même temps, d'une telle dureté qu'il peut traverser les siècles[3]. » Ce nom, emprunté à une autre, mais associé au prénom qu'elle a reçu à la naissance, Mylène en a fait, davantage qu'un patronyme d'artiste, une véritable signature.

D'une pochette d'album à l'autre, il est d'ailleurs passionnant d'observer la lente évolution des typographies, sur lesquelles la star veille avec un soin quasi maniaque. Lettres qui semblent gravées dans le marbre, comme sur une pierre tombale, pour *Ainsi soit je* ; calligraphie épurée sur les deux albums suivants ; pleins et déliés sur l'opus *Innamoramento,* où prénom et nom se superposent pour former une forteresse inexpugnable ; sur *Avant que l'ombre...* apparaissent des pointes acérées qui, prolongeant le tracé des lettres, semblent protéger l'artiste comme une armure , sur le dernier album, *Point de suture*, le « M » et Mylène et le « F » de Farmer sont reliés par un filet en une osmose parfaite, mais les pointes sont toujours là, donnant à cette architecture de lettres rouges des allures d'oursin. Pas besoin d'une longue exégèse pour décrypter le message : qui s'y frotte s'y pique.

10

Occuper le terrain

Elle est si rare aujourd'hui dans les médias qu'on a le sentiment qu'elle ménage ses apparitions depuis toujours. Rien n'est plus faux. À ses débuts, Mylène sait qu'elle n'a pas le choix. Il lui faut obtenir un maximum de diffusions à la radio pour ses singles, multiplier les interviews à la presse et décrocher des passages à la télévision, ce formidable accélérateur de notoriété, sans quoi elle ne pourra jamais sortir du lot. Pour être reconnue, il faut au préalable être connue. Telle est la loi du métier.

Un homme va être l'artisan de cette percée médiatique : Bertrand Le Page. À l'âge de dix-huit ans, cet autodidacte lettré a quitté Saint-Malo, où il a grandi, pour réussir à Paris. Après avoir renoncé à être chanteur, il rêve de devenir acteur. Puis jette l'éponge : les complexes qu'il nourrit sur son physique paralysent trop ce rouquin de petite taille à l'enfance difficile. Lucide, il comprend que son rôle n'est pas d'être en première ligne. Ce sont les autres qu'il projettera dans la lumière. Après avoir lancé Jackie Quartz, qui cartonne tout l'été 1983 avec *Mise au point*, sa cote grimpe dans le métier. C'est alors que Boutonnat, croisé quelques années auparavant, lui propose de rejoindre l'écurie Farmer. La chanteuse a besoin d'un manager, Laurent, accaparé par l'artistique, ne peut assurer ce rôle. Ça tombe bien pour Le Page, dont les relations avec Jackie Quartz sont arrivées à un point de non-retour. Il accepte de prendre Mylène sous son aile, moyennant un pourcentage de 25 % sur les bénéfices, via sa société d'éditions musicales.

*

D'emblée, Mylène est séduite par le personnage. Bertrand est élégant, provocateur et excessif en tout. C'est un affectif qui va mobiliser toute son énergie pour que sa protégée se hisse au sommet. Non seulement il détient un carnet d'adresses dont il va faire profiter la jeune chanteuse, mais il ambitionne aussi de la « coacher » au sens moderne du terme, en lui dispensant des conseils qui dépassent la sphère strictement professionnelle. Comment pourrait-elle devenir une grande artiste si son esprit ne goûte pas les nourritures spirituelles les plus stimulantes ? Très vite, Bertrand devient l'ami intime, une oreille constamment à l'écoute, un confident précieux.

Féru d'astrologie, domaine qu'il aborde avec un mélange de rigueur scientifique et d'intuition quasi médiumnique, il commence par dresser le thème astral de Mylène. Lui parle avec finesse de son tempérament plutonien qui la rend si proche du Scorpion, bien qu'elle possède le double signe de la Vierge. Un gage de profondeur, de remise en question permanente aussi. Il le pressent déjà, la jeune femme est capable de se mettre en danger. C'est aussi une Uranienne, soucieuse d'exprimer sa différence avec force, ce qui signifie qu'elle est peu disposée à composer. Quant au fait que Vénus se situe dans la maison des épreuves, cela n'augure pas un parcours sentimental semé de roses.

Bertrand est un être en perpétuelle quête d'intensité. Il lit la presse, dévore les livres, s'intéresse au cinéma, se passionne pour une exposition de peinture. Tout ce qu'il touche s'enflamme aussitôt. C'est lui qui conseille à Mylène la lecture de *L'Apprentissage de la ville* [1], de Luc Dietrich. Un roman qui l'a bouleversé et qui, par contagion, va également marquer la chanteuse. Paradoxalement, c'est auprès de cet autodidacte à la culture éclectique que la jeune femme poursuit ses études interrompues trop tôt, en début de terminale.

*

Consciente de l'impasse où peut conduire sa relation gémellaire avec Laurent, Mylène accorde une place privilégiée à ce manager hors-norme. « Heureusement, il y a Bertrand, dit-elle. On vit pratiquement à trois. Pas simple, mais riche. J'ai toujours su que le trois était le chiffre parfait[2]. » En découvrant ces propos, on ne peut s'empêcher de penser à la triangulation familiale reconstituée. L'équilibre de la jeune femme semble être à ce prix.

Bertrand lui veut du bien, aussi va-t-elle suivre ses conseils à la lettre. Il sait, elle a tout à apprendre. Malgré son caractère insoumis, Mylène arrive à se montrer docile lorsque son intérêt est en jeu. Alors, oui, son manager la fatigue parfois avec ses coups de fil incessants, dont certains au milieu de la nuit. Avec ses sautes d'humeur aussi, et cette nervosité extrême qui l'électrise, elle qui a tant besoin de lenteur. Mais elle prend sur elle, force sa nature. Une petite voix lui murmure, même quand elle ronge son frein, que Bertrand doit avoir raison. Il a lié sa réussite à celle de Mylène, alors leur alliance est totale : pour lui, qu'elle devienne une star est une question de vie ou de mort.

*

En attendant, Le Page se démène comme un diable pour que la chanteuse débutante puisse interpréter à la télévision *Maman a tort*, sorti en mars 1984. C'est Michel Drucker qui, le premier, accorde sa chance à Mylène dans « Champs-Élysées » pour sa première émission en prime time. Un coup de pouce qui attire l'attention sur cette débutante aux longs cheveux châtains. De ce jour, alors que sa comptine gentiment licencieuse passe de plus en plus en radio, elle devient l'objet d'une petite curiosité médiatique. De nombreux clichés, libres de droits, sont offerts à la presse. Pas question de se défiler face aux demandes d'interviews qui, grâce au travail ciblé de Bertrand, commencent à tomber. À ce moment-là, le moindre entrefilet est bon à prendre.

Mylène parle. Elle répond aux questions sans rechigner, et avec le sourire s'il vous plaît. Pourtant, à y regarder de plus près, elle fait déjà entendre sa différence, comme si le jeu d'une promotion formatée ou dictée par d'autres lui était impossible. Ainsi, elle ne manque jamais de dire l'inconfort qu'elle ressent face à un journaliste. « J'ai une sainte horreur des questions et des questionnaires [3]. » Ou encore : « Je ne suis pas particulièrement à l'aise pour les interviews. On déforme parfois ce que je dis [4]. » Très vite, au risque de se mettre à dos une partie de la presse, elle condamne le dictaphone. « Je n'aime pas cette petite machine. C'est un viol [5] », lance-t-elle à un confrère de *Charlie Hebdo*. Dès 1987, d'ailleurs, sûre de ses exigences, elle n'autorisera plus qu'on enregistre ses propos. « Je ne veux pas que ma voix entre dans vos foyers [6] », dira-t-elle à un journaliste médusé.

Mais n'allons pas croire qu'il s'agisse de sa part d'un caprice. À ses débuts, Mylène montre au contraire une vraie modestie, consciente des défauts qu'il lui faut corriger. « Je voudrais progresser, devenir une artiste à part entière. L'aisance sur scène ou sur un plateau de télé, ça ne s'improvise pas [7]. » Et d'ajouter : « Je veux rester lucide et ne pas sentir ma tête enfler parce que mon premier titre marche bien. » Pour cela, elle souhaite se donner du temps, s'inscrire dans la durée. « Mes espérances, c'est de créer un style, le style Mylène Farmer, mais c'est un travail de longue haleine [8]. »

*

Ce qui frappe encore, c'est le rempart dressé d'emblée entre ce qu'elle offre comme artiste et sa vie personnelle.

Contrairement à tant de ses consœurs, qui jettent en pâture à la presse moult anecdotes sur leur quotidien, leurs secrets de beauté ou le menu détaillé de leur petit déjeuner, la chanteuse débutante définit une ligne claire dont elle ne déviera pas. « Je ferai toujours en sorte de préserver ma vie privée. Rien à voir avec mon métier. Si on y touche, attention je mords[9] », prévient-elle. Une exigence qu'elle n'hésite pas à justifier : « Il ne faut pas faire de vivisection de l'artiste. Je n'ai pas à ouvrir mon ventre[10]. »

Son obsession, à l'époque, est d'éviter d'être happée par un tourbillon où elle ne se reconnaîtrait plus. Lui importe d'abord de proposer au public quelque chose d'unique. L'intégrité, encore. « Je n'ai envie de ressembler à personne. Je veux être moi-même[11]. » Ainsi écarte-t-elle toutes les questions relatives à l'air du temps. Pourquoi ne fréquente-t-elle pas les endroits à la mode ? « Je ne veux pas faire comme tout le monde[12] », répond-elle.

*

À vingt-trois ans, Mylène fait montre d'une étonnante maturité. Si, pour elle, tout reste encore à prouver, elle sait déjà où elle ne veut surtout pas être entraînée. Le succès, oui. La surexposition qui va avec, non. Être dans la lumière, elle le devine, exige qu'on se protège doublement. Alors, si elle s'acquitte, bon gré mal gré, de ses obligations médiatiques, il lui arrive d'être consternée par une question sans intérêt ou mal à l'aise dans certaines situations – il n'est pas certain qu'elle ait apprécié le sketch plutôt kitsch qu'elle interprète sur le plateau de « Cocoricocoboy », entourée de l'équipe de Stéphane Collaro. Grâce à Laurent et Bertrand, qui la protègent sans la ménager, Mylène se constitue un cocon. Elle veut rester rassemblée, concentrée. C'est à cette seule condition qu'elle pourra être davantage qu'une étoile filante.

11

Pourvu qu'elle soit rousse

Une chevelure. Lumineuse, rougeoyante, incandescente. Un signe de ralliement. Un panache roux. Sur certaines photos d'elle, de dos, cette cascade abricot suffit à suggérer sa présence. Dans le livret de l'album *Avant que l'ombre...*, signé Dominique Issermann, le visage n'apparaît jamais en totalité. La plupart du temps, il est masqué par cette chevelure, reconnaissable entre toutes, qui s'impose comme une signature. Et qui permet de poursuivre la partie de cache-cache engagée avec le public il y a longtemps déjà.

Rarement une artiste aura été à ce point liée à une couleur de cheveux. Et pourtant, Mylène n'est pas née rousse. Lorsqu'elle débute dans la chanson, ses cheveux sont châtains. Même s'il s'agit, selon elle, d'une « erreur de la nature », force est de constater que cette métamorphose a contribué à forger la légende Farmer. « Une chanteuse, ce n'est pas châtain. C'est blond, brun ou roux. Il faut trancher dans le vif, donner une couleur, une marque, une griffe[1]. » Bertrand Le Page sait de quoi il parle. Au milieu des années 1980, une certaine Jeanne Mas, toute de noir vêtue, squatte le sommet des charts avec une panoplie de brune incendiaire et des chansons qui décoiffent. Un succès fulgurant dont rêve le manager pour sa protégée. « En 1984, la star du moment qui nous impressionnait tous, y compris Mylène, c'était Jeanne Mas[2] », confiera le manager. De fait, l'interprète de *Toute première fois* a pris une sérieuse longueur d'avance. Sûre d'elle, maquillée à outrance, exubérante dans sa gestuelle, elle intimide la chanteuse débutante, qui la cite en exemple lors d'une de ses premières interviews. « Les gens ne connaissent pas encore bien mon visage. *Maman a tort* a surtout énormément été diffusée en radio. Jusqu'ici, je n'ai fait que peu de télés. Et peut-être n'ai-je pas, comme Jeanne Mas, ce truc qui marque et accroche les gens[3]. »

Cent mille copies écoulées pour *Maman a tort*, ce n'est pas rien, mais Laurent et Bertrand veulent jouer dans une autre division. Un look plus affirmé, Le Page en est convaincu, aidera Mylène à sortir du lot. C'est donc lui qui, selon toute vraisemblance, suggère le premier à la chanteuse de se teindre en rousse. Elle est séduite par l'idée. Depuis des années, elle trouve ses cheveux trop fins. Pour le clip de *Plus grandir*, une permanente leur a donné davantage de volume, mais le brun lui durcit les traits, accentue le relief de son nez. Une première coloration va provoquer le choc attendu. Lorsqu'elle tourne *Libertine* avec sa nouvelle chevelure auburn, l'évidence s'impose à tous : Mylène a trouvé son identité visuelle, l'image qui correspond à son moi profond. « Il y a eu une erreur de la nature : j'aurais dû naître rousse[4] », dira-t-elle.

*

Par la suite, la nuance de roux va être corrigée grâce à l'entremise de Christophe Mourthé, jeune photographe que Bertrand a présenté à Mylène, jugeant que leurs univers présentaient d'évidentes corrélations. À l'époque, il vient de réaliser une série de clichés qu'il a baptisés « Casanovas », où figurent des femmes grimées en hommes dans des costumes du XVIIIe siècle. « Parmi ces images, j'ai un personnage aux cheveux abricot qui plaît beaucoup à Mylène. Jusque-là, elle est rousse dans *Libertine*, c'est vrai, mais ce ton n'est pas très joli, pas bien défini. On en discute avec elle chez

Bertrand, puis on finit chez le coiffeur. On lui présente le cliché et on lui dit : "C'est abricot, faites-nous la même chose !" Mylène adopte alors la couleur flamboyante qui sera sa marque de fabrique. On ne peut pas prétendre que Bertrand et moi l'ayons décidé, personne n'a besoin de tirer la couverture à lui. En fait, l'idée a germé en même temps dans nos trois cerveaux[5]. »

Dans les années qui suivent, le roux de Mylène va encore évoluer. Très pâle, genre blond vénitien, après la tournée de 1989, il devient carrément carotte lorsque Mylène adopte un look à la garçonne pour l'album *L'Autre*, en 1991. Selon Marie-Stéphanie Lohner[6], stagiaire régie sur le tournage du clip de *Pourvu qu'elles soient douces*, cette coupe radicale aurait été choisie parce que la chevelure de la star se trouvait, à l'époque, abîmée par une succession de décolorations agressives.

*

Consciente que son ramage roux fait désormais partie de son identité artistique, Mylène va, tout au long de sa carrière, jouer avec ce symbole. Afin d'étonner son public, elle chargera son coiffeur attitré, Pierre Vinuesa, de créer pour elle des coiffures toutes plus extravagantes les unes que les autres. Un défi qu'il relèvera haut la main, notamment lors des tournées 1996 et 1999. Mèches dressées sur la tête évoquant les rayons du soleil ou épaisse crinière entourant le visage comme une auréole... Pour réaliser ces véritables chefs-d'œuvre d'architecture capillaire, Vinuesa n'hésitera pas à recourir à des postiches. Et Mylène de prendre goût à ces perruques et autres extensions qui donnent un beau volume à sa chevelure naturelle. Ses chignons n'en sont que plus impériaux, ses boucles plus nombreuses. Pour chacun des clips qu'elle tourne, pour chacune de ses apparitions télévisées, elle soigne sa coiffure avec la même exigence qu'elle choisit ses vêtements.

*

Quant à Bertrand Le Page, il va être peu à peu écarté de la galaxie Farmer, après cinq ans de bons et loyaux services. L'hiver 1989 sera son chant du cygne.

Un soir de décembre, Bertrand a organisé un dîner à l'École des beaux-arts en présence de cinq cents convives, composés de personnalités du métier et de journalistes. Une fête donnée en l'honneur de Mylène, qui doit recevoir un disque de diamant pour plus d'un million d'exemplaires vendus de l'album *Ainsi soit je.* Hélas ! rien ne se passe comme Le Page l'avait imaginé. La chanteuse reçoit son trophée des mains d'Alain Lévy, le patron de Polydor, alors que tout le monde a le nez plongé dans son assiette. Écœuré par une telle absence de magie, le manager broie du noir et se console comme il peut en sifflant des coupes de champagne.

Vers une heure du matin, certains invités ont déjà quitté les lieux et le personnel commence à empiler les chaises Napoléon III utilisées pour le dîner. C'est alors que Bertrand laisse éclater sa colère et hurle ce qu'il a sur le cœur. Pour lui, la soirée est un échec. Où est le panache ? Où est le goût de l'excellence ? Les yeux injectés de sang, il empoigne une chaise et la lance sur celles déjà entassées : la pile dégringole dans un bruit d'apocalypse. Sans hausser la voix, Mylène le somme de se calmer, mais les derniers convives présents, embarrassés, se précipitent vers la sortie. Laurent Boutonnat ne dit mot. Parce qu'il ne « sentait » pas la soirée, me racontera Philippe Séguy, il n'a pas ôté son manteau de tout le dîner[7].

*

Entre Mylène et Bertrand, rien ne sera plus comme avant. En réalité, tout a commencé à se dégrader lorsque, deux mois plus tôt, en octobre 1989, le manager a appris que la chanteuse et son mentor avaient créé Requiem

Publishing, une société d'édition musicale qu'ils cogèrent à égalité. Auparavant, ce sont les éditions Bertrand Le Page qui créditaient les titres de Mylène. Dès lors, il voit son avenir financier menacé au sein de l'écurie Farmer. Mais pour cet affectif, là n'est pas l'essentiel. Ivre de gloire, il se croit indispensable. N'est-ce pas lui qui, relevant un défi lancé par sa protégée, a boosté le succès de *Sans contrefaçon* en convaincant la radio NRJ de multiplier par deux les diffusions du titre ? Fort de ses exploits, Bertrand est confiant : la star a besoin de ses conseils, et leur amitié est tellement forte qu'elle ne peut se briser. Il se trompe cruellement.

Paradoxalement, c'est Mylène qui, le lendemain de l'incident à l'École des beaux-arts, prend l'initiative de recoller les morceaux. « Si tu as besoin de moi, je suis là[8] », lui dit-elle par télégramme. Quelques jours plus tard, rendez-vous est pris dans le restaurant d'un palace parisien. Le Page campe sur ses positions, ne regrette pas ce que la chanteuse considère comme un « dérapage ». Dans un sursaut d'orgueil, il quitte même la table, espérant que Mylène va le retenir. Elle n'en fait rien.

Un mois plus tard, elle l'appelle pour lui signifier leur rupture : « On arrête de travailler ensemble. Ton comportement est devenu impossible. » Il recevra par la suite une lettre que la star, de sa belle écriture, achève par ces mots : « Je t'aime comme personne. »

Dès lors, c'est le tourneur Thierry Suc, au tempérament moins tapageur, qui fera office de manager.

*

Ultime message en forme de justification, Mylène écrira une chanson à l'ami éconduit sur l'album *L'Autre*. Dans *Pas de doute*, elle s'adresse à un homme au tempérament ingérable, évoque des tensions vaines, des sautes d'humeur insupportables : « Quant tu n'as plus ta tête, tu fais tout trop vite. » On ressent bien, dès lors, une divergence qui semble irrémédiable : « Tu précipites / Moi je prends mon temps. » Jusqu'à la rupture assumée : « Quitte à faire vite / Je prends les devants. »

Le Page ne se remettra jamais de cette séparation. Persuadé que, sans lui, Mylène est perdue, il va guetter l'instant où l'idole dégringolera de son piédestal, sans pour autant cesser de l'aduler. Un après-midi de 1995, dans son appartement proche de la porte Maillot, il me confie que les textes de l'album *Anamorphosée* sont totalement hermétiques : « On n'y comprend rien, ça va faire un bide. » Deux jours plus tard, il m'appelle pour me demander si j'ai vu le clip de *L'Instant X.* « Mylène est sublissime, elle n'a jamais été aussi belle », me dit-il, conquis. En 1996, en découvrant l'affiche des concerts de la star à Bercy, il s'effondre en larmes.

En avril 1999, quelques jours après la publication de l'opus *Innamoramento*, Le Page, atteint d'une grave maladie, se tire une balle dans la tête, à Hyères, sur la côte d'Azur, où il s'est exilé depuis un an. « Il s'est suicidé le dimanche de Pâques, je sais qu'il écoutait l'album en boucle », dira Guillaume Vial, un ami de la dernière heure.

À la fin du clip de *L'Âme-Stram-Gram*, l'héroïne que joue Mylène se jette dans le vide pour retrouver sa jumelle disparue. Le Page semble avoir voulu répondre par un geste spectaculaire aux jeux fantasmés de Mylène avec sa propre mort. Quelques jours avant son suicide, Bertrand a laissé un message sur mon répondeur. Sa voix était sereine.

En signe de deuil, Mylène se tait. La promotion de l'album est suspendue durant quelques jours. Une interview, prévue sur RTL le jour même, est annulée. La chanteuse ne se rendra pas à Saint-Malo, le 9 avril, pour les obsèques de son ancien manager. Elle n'enverra pas de fleurs. Ses souvenirs avec Bertrand, les mots écrits ou échangés, elle veut les garder dans son cœur. Leur amitié, qui fut si passionnelle, n'appartient qu'à eux deux.

12

Créer une image

Le paradoxe vaut d'être souligné : Mylène Farmer est la première artiste de variétés à avoir autant misé sur l'image que sur la musique. Certes, il existe un son « Boutonnat », reconnaissable entre tous, un sens des mélodies imparables qui accrochent l'oreille dès la première écoute. Mais cette manière de composer se rattache elle-même à un univers cinématographique. Un cas unique dans l'Hexagone, qui s'explique par la configuration unique de la rencontre entre la muse et son Pygmalion. Rien d'étonnant, au fond, à ce que deux êtres qui rêvent de cinéma s'attellent au même but : créer une image qui marque les esprits.

Selon la formule bien connue de Gainsbourg, la chanson n'est qu'un art mineur. Afin de l'élever à un niveau où elle transcende son destin éphémère, Laurent Boutonnat ne cache pas son ambition : « Une chanson, c'est bien, mais c'est quelque chose de très simple. Travailler autour de ça, l'image et tout ce que ça comporte, c'est passionnant[1] », affirme-t-il dès 1986. À l'origine même, le clip remplit une double fonction : il est le support promotionnel d'un titre et participe à l'élaboration de l'image, à plus long terme, de l'artiste. Aux États-Unis, Michael Jackson l'a bien compris, lui dont l'album *Thriller* cartonne dans le monde entier en 1983 grâce à l'impact du court-métrage fantastique de John Landis. En France, seuls Mylène et Laurent vont méditer la leçon.

« J'aime travailler sur le long terme, sur une image qu'on pourrait qualifier de mythique », explique Mylène. Avant d'ajouter : « L'illustration en images des paroles d'une chanson est une chose, mais on peut aussi en faire un clip original tout en pensant à l'instrument promotionnel qu'il représente[2]. » Une approche d'un nouveau genre qui nécessite un travail à part entière. Tandis que la plupart des artistes de l'époque semblent improviser leurs vidéos, celles de Mylène reposent sur l'écriture d'un scénario original et la participation d'une équipe technique issue du septième art.

Boutonnat le confirme : « Le clip a aussi la fonction d'un spot publicitaire. Et dans la conception même, il faut savoir en tenir compte, tout en sachant que cela peut être une œuvre cinématographique. Tout cela nous met dans une position bâtarde, y compris dans les négociations que l'on a avec les gens de la télévision et du cinéma, qui eux non plus ne savent pas trop comment l'appréhender[3]. » Pas facile, en effet, de trouver des financements pour ces véritables courts-métrages qui réclament des budgets conséquents. À ses débuts, Mylène ferait presque pleurer dans les chaumières : « Nous investissons nos propres deniers dans ces clips, préférant manger des pâtes tous les jours et nous offrir ce genre de création[4]. » Il s'agit bien d'un investissement en effet, un pari sur le long terme, assumé comme tel.

*

Ce qui est rare est cher, dit-on. Pour parvenir à un résultat à la hauteur de leur exigence, Mylène et Laurent ne vont pas lésiner sur les moyens. Dans le tiercé des clips les plus onéreux pour un artiste français, la chanteuse rousse règne sans partage. Jugez plutôt : neuf cent mille euros pour *L'Âme-Stram-Gram*, six cent mille euros pour *California* et quatre cent cinquante mille euros pour la vidéo de

Pourvu qu'elles soient douces. Bien entendu, aucune maison de disques ne se risquerait à financer des œuvres aussi coûteuses. C'est encore plus vrai aujourd'hui, avec la crise du marché du disque.

Malgré tout, par le biais de sa société Stuffed Monkey, créée en 1993, Mylène continue de s'offrir ces écrins si précieux pour sa légende, et que ses fans savourent avec délectation. Ainsi, pour *Dégénération*, fer de lance de son nouvel album, sorti le 25 août dernier, elle revient avec une vidéo truffée d'effets spéciaux digne de ses débuts : une trentaine de comédiens et une troupe de danseurs ont été mobilisés près d'une semaine à Prague, sous la houlette de Bruno Aveillan, réalisateur venu du monde de la publicité.

Attirer l'attention, ce n'est pas seulement proposer des œuvres de qualité, c'est faire bouger les lignes, sortir du formatage traditionnel. Ainsi les clips de Mylène Farmer sont-ils exceptionnels par leur durée. Laurent Boutonnat, boulimique d'images, en est le responsable direct : filmer est une telle jouissance que le cadre d'une chanson d'à peine quatre minutes lui semble trop étroit. Le record historique va être atteint avec *Pourvu qu'elles soient douces* : 17 minutes 52. Un choc dans le paysage culturel de l'époque. Mais de nombreuses autres vidéos se caractérisent également par leur longueur inhabituelle, comme si la chanson se pliait aux impératifs du scénario, et non l'inverse. Dans l'ordre décroissant : *Tristana* (11 minutes 33), *Libertine* (10 minutes 53), *Désenchantée* (10 minutes 12), *Sans contrefaçon* (8 minutes 53), *L'Âme-Stram-Gram* (7 minutes 50), *Plus grandir* (7 minutes 32), *Regrets* (6 minutes 17), ou encore *Sans logique* (5 minutes 37).

Ce qui caractérise ces productions, c'est qu'elles se réfèrent au cinéma, s'inscrivent par leurs scénarios et leur esthétique dans une temporalité imaginaire. Génériques soignés, choix du format cinémascope, diffusion de plusieurs clips en avant-première dans certaines salles obscures : tous ces ingrédients font de Mylène Farmer une héroïne de fiction davantage qu'une chanteuse. Avec *Libertine* et *Pourvu qu'elles soient douces*, elle a imposé une image forte et ne changera jamais de cap. Même lorsqu'elle demande à des réalisateurs étrangers et plutôt pointus comme Abel Ferrara, Marcus Nispel, Ching Siu-tung (très réputé à Hong Kong), ou à l'Espagnol Augustin Villaronga de travailler avec elle, elle reste en dehors des modes. Comme une alternative au présent.

*

Créer une image, c'est aussi faire appel à des photographes qui vont sublimer la beauté naturelle de Mylène. Laissant derrière elle les clichés de ses débuts, où elle posait tout sourire, dans des vêtements trop larges, la chanteuse veut s'entourer de talents d'exception. C'est ainsi que Christophe Mourthé est approché par Bertrand Le Page. « À vingt-quatre ans, j'ai l'habitude de façonner des "égéries" pour en faire des femmes très glamour, des icônes[5] », dira-t-il. Tel est l'enjeu de son travail, en effet. Et ce doux jeune homme au regard bleu va y parvenir en nouant une complicité de tous les instants avec la chanteuse. Grâce à lui, Mylène se livre comme jamais face à l'objectif. Il sera le premier à fixer sur pellicule une image intemporelle qui colle parfaitement à son modèle. En noir et blanc ou en couleurs, ses portraits façon *Angélique, marquise des anges* restent parmi les plus réussis.

Durant deux ans, Mourthé travaille presque exclusivement pour l'écurie Farmer. D'autres photographes prendront le relais : Elsa Trillat, à qui l'on doit la pochette mythique de l'album *Ainsi soit je*, puis Marianne Rosenstiehl, qui restera longtemps la collaboratrice attitrée de Mylène. Des clichés noyés de lumière, où la star semble de plus en plus irréelle, beauté diaphane aux traits effacés. Un regard quasi absent, qui fixe rarement l'objectif en face, comme par pudeur. Quand on lui demande pourquoi les portraits qui sont faits d'elle sont systématiquement surexposés, la chanteuse répond par une jolie pirouette : « J'ai toujours en moi le conflit entre l'ombre et la lumière[6]. »

Depuis le milieu des années 1990, c'est Claude Gassian qui bénéficie de la confiance de Mylène. Présent sur de nombreux tournages de clips, dont celui de *Dégénération*, il s'est vu confier la mission délicate de fixer pour l'éternité les concerts de la star. Mais cette fidélité n'empêche pas quelques incartades dans d'autres univers. Consciente que son statut lui permet de tutoyer les plus grands, Mylène ne se prive pas, désormais, de faire appel aux grands noms de la profession.

En 1995, elle contacte Herb Ritts afin de lui proposer de signer le visuel de l'album *Anamorphosée*. Une seule rencontre a lieu, le 25 août de la même année. Ce jour-là, tandis que Marcus Nispel tourne, à Philmore, les dernières séquences du clip de *XXL* avec les figurants, Mylène pose devant l'objectif d'Herb Ritts, dans un studio de Los Angeles, à une centaine de kilomètres. Dans les années qui suivent, elle s'offrira les services de Marino Parisotto Vay, Ellen von Unwerth, Dominique Issermann, ou encore le légendaire Peter Lindbergh. Avec, toujours, une constance dans la démarche : elle contacte un photographe après avoir repéré son travail.

*

Élaborer une image qui tranche avec le tout-venant, quand on possède le tempérament perfectionniste de Mylène, c'est aussi soigner le design de tous les supports proposés au public. Dès 1991, la chanteuse confie l'habillage de ses productions à un spécialiste en design graphique, Henri Neu. À partir de cette date vont fleurir divers objets destinés à renforcer la réputation, déjà très élitiste, de la star : promos de luxe envoyées à la presse, objets divers et variés – peignoir, fer forgé, statues, enveloppes épaisses –, qui alimentent un véritable phénomène de collection. « Mylène s'investit beaucoup dans le design de tout ce qui sort, explique Henri Neu. Elle ne le fait pas seulement par conscience professionnelle, mais aussi parce qu'elle adore ça. Elle a toujours aimé le graphisme et la peinture. Notre travail est très complémentaire et, comme il n'y a pas de réelle contrainte de la maison de disques, c'est vraiment passionnant de pouvoir tout construire de A à Z[7]. »

Les supports dont il se montre le plus fier ? Le CD promo de *California*, avec la silhouette de la star qui se soulève, ou encore l'enveloppe de velours de *Je te rends ton amour*, contenant un CD en forme de croix. Au départ, Mylène et Laurent ne lui ont pas demandé de concevoir des « objets promotionnels aussi fous ». Séduits par sa créativité, ils l'ont néanmoins encouragé à « poursuivre dans cette voie ». Pour réaliser le titre *Innamoramento*, par exemple, Mylène lui suggère, un an avant la sortie de l'album, de réfléchir à tout ce que peut lui inspirer ce vocable aux résonances infinies. « Dans ce mot, j'entends le "mento" qui donne son impulsion et son rythme à la vie, mais aussi "amen", "mort", "amor" – l'amour – et "innamor" – le désamour. De même, le filet qui relie les deux représente à mes yeux les mouvements réciproques entre la vie et la mort[8]. »

*

On le voit, rien n'est laissé au hasard. Et même si certains fans de la première heure, nostalgiques des fresques signées Boutonnat, ont trouvé les vidéos de l'album *Avant que l'ombre...* un peu en retrait dans sa clipographie, on doit reconnaître que Mylène n'a pas dévié de sa trajectoire. Depuis ses débuts, elle n'a jamais lâché prise sur l'image. Au contraire, plus sa carrière a avancé, plus elle a exercé un contrôle strict sur tout ce qui la concerne. La récompense de cette exigence, c'est qu'elle n'a à rougir de rien de ce qui jalonne son parcours artistique. Qui d'autre, dans le métier, pourrait en dire autant ?

13

Mylène est Libertine

Une clairière à l'heure où résonne encore le hululement des chouettes. Le jour s'est levé, mais la nature semble engourdie. Deux silhouettes sont adossées l'une à l'autre. La caméra s'attarde sur le visage des témoins d'un duel qui s'annonce, imminent. Les deux adversaires marchent à pas comptés. Se retournent. Et chacun pointe son arme dans la direction de l'autre. Celui qui a l'air d'un jeune homme tire le premier. L'autre réplique, mais on a vu la balle, au ralenti, le pénétrer en plein cœur. Il s'écroule, tandis qu'un zoom nous fait mieux découvrir le visage du vainqueur. Une jolie figure androgyne, couleur de craie, les yeux fardés en fer de lance, les lèvres rouge sang. Une femme déguisée en homme, un chevalier d'Éon à l'envers. Elle fait frissonner sa chemise à dentelle, recouverte d'un gilet qui souligne la finesse de la taille.

Et tandis que la survivante du duel s'enfuit en enfourchant un cheval blanc, s'inscrivent sur l'écran trois mots, « Mylène est Libertine », que le spectateur n'est pas près d'oublier : ça sonne comme un rôle au cinéma, mais c'est bien davantage. Plus de vingt ans après, le personnage lui colle encore à la peau. « Mylène est Libertine. » C'est là, Boutonnat et Le Page le savent, que tout se joue. C'est là que la légende commence ou s'achève. Afin de mettre toutes les chances de leur côté, ils sont décidés à frapper un grand coup.

*

À regarder le clip, une impression de perfection prédomine. Rien n'a été négligé, pas même les détails du décor. Et pourtant, c'est avec des bouts de ficelle que Laurent Boutonnat a conçu ce projet ambitieux, destiné à clouer les spectateurs sur place et imposer sa muse. Et puis, Mylène n'a jamais été aussi belle. La jeune fille aux cheveux châtains de ses deux premiers titres trouve son identité dans ce look historique. Sa beauté éclate au grand jour. Elle est rousse et ça lui va bien. En outre, c'est la première fois qu'une chanteuse apparaît nue dans un clip – tout juste a-t-elle gardé ses bas. Mylène s'est offerte face à la caméra de son mentor. « C'est le paradoxe de l'artiste, confiera-t-elle. On peut accepter les scènes de nu si elles ont un intérêt et si on a l'assurance d'un travail bien fait. J'ai confiance en Laurent Boutonnat. Pourtant, j'appréhendais un peu ces scènes. Ce sont les regards ou les commentaires sur le plateau qui peuvent rendre la situation embarrassante. Là, tout s'est bien passé[1]. »

Vingt semaines consécutives dans le Top 50, plus de quarante passages télé en 1986 : c'est la chanson qui a tout changé. Composée deux ans plus tôt par Jean-Claude Dequéant, elle s'intitule d'abord « L'amour tutti frutti ». Au départ, c'est un titre rock, que Boutonnat va rendre plus pop, jetant aux orties les paroles initiales signées Georges Sibold. Il écrit le texte au fur et à mesure de l'avancement du play-back. Mylène participe au processus créatif. Ainsi, elle s'amuse à chanter « Je suis une putain », avant que le terme « catin » soit finalement retenu.

*

Le rôle lui va si bien qu'elle le reprendra dans *Pourvu qu'elles soient douces*, en 1988. Un clip où l'on retrouve les mêmes ingrédients, mais à la puissance dix. Camp militaire reconstitué, soldats en costumes qui s'affrontent sur un champ de bataille, prostituées à demi nues, combat spectaculaire dans la boue, au milieu des explosions, entre Libertine et sa rivale... Avec ce chef-d'œuvre historique, scénarisé comme un véritable court-métrage, qui a mobilisé une centaine de figurants, Mylène aura amplement mérité la première marche du Top 50.

Libertine, ce n'est pas seulement un garçon manqué qui n'a peur de rien, et surtout pas de prendre des coups. C'est aussi une maîtresse femme, qui goûte une liberté sexuelle absolue. En un regard, elle dit son accord à l'amant qui la désire. Et lorsqu'elle se donne à lui, dans cette chambre aux tentures rouges où crépite un feu de cheminée, elle n'entend pas rester inactive. Après que l'homme s'est étendu sur elle, elle renverse les rôles, histoire de signer son pouvoir. Dans l'étreinte, elle veut garder le contrôle.

*

Un rôle qui vaudra à Mylène de nombreuses questions indiscrètes en interviews. Évidemment, les journalistes veulent savoir si la chanteuse est aussi « libertine » que l'héroïne qu'elle incarne. La plupart du temps, elle s'en tire par des pirouettes habiles : « Tout le monde est libertin, moi aussi. L'amour est pour moi un jeu auquel je veux gagner à tous les coups[2]. » Elle révèle également qu'elle a lu *Justine*, de Sade, dès l'âge de quinze ans, avant de dévorer d'autres ouvrages du divin marquis.

Surtout, elle va accepter de participer à une émission où toute dérobade sera périlleuse, « Sexy folies », qui fait alors un tabac sur TF1, en deuxième partie de soirée. Un questionnaire très en dessous de la ceinture, qui va renforcer sa réputation de chanteuse sulfureuse. Dans le talk-show, Mylène livre ses fantasmes sans aucune forme de précaution, avec une sincérité déconcertante. Son rapport à la sexualité ? « C'est quelque chose dont j'avais horreur avant de le connaître. » Sa première fois ? « C'était laborieux et difficile. Une chambre banale. Un lit, même pas douillet.

C'était un peu un viol de l'enfance, de l'imaginaire. » On songe à *Plus grandir*, la première chanson dont elle signe les paroles, où la découverte de la sexualité n'est pas vécue sereinement. Pour l'héroïne du clip, violée par un inconnu en pleine nuit, elle symbolise le deuil forcé de ses jeunes années. « Petit rien, petit bout / De rien du tout / M'a mise tout sens dessus dessous », chante Mylène qui, après l'acte sexuel, saisit un hachoir pour amputer sa poupée de chiffon. Image d'une enfance dévastée.

Les premières années semblaient protégées dans un cocon au parfum d'éternité. La fin de l'enfance signifie que le temps, désormais, va tisser son emprise, imposant sa loi. On voit Mylène tournoyer, dans un décor inquiétant, au milieu des toiles d'araignée, jusqu'à offrir le visage d'une vieille femme ridée aux cheveux gris. « Plus grandir / Pour pas mourir » dit la chanson. En effet, accepter de devenir adulte va de pair avec l'acceptation de notre inéluctable fin. Mylène ne s'y est jamais résignée.

Dans « Sexy folies », la chanteuse fait également sensation en évoquant le fantasme qu'elle nourrit d'être une mante religieuse, cette espèce d'insecte dont la femelle sacrifie le mâle, sans autre forme de procès, après l'acte reproducteur. « Si j'en avais le pouvoir, je crois que je leur couperais la tête volontiers après », lâche-t-elle avec un regard de tueuse qui fait froid dans le dos.

*

Avoir percé avec cette réputation de libertine va donner une orientation fortement érotique à sa carrière. Par la suite, Mylène se devra d'administrer quelques piqûres de rappel à son public. Si le personnage en lui-même va disparaître des clips, malgré la rumeur persistante d'un projet de Libertine III, le message de la chanson, en revanche, ne cessera jamais d'être assumé. « Abuse des liens et des lys », fredonne la chanteuse, en 1992, dans *Que mon cœur lâche*, titre que d'aucuns ont regardé à tort comme une incitation au boycott du préservatif. « Il n'y a que ça qui nous gouverne », chante-t-elle dans *L'Âme-Stram-Gram*, un titre bourré de jeux de mots coquins, inspiré de la lecture de Sade.

De même, l'album *Avant que l'ombre...* semble une invitation au plaisir sous toutes ses formes, comme un défi à cette mort qui, de toute façon, aura le dernier mot. On y trouve notamment cet hymne au sexe non conventionnel, *L'Amour n'est rien*, évocation de l'ennui qui peut naître de pratiques sans imagination. « On crie avant pour que ça s'arrête », soupire-t-elle. Et pour montrer que Libertine n'a rien perdu de sa superbe, Mylène n'hésite pas à s'effeuiller dans le clip.

Dans la lignée de *Pourvu qu'elles soient douces*, ode à la sodomie qui rappelle la *Décadanse* de Gainsbourg, impossible de ne pas évoquer *Porno Graphique*, où une Mylène plus débridée que jamais évoque l'anulingus. « Je veux savoir où naît le vent », murmure-t-elle pudiquement au début de la chanson. Avant de se montrer beaucoup plus explicite : « Là, sur ton orifice ami, / Je m'immisce dans ta pénombre, / Et là, je fais le tour du monde. » Autre pratique, autres jeux érotiques. Dans *Sextonik*, sur son dernier album, sans jamais prononcer le mot, elle évoque avec malice les godemichés : « Serial joueur un jouet sans cœur. » L'occasion pour elle, jouant avec son image, d'un retour aux sources : au bout de ces accessoires du plaisir, en effet, « Vibrent les origines / Libertines. » À la fin du titre, des râles suggestifs montrent que la chanteuse n'a rien perdu de son goût de provoquer.

*

Jamais, sans doute, interprète française n'aura parlé aussi crûment d'érotisme. Est-ce à dire que Mylène serait, dans la vie, aussi peu chaste que dans ses chansons ? C'est ce qu'elle laisse parfois entendre. « Je vis de fantasmes et c'est une mortification de savoir que je ne pourrai pas tous les assouvir[3] », confie-t-elle en 1993. Douze ans plus tard, Thierry Demaizière lui demande : « Vous avez accompli vos fantasmes ? – C'est chose faite », répond-elle, laconique. « On s'ennuie après ? », poursuit le journaliste. – On s'ennuie, et on en trouve d'autres », ajoute la star, dans un sourire.

Pour ceux qui ont connu Mylène à ses débuts, cette image de dévoreuse d'hommes semble assez éloignée de la réalité. « À l'époque de *Libertine*, me confie Christophe Mourthé, elle n'a rien du personnage qu'elle interprète dans le clip. Même si elle se délecte de Sade, elle se montre très professionnelle dans le travail et très sage le reste du temps[4]. » Impression partagée par Elsa Trillat : « On l'imagine comme une bête de sexe, une maîtresse dominatrice. C'est une carapace bien pratique, une image qu'elle aime donner d'elle. Mais Mylène est d'abord une affective, bien plus tendre qu'on le croit[5]. »

A-t-elle changé par la suite au point de se confondre avec le personnage qu'elle a incarné dans ce libertinage exacerbé ? Rien n'est impossible. Mais, au fond, peu importe de connaître l'exacte vérité. Seul compte l'impact de cette image érotique sur le public, qui nourrit encore bien des fantasmes à son sujet. Ainsi, en 2008, Mylène continue de se classer, à quarante-sept ans, dans le Top 10 des femmes les plus sexy, tous âges et toutes nationalités confondues. Un bel exploit.

Quant au premier single extrait de son nouvel album, *Dégénération*, il véhicule un message dans la droite ligne de *Libertine*, invitant ceux qui l'écoutent à sortir du coma sexuel où ils s'étiolent pour se livrer à des étreintes sans tabou. L'héroïne du clip, d'ailleurs, est dotée du pouvoir surnaturel de désinhiber les bourreaux qui la retiennent captive. En dispensant un fluide qui jaillit de ses mains, elle transforme les militaires armés et les médecins apprentis sorciers en jouisseurs sans limites. Du même coup, le laboratoire où elle était étudiée sous toutes les coutures comme un phénomène de foire se mue en une gigantesque partouze. Vêtue de quelques bandelettes qui évoquent une momie réveillée après un long sommeil séculaire, la chanteuse réussit le pari de réactualiser le message de *Libertine* sans donner le sentiment de se répéter. Dans le monde d'aujourd'hui, dont elle souligne « l'ultra violence[6] », le plaisir charnel pratiqué dans l'amour n'est-il pas l'ultime refuge possible ?

14

Provoquer pour exister

Avec le recul, on n'en croit pas ses oreilles. Ce jour-là, le 10 octobre 1987, Mylène est l'invitée d'honneur de « Mon Zénith à moi », l'émission de Michel Denisot sur Canal +. Les cheveux attachés par un catogan noir, elle a rarement paru si enjouée. La présence d'un chimpanzé à ses côtés, qu'elle caresse tout en tentant de contenir ses débordements, n'est sans doute pas étrangère à cette humeur badine. Le téléspectateur ne sait pas encore que le programme, concocté par Mylène, sera une escalade de provocations. Après une séquence où elle confesse son trouble fantasmatique pour les hommes d'Église, Michel Denisot annonce que, selon un choix de la chanteuse, vont être diffusées des images « très difficiles » utilisées par Amnesty International pour sensibiliser l'opinion à la torture.

Et Mylène de lancer tout sourire une première bombe : « J'aime la violence. » L'animateur la reprend immédiatement : « Vous aimez la dénoncer ? » Elle enfonce le clou. « J'aime la regarder. » Et tandis que défilent des images furtives où l'on voit des pendaisons, une exécution capitale à bout portant, une tête coupée qu'un homme tient par les cheveux avant de la jeter dans une fosse, la chanteuse poursuit : « Ce n'est pas un plaisir sadique, mais presque. J'ai une sorte de complaisance vis-à-vis de la violence dans ces images de mort. Ça suscite plein de réflexions. J'aime bien voir ça. Je crois bien que ça provoque en moi une forme d'excitation. » Elle s'interrompt – le chimpanzé vient de lui mordre la main – et caresse à nouveau l'animal. Denisot stupéfait, tente de ne rien montrer. Il n'est pas au bout de ses surprises. Car la photographie de l'homme exécuté à bout portant n'a pas comblé Mylène. « C'est dommage qu'elle soit statique », dit-elle, ajoutant qu'elle aurait préféré voir la mort filmée en intégralité.

Cette séquence jette un froid sur le plateau. La chanteuse a visionné les images sans émotion, ni compassion. Et ce n'est pas le reportage émouvant qu'elle a réalisé à l'hôpital de Garches, auprès des enfants accidentés de la route ou atteints de maladies génétiques, qui va suffire à effacer cette première impression. Malgré la tendresse manifeste de Mylène vis-à-vis d'une fillette aux cheveux courts atteinte de la maladie des os de verre, le charme est brisé. Et quand retentit le générique de fin de l'émission, le téléspectateur demeure troublé.

*

Après avoir visionné l'émission, Bertrand Le Page ne décolère pas. À ses yeux, Mylène est allée trop loin. Elle a pris un risque énorme pour son image et sa carrière. Iconoclaste, c'est un atout. Mais là, il s'agit selon lui d'un dérapage. Le grand public, qui la suit depuis *Libertine*, ne peut adhérer à de tels propos. Certains artistes sont tombés pour moins que ça. Par chance, l'émission a été diffusée sur une chaîne cryptée. Et le manager d'imaginer le cataclysme qu'aurait provoqué une telle prestation dans une émission en prime time, sur TF1 par exemple.

Ce jour-là, Mylène a-t-elle perdu le contrôle d'elle-même ? Ses propos ont-ils dépassé sa pensée ? Ce qui est certain, c'est que la présence remuante du chimpanzé sur le plateau a altéré son comportement. Ceci explique peut-être une certaine brutalité dans la forme, qu'elle aurait pu nuancer si elle avait eu le loisir de rester concentrée. Ce qui frappe, dans sa prestation, c'est qu'elle semble n'établir aucune frontière entre la réalité et l'imaginaire. Elle évoque des images réelles comme elle commenterait les séquences d'une fiction.

Voilà pourquoi, sans doute, elle ne semble pas consciente d'avoir commis une erreur. N'a-t-elle pas, au fond, été sincère ? Car son goût pour des sujets que d'autres jugent insoutenables ne date pas de cette émission. « J'éprouve de confus plaisirs aux dessins macabres, j'aime l'esthétique morbide [1] », lâche-t-elle dès ses débuts. À la même époque, certains proches le confirmeront, le livre fétiche de Mylène, celui qu'elle montre à son entourage comme si elle partageait un trésor, est un imposant album de photos où figurent des monstres de la nature. Bébés estropiés et autres curiosités du genre, comme par exemple des enfants nés avec des écailles de crocodile. Complaisance sadique ? « Non, m'assure la photographe Elsa Trillat, qui avoue avoir pincé le bec en feuilletant l'ouvrage. Elle était intriguée par ces malformations. Profondément troublée [2]. »

Par miracle, le public ne lui tiendra pas rigueur de ces fausses notes. Mais pour Bertrand, la preuve est faite que Mylène doit éviter de se répandre dans les talk-shows. Elle fera le strict minimum pour assurer sa promotion, mais devra éviter les pièges qu'on ne manquera pas de lui tendre pour la faire déraper à nouveau. Sur TF1, d'ailleurs, quelques mois plus tard, dans un « Sacrée soirée » spécial, Mylène se montrera d'une sobriété étonnante. Des propos qui frisent la banalité, des remerciements chaleureux, quelques larmes versées. Le contraste avec sa prestation sur Canal + est flagrant. La leçon semble avoir été comprise.

*

Malgré tout, Mylène ne renoncera pas, durant les longues années de carrière qui s'annoncent, à ce mode explosif de communication qu'est la provocation. Il faut dire que, jusqu'à cet incident, c'est à son image sulfureuse qu'elle doit son succès. « J'aime la provocation, c'est peut-être une forme de caractère[3] », dit-elle en 1984, alors qu'elle chante *Maman a tort*, qui relate, ne l'oublions pas, un amour saphique. Une forme de caractère, peut-être. Plus sûrement, choquer est un risque que Mylène assume parce qu'il est contenu, en germe, dans tout projet artistique. Ce qu'un artiste revendique avant tout, c'est sa liberté. Non pas de dire ou faire n'importe quoi, mais de projeter ce qui jaillit des tréfonds de son âme. « La provocation, elle est dans la liberté que je me donne de dire les choses ou de proposer les images qui correspondent à ce que je ressens. Être un artiste, c'est déjà une provocation[4]. »

Bien sûr, même si elle ne cherche pas à « choquer à tout prix », Mylène sait les risques qu'elle encourt à explorer certaines zones obscures de son imaginaire. « Le piquant de la vie pour moi, est de provoquer, quitte à être censurée[5] », dit-elle dès 1984, montrant au fond que l'espoir inconscient de toute provocation revient sans doute à se heurter à des limites. Elle ne croit pas si bien dire. Car plusieurs de ses clips feront l'objet, non d'une censure, mais de restrictions quant à leur diffusion. Ainsi, en 1992, le clip de *Beyond My Control* fait scandale : des images de loups dévorant une charogne sont superposées à un baiser qui dégénère en morsure vampirique. L'association entre l'amour et la mort est dénoncée comme susceptible de perturber le jeune public. Michel Drucker, à qui Polydor propose de diffuser la vidéo en exclusivité dans « Champs-Élysées », met son veto après avoir visionné les images. Même si le CSA ne se prononce pas en faveur de l'interdiction, M6, prudente, ne diffusera *Beyond My Control* qu'après minuit.

Sept ans plus tard, un autre clip va faire couler beaucoup d'encre : celui de *Je te rends ton amour*, tourné par François Hanss dans l'abbaye de Mériel, en région parisienne. On y voit une Mylène qui se baigne nue dans une mare de sang après avoir été violentée par une créature maléfique. Un scénario lourd de symboles qui revisite le thème de la défloraison, déjà évoqué dans *Plus grandir* ou *Tristana*. Mais, cette fois, le sang qui jaillit de la rupture de l'hymen prend des allures de torrent d'hémoglobine. Choqué, le CSA ne tarde pas à donner un avis défavorable, sans exercer de contrainte sur les chaînes de télévision. Après avoir consulté un comité de mères de famille, M6 décide d'amputer les deux dernières minutes du clip et de ne le diffuser en intégralité que tard dans la nuit.

Furieuse à l'idée que le public ne puisse voir sa vidéo que mutilée, ce qui porte atteinte à son intégrité artistique, la chanteuse réagit immédiatement en mettant en vente une cassette du clip, accompagnée d'un fascicule de photos inédites du tournage. Les quelque quatre-vingt mille exemplaires proposés en kiosque avec l'intitulé « le clip censuré » disparaîtront en quelques jours. Et pour montrer qu'il ne s'agit nullement d'une opération commerciale, la chanteuse reverse les bénéfices à l'association Sidaction.

Un an plus tard, revenant sur cet épisode lors d'une interview télévisée, Mylène reconnaît qu'il ne lui déplaît pas de jouer avec le feu : « Il se trouve que j'aborde des sujets épineux, voire tabous. C'est un risque. » Puis elle ajoute : « Maintenant, la censure en France est un peu sévère[6]. »

*

Durant toute sa carrière, la star n'aura donc de cesse de chercher à exercer le plus loin possible sa liberté artistique. Quant à ses propos sur la violence, prononcés face à Michel Denisot, jamais elle ne les reniera. Tout juste consentira-t-elle à surveiller de plus près ses déclarations publiques, afin de respecter les sensibilités de chacun. Sans jamais renoncer, toutefois, à faire scandale.

Ainsi, au moment où la tournée 2009 a été annoncée, l'affiche placardée dans toutes les grandes villes de France a fait, elle aussi, l'objet d'une polémique. Sur la photographie, signée Claude Gassian, Mylène est étendue sur le bitume, jambes écartées. Sous sa robe blouse, déboutonnée à hauteur du nombril, elle porte un shorty aux motifs panthère. Si elle n'avait pas les yeux ouverts, on jurerait qu'elle s'est défenestrée. Ou qu'elle vient d'être violée. Une image, en tout cas, dont l'érotisme provoque un certain malaise. C'est parce que le cliché intrigue qu'il retient l'attention. C'est aussi parce qu'il invite à la réflexion qu'il constitue une œuvre artistique à part entière. « Une nuit qui n'agite rien, c'est une nuit pour rien », écrit Mylène dans *Lisa-Loup et le conteur*[7]. Que dirait-on alors d'un artiste qui n'agite rien ?

15

Never explain

« Vous deviendrez le centre de semi-vérités, de semi-mensonges. Et je manipulerai tous ces commérages pour créer une image mystérieuse à souhait. D'ici un an environ, peut-être un peu plus, vous serez, aux yeux du grand public, une femme réellement fascinante. » Nous sommes en 1923. Le réalisateur Mauritz Stiller adresse cette prophétie à Greta Lovisa Gustafsson, bientôt célèbre sous le nom de Garbo. Cette jeune actrice, embarrassée par son corps, mais dont le visage aux traits parfaits prend la lumière comme aucun autre, n'a encore tourné que quelques films publicitaires et un long-métrage. Pourtant, grâce à la stratégie géniale de son mentor, qui l'emmène dans ses bagages et l'impose à Hollywood, elle va devenir l'une des stars les plus mythiques que le XXe siècle ait connue.

Pour Laurent Boutonnat, qui veut s'imposer dans le septième art, comment ne pas être fasciné par une collaboration aussi fructueuse entre un réalisateur et sa muse ? Ce cinéphile connaît par cœur la carrière de celle qui fut surnommée la Divine. Et comme pour donner à Mylène un horizon à atteindre, au risque de porter sur elle une ombre écrasante, il écrit une chanson hommage à l'actrice, *Greta*, qui figure sur l'album *Cendres de lune*. Répliques extraites de *La Femme aux deux visages*, de Georges Cukor, samplées dans la chanson, refrain joliment troussé où Mylène se retrouve, une fois n'est pas coutume, dans la position de fan de l'actrice : « Greta rit / Et moi je rougis »... Le titre, envoûtant à souhait, montre l'indéniable talent de parolier du musicien Boutonnat.

*

Sa Garbo à lui a pour nom Farmer et, afin qu'elle devienne la légende vivante dont il rêve, il va appliquer à la lettre la méthode Stiller. Avec la complicité de Bertrand Le Page, les conseils du réalisateur allemand à sa muse seront lus, retenus et médités comme la plus précieuse des leçons. « Si vous êtes assise à table parmi d'autres convives, parlez chiffons, parlez du temps, mais jamais de vous-même. Soyez secrète [...] Si vous devez manger ou boire, faites-le en très petite quantité. Laissez croire à tout le monde que vous vous nourrissez d'art et vous abreuvez d'exercices spirituels. Évitez les commérages et ne collectionnez pas les amis. Tenez-vous à une distance modérée de tout le monde. [...] Si vous parlez d'autres artistes, faites leur éloge. [...] Évitez les reporters et les journalistes. Si vous les rencontrez par hasard, refusez de parler de vous. S'ils insistent, dites-leur d'interroger Stiller. Bientôt les reporters et les photographes vous courront après tandis que vous continuerez à les éviter. N'ayant pas réussi à vous approcher directement, ils s'adresseront à vos amis et même à de simples connaissances. Des mensonges pittoresques fleuriront autour du nom de Greta Garbo[1]. »

*

La méthode Stiller tient en une phrase : pour être désirée, autant se faire rare. Voilà pourquoi le silence, qui correspond à la nature réservée de Mylène, devient le meilleur atout pour forger sa légende. De fait, si l'on reprend dans le détail les conseils du Pygmalion de Garbo, on constate que Mylène les a tous assimilés. Ainsi, jamais elle n'a proféré d'atrocités sur d'autres artistes, se contentant souvent de compliments polis lorsqu'on l'interrogeait sur tel ou tel. Quant au fait d'avoir verrouillé tout discours sur sa vie personnelle, il a attisé la curiosité des médias. Paparazzi qui la traquent afin de révéler ses amours aux tabloïds, journalistes qui, faute d'informations de première main, doivent se contenter de relayer des rumeurs... C'est ainsi que, dans les années 80, des légendes urbaines tenaces ont fleuri dans son sillage : elle vivrait dans l'obscurité complète avec deux singes capucins pour seuls compagnons, dormirait dans un cercueil et se nourrirait exclusivement d'araignées ! Voilà pour les plus farfelues, qui ne sont pas sans rappeler la rumeur concernant le fameux caisson à oxygène de Michael Jackson colportée à la même époque. D'autres élucubrations, plus vraisemblables, mais toutes aussi fausses, courent en permanence sur les sites Internet dédiés à la star. Par exemple, Mylène aurait un projet d'album avec le groupe Air, travaillerait sur une comédie musicale inspirée de *Peau d'Âne* ou serait sur le point d'enregistrer un duo avec Madonna.

*

Cette prolifération de rumeurs, la chanteuse la doit à une stratégie décidée, semble-t-il, dès 1986. « On peut parler de mon métier mais, pour le reste, je suis à la lettre une vieille recette de star : je n'explique rien, vous devinez tout, et j'entretiens le mystère[2] », dit-elle. Une attitude à contre-courant des codes en vigueur aujourd'hui, où la notoriété repose au contraire sur une exposition maximale de la sphère privée. On le voit à ces nouvelles célébrités, prêtes à tout déballer, y compris les drames réels ou imaginaires de leur passé, pourvu qu'on parle d'elles.

Face à ce phénomène, Mylène est dubitative : « Je trouve dommage ce manque de mystère chez la plupart des artistes. Je n'ai pas envie de savoir ce qu'elles mangent le soir ou avec qui elles[3]... » Pourtant, en ne jouant pas le jeu de la modernité afin de cultiver une image intemporelle, la star aurait pu être snobée par les médias. « Si on y réfléchit, les conséquences de ce silence auraient pu être un handicap à toute idée de succès. J'ai pris ce risque parce que je n'avais pas le choix, c'est tout[4]. »

*

Dès sa première tournée, en 1989, Mylène joue à fond la carte du mystère. Dans le programme qui accompagne le spectacle, elle a fait imprimer une phrase de Lanzo del Vasto, extraite de la préface de *L'Apprentissage de la ville*[5], de Luc Dietrich. « Faire passer ses souvenirs pour une histoire qu'on invente, se décrire tel quel sous un nom d'emprunt, entrer en scène sous un masque n'est pas un mensonge : c'est le plus souvent le seul moyen de tout dire sans offenser la pudeur ni trahir les secrets qu'il faut respecter. » Une réflexion qui semble avoir été écrite pour elle.

Le mystère passe aussi par une approche scénique qui ne laisse rien au hasard. Lorsqu'il s'agit de réaliser un film à partir des concerts, Boutonnat pousse le perfectionnisme jusqu'à tourner certaines séquences en l'absence du public, afin de mieux capter l'émotion qui se dégage du visage de Mylène. Le résultat est bluffant : Laurent réussit à insuffler une magie qui prolonge l'imaginaire des clips, tout en évitant le piège de la redondance. Après deux heures de show, sa muse disparaît, mi-humaine, mi-éthérée, telle une héroïne qui s'effacerait pour laisser apparaître le mot « fin ». Et la caméra s'attarde sur des visages en pleurs, perdus, alors que retentissent des notes qui déchirent le cœur. Le show s'achève sur une absence. Un vide dans lequel on se sent happé et qui crée instantanément un manque. La leçon de Garbo, encore.

*

Au détour d'une interview, Mylène voudrait pourtant sans doute parfois forcer « sa nature profonde ». Mise en confiance par un journaliste à la plume talentueuse qui semble apprécier son travail, elle peut être tentée de lâcher quelques confidences comme elle le ferait face à un ami. Aussitôt, cependant, une petite voix intérieure la rappelle à l'ordre. « Il n'est pas facile de se protéger. Quelquefois, j'éprouve même un malaise car j'aimerais répondre. Mais il existe ce barrage du journaliste et de la projection sur le public[6]. » Cette règle, il serait suicidaire de la transgresser. Alors, oui, se taire peut être douloureux, mais devoir s'expliquer constituerait une souffrance plus aiguë encore. « Me justifier me fait du mal[7] », avoue-t-elle lors d'une longue confession à Paul Amar en 1996.

Pourquoi l'écriture de chansons serait-elle forcément compatible avec l'exercice oral de l'interview ? « Je ne veux pas de jardin secret qui devienne lieu commun. Ma vie privée m'appartient, je n'ai aucune envie d'en parler. Je préfère écrire des textes[8]. » Bien sûr, Mylène n'ignore pas que publier des albums impose des contraintes promotionnelles, mais, selon elle, dans un monde idéal, « l'artiste doit disparaître derrière son art[9] ».

*

Ira-t-elle jusqu'à s'effacer totalement, comme le fit Garbo, son modèle, après l'échec de son ultime film, *La Femme aux deux visages* ? Âgée alors de trente-six ans, l'actrice fit en sorte que ce retrait des studios alimente encore le mystère bâti durant sa carrière. Mais il lui fallut sans doute un courage infini pour renoncer à la gloire afin de mieux devenir un mythe. « Fuir n'est pas facile / Quand la nuit vous a conquise », fredonne d'ailleurs Mylène dans *Greta*. Pas facile, en effet, de renoncer à l'amour du public qui vous galvanise comme une drogue puissante. Pour ne jamais être à la fois « Reine et ruine », selon les propres mots de Boutonnat dans la chanson, Mylène a promis, elle, de ne jamais livrer le « combat de trop[10] ». Tant que le désir demeure, pourquoi faudrait-il s'imposer de rompre ?

16

Dernier sourire

11 juillet 1986. Dans la famille Gautier, personne n'oubliera cette date funeste. Mylène se trouve chez Bertrand Le Page lorsque le téléphone sonne, porteur d'une terrible nouvelle. Son père vient de mourir des suites d'une longue maladie, à soixante et un ans. Et même si toute la famille s'y était préparée, le choc est brutal. Au début de l'été, Max a été transporté dans un hôpital de Bobigny. Depuis plusieurs mois, il se sait atteint d'un mal incurable. C'est pourquoi il a tenu à se rendre une dernière fois au Québec, où il conserve ses plus beaux souvenirs. En revoyant l'ancienne demeure de Pierrefonds, il ne laisse guère d'illusions sur son état de santé au couple d'amis qui a racheté sa maison. On le presse de questions sur sa fille, qui fait parler d'elle jusque dans la Belle Province. Et il se montre assez fier des débuts prometteurs de Mylène, qui vient de sortir *Libertine*. Oui, lui, l'ingénieur des ponts et chaussées, est plutôt impressionné par la réussite de sa cadette qui, pour avoir renoncé à ses études, n'en semble pas moins tracer sa route avec détermination.

Mylène est anéantie. Tout est allé si vite. En l'espace de quelques mois, l'homme qui comptait le plus à ses yeux a quitté la terre des vivants. Elle l'a tant admiré. Tant attendu aussi, petite fille, quand il travaillait, la semaine, sur les rivages du Saint-Laurent, à plus de mille kilomètres de

Pierrefonds, où il venait retrouver sa famille le week-end. Des quatre enfants Gautier, Mylène est celle qui lui ressemble le plus. Et pas seulement sur le plan physique. Outre le même regard intense, le même nez fier, elle possède un mélange de réserve et de détermination dont son père a toujours fait preuve dans son parcours professionnel.

Conformément à ses vœux, Max Gautier sera incinéré. Désormais, une place restera vide dans son cœur. À mots couverts, avec cette pudeur qu'on lui connaît, la chanteuse confiera, deux ans plus tard, sur le plateau d'une émission de variétés, que c'est en hommage à un être disparu qu'elle exerce ce métier. Sans citer l'absent.

*

Pour l'heure, plutôt que de se morfondre, Mylène va redoubler d'efforts afin de faire décoller sa carrière. Sa manière à elle, plutôt guerrière, d'honorer la mémoire de son papa. Ce qu'elle n'a pas eu le temps de lui dire, parce que le dialogue n'a pas toujours été aisé entre ces deux grands timides, elle va l'écrire dans une chanson, *Dernier sourire* – sans doute la plus poignante de son répertoire. Elle y relate la lente agonie d'un homme qui se tord de douleur dans une chambre d'hôpital et sa révolte face à l'injustice qui le frappe. « Mais qui s'acharne à souffler tes bougies ? » lance-t-elle comme pour dénoncer la cruauté du destin. Avant de murmurer des mots qui donnent le frisson : « Si c'est ton souhait, je peux t'accompagner », prête à suivre dans la mort l'être cher dont elle n'arrive pas à lâcher la main. Durant le « Mylenium Tour », la chanteuse interprétera *Dernier sourire* lors du premier rappel, accompagnée d'un simple piano. Des minutes bouleversantes.

*

Par la suite, la mémoire de son père ne va cesser de hanter son œuvre. Des années après ce jour sinistre de

1986, elle écrit une autre chanson apparemment dédiée au disparu, *Laisse le vent emporter tout*, qui clôture l'album *Anamorphosée*. Une manière de tourner la page en douceur, en laissant le temps faire son œuvre. D'évoquer aussi l'envie de revoir l'absent : « Là j'irais bien te chercher / J'ai tellement changé. »

Le 17 décembre 1995, invitée de l'émission « Déjà le retour », animée par Jean-Luc Delarue, sur France 2, Mylène fait venir sur le plateau Marie de Hennezel, auteur de *La Mort intime* [1] – un livre qui rencontre un grand succès cette année-là. Le témoignage poignant d'une psychologue qui, au sein d'hôpitaux, aide les patients en fin de vie et leurs proches à appréhender au mieux leurs derniers instants. Loin de toute morbidité, l'auteur y aborde la mort dans sa dimension humaine. « Ceux qui vont mourir, explique-t-elle, sont des vivants qui peuvent encore sentir la vie jusqu'au bout, aimer, être aimés, et c'est notre responsabilité d'humain de ne pas les enterrer avant l'heure et de continuer à mettre de la vie autour d'eux [2]. »

Sur le plateau, Mylène écoute. Ses jambes sont croisées avec élégance, les cheveux relevés en un chignon vaporeux, son bras appuyé sur le canapé où siège également l'acteur François Cluzet. Pudique, elle choisit de ne pas se mettre en avant, de laisser la parole à cette femme dont chaque phrase résonne comme une formidable leçon d'espoir. Ce n'est pas la première fois que les deux femmes se voient. « Nous nous sommes rencontrées, Mylène et moi, il y a quelques années, en déjeuner en tête à tête qui m'a permis d'apprécier la sensibilité et la profondeur de cette jeune femme [3] », révélera par la suite Marie de Hennezel.

*

Comment dire l'importance d'un père dans le cœur de sa fille ? Un livre n'y suffirait sans doute pas. Dans le répertoire farmerien, une chanson retiendra l'attention des fans, *Optimistique-moi*, dont Mylène a signé paroles et musique. Dans le clip, signé Michael Haussman, on découvre une Mylène emprisonnée dans l'univers du cirque, qui ne pourra gagner sa liberté qu'au terme d'une série d'épreuves, bravant un climat d'hostilité générale. Funambule, elle doit ainsi tenir en équilibre sur un fil alors que des cracheurs de feu, au sol, tentent de la déstabiliser. Discret mais attentif, un homme lui parle, la rassure, la guide, l'attire à lui. Il est jeune et séduisant. C'est un magicien, vêtu de noir, le seul être qui semble la comprendre.

Mais le supplice de la jeune femme n'est pas terminé : alors qu'un trio de comédiens, composé de Pierrot, Arlequin et Colombine, théâtralise sa détresse, elle doit, en outre, évoluer sur un énorme ballon au milieu de la piste. Cette fois, sa progression est interrompue par un lanceur de couteaux qui, d'un geste précis, crève le ballon. Le personnage incarné par Mylène est à nouveau humilié. Heureusement, le magicien va mettre un terme à ce calvaire. Après avoir enfermé la jeune femme dans un coffre rouge capitonné, il la transperce d'épées. Le temps d'ôter les lames, lorsqu'il ouvre la boîte, l'oiseau s'est envolé... On retrouve Mylène à l'arrière d'une camionnette bleue, debout au milieu de ballots de paille, affichant un sourire radieux. Libre, enfin. À l'extrême fin du clip, tout s'éclaire : sous les traits du magicien apparaissent ceux d'un homme aux cheveux gris. Derrière ce visage rassurant se dissimulait en fait la figure paternelle. Un père qui est le seul à déceler la détresse de sa fille. Un père dont le regard aimant permet à la funambule, en proie au doute, de garder l'équilibre.

Que signifie exactement *Optimistique-moi*, ce barbarisme inventé par Mylène ? Rien qui doive être figé, bien sûr, dans une définition aux contours rigides. Mais l'on peut projeter sur ce verbe bien des connotations. Le père n'est-il pas, dans les théories freudiennes, celui qui est chargé de transmettre à son enfant l'énergie nécessaire pour affronter le monde ? Communiquer un optimisme qui galvanise, tel semble le rôle dévolu au papa de la chanson.

Lorsque le single est sorti, certaines paroles ont suscité bien des interrogations. L'image, développée dans le refrain, d'un baiser déposé sur un « petit bouton de rose aux pétales humides » évoque en effet un geste plutôt ambigu lorsqu'il est perpétré par un père sur sa fille.

En outre, deux vers de la chanson – « Qu'aussitôt tes câlins/ Cessent toute ecchymose » – dissimulent à peine le mot « inceste ». Impossible de penser qu'il puisse s'agir d'un hasard quand on sait la précision chirurgicale dont Mylène fait preuve dans le choix des mots. Bien sûr, en déduire que la chanteuse aurait été victime d'un inceste serait une extrapolation des plus hasardeuse. On le sait, dans la psychanalyse, la tentation de l'inceste, nichée au cœur du complexe d'Œdipe, constitue une étape nécessaire dans le développement de l'enfant. Ce que Mylène met en scène dans sa chanson est d'abord un inceste symbolique, même si elle prend un malin plaisir à laisser planer un parfum de soufre qui marque sa signature.

Une fois de plus, en tout cas, elle fait mouche. En évoquant à nouveau ce « papa » qu'elle a tant aimé, et dont le souvenir ne cesse de lui insuffler l'énergie de battante qui nourrit sa carrière, elle aborde une symbolique universelle, où chacun peut puiser ce dont il a besoin. De la mort d'un être cher, elle a tiré une force.

17

Je t'aime mélancolie

Une femme en manteau, les cheveux attachés, une valise à la main. Dans la brume, elle fait signe à un homme dans une barque. Avec ses cernes marqués, on le jurerait tout droit échappé d'un film de Murnau ou Fritz Lang. Elle s'assoit sans un mot, droite et pensive. Debout, l'homme enfonce sa pagaie dans la vase pour traverser ce qui semble être un fleuve. Derrière les joncs et autres herbes hautes qui ploient sous la caresse du vent, elle vit ses derniers instants. Et c'est bien le Styx, la rivière séparant le monde terrestre des Enfers, que lui fait traverser Charon, passeur silencieux. Bientôt, elle va rejoindre des figures qu'elle connaît bien, pour les avoir croisées dans d'autres aventures. Ensemble, ils s'enfoncent dans l'eau, tandis que la barque s'éloigne...

Mylène aurait écrit le texte de *À quoi je sers* durant sa première tournée, désarçonnée par son succès et dubitative sur le sens de son parcours. Ce n'est pas la première, ni la dernière fois, que la chanteuse aborde le thème du mal de vivre, second versant majeur de son univers : la « Mylène libertine », qu'elle a imposée en 1986, côtoie en effet la « Mylène mélancolique », présente dès les débuts, mais qui va exploser durant l'été 1991. À ce moment-là, impossible d'échapper en effet, dans l'Hexagone, à la déferlante *Désenchantée*.

*

Parti sur les chapeaux de roue dès sa sortie en mars, le premier extrait de l'album *L'Autre* va devenir le plus gros carton de la star. Un million de singles vendus, huit semaines consécutives au sommet du Top 50 : c'est à la fois le titre le plus diffusé en radio et le plus joué en discothèque. Ce qui ne manque pas de piquant : avec sa mélodie entraînante, *Désenchantée* permet à la France entière de danser sur des paroles désespérées. Mylène et Laurent savourent le paradoxe avec une jubilation non feinte. Mais davantage encore qu'un tube de l'été, la chanson va devenir l'hymne farmerien par excellence, la chanson préférée des fans, dont certains connaissent par cœur la chorégraphie. À tel point que *Désenchantée* demeure incontournable sur scène. Loin d'être un succès éphémère, la chanson connaît d'ailleurs un destin exceptionnel : reprise par Kate Ryan en 2003 avec de nouveaux arrangements, elle est répertoriée comme le titre français le plus diffusé dans le monde en 2004, treize ans après sa sortie.

« Tout est chaos », fredonne une jeunesse déboussolée. Sans doute le mot « génération » n'est-il pas étranger au succès qui donne au message une dimension collective. Pourtant, invitée à s'expliquer sur le sens des paroles, Mylène se montre mal à l'aise avec cet aspect collectif, refuse d'être un porte-parole. « Je dirais que cette génération n'a plus grand-chose à perdre, n'a plus grand espoir. Ou l'on se révolte, ou l'on pousse un cri », lâche-t-elle. Avant de limiter aussitôt la portée de ses propos : « Mais il s'agit là d'un portrait narcissique. Cela n'engage que moi[1]. »

Plutôt que de s'enliser sur un terrain politique dangereux, elle préfère commenter le clip de Laurent Boutonnat. « En fait, ces images d'enfants meurtris que j'incite à s'évader de prison pour se retrouver dans une immensité effroyablement vide, c'est bouleversant mais pas triste. Finalement, c'est beau comme le romantisme. Mieux vaut la liberté, quitte à s'apercevoir qu'elle est vaine, plutôt que la condition de brimés et de mutilés[2]. »

En fait, pour ceux qui ne regardent pas le clip jusqu'au bout, c'est une impression d'allégresse qui domine, liée à l'énergie insurrectionnelle qui enthousiasme le spectateur. Mais, à la fin, les prisonniers se retrouvent face à une immense plaine enneigée. Les regards se voilent alors d'amertume. Là, réside la noirceur radicale du message : « Après la libération, on se heurte à un désert, et voilà pour moi le vrai désenchantement[3]. »

*

Après avoir chanté son spleen avec autant d'éclat, Mylène va devoir affronter la jalousie des sceptiques, journalistes pour la plupart, qui hurlent à la supercherie. À leurs yeux, la chanteuse n'est pas plus « désenchantée » en 1991 qu'elle n'était « libertine » en 1986 : elle exploite un créneau juteux avec un opportunisme infaillible, rien de plus. Sur le sujet, Christophe Mourthé est beaucoup plus nuancé. « Au milieu des années quatre-vingt, je ne peux pas affirmer que Mylène soit très sombre. C'est plutôt quelqu'un qui se torture beaucoup sur son devenir, et surtout sur son passé. Cette noirceur, je ne sais pas si elle est venue comme ça ou si elle est inhérente à son tempérament. Je constate que ce qu'elle donne, par son image, est l'accentuation de ce qu'elle est, en réalité : elle ne se fond pas dans cette atmosphère parce que cela ne la dérange pas trop. Elle a bien compris que sa différence était nourrie de cela, alors elle l'a appuyée[4]. »

*

Écrire sur le mal de vivre ne signifie pas qu'on passe ses journées cloîtré à broyer du noir sans jamais adresser le moindre sourire à son prochain. L'expression artistique ne décalque pas la réalité intime, elle la transcende, la déforme pour mieux l'amplifier. « On peut être fait de désespérance et de joie, autant de choses qui se bousculent et se contredisent[5] », dira Mylène. La meilleure démonstration de son intégrité, il faut la chercher dans les paroles de ses chansons, dans cette constance avec laquelle elle explore inlassablement les mêmes thèmes. Dans *Pas le temps de vivre*, par exemple, elle évoque ces heures difficiles où « la douleur se fige » et « l'être se monacale », en proie au déséquilibre. Ces idées noires qui menacent Mylène comme des ombres terrifiantes, c'est la nuit qui les apporte. « Je ne suis pas insomniaque, dit-elle. Mais j'ai des nuits difficiles, sans réveils subits, mais tourmentées, faites de rêves et de cauchemars. Des nuits surpeuplées. Je n'ai pas un sommeil réparateur qui me laisse fraîche et dispose le lendemain matin[6]. » Dans ces moments-là, tenaillée par l'angoisse, elle envisage rarement l'existence sous son meilleur angle.

*

Est-ce à dire qu'elle songe à la mort comme une libération ? Adolescente, lorsque Mylène ne se sent pas comprise, il lui arrive de menacer sa mère de disparaître. Celle-ci, peu inquiète pour sa fille, lui rétorque alors : « Ma petite, tu es comme la mauvaise herbe, et la mauvaise herbe ne meurt jamais[7]. »

Durant la tournée 1989, elle offre une nouvelle preuve, s'il en était besoin, de son appétit de vivre, alors qu'elle parcourt les routes de l'Hexagone, entre deux concerts. Au volant de la Mercedes, Le Page n'est pas d'humeur particulièrement joviale – sans doute parce que, depuis peu, il se sait séropositif. Mylène et Laurent se trouvent à l'arrière, peu enclins à se laisser gagner par les états d'âme de leur chauffeur. Soudain, le véhicule accroche un talus sur le bas-côté. Bertrand redresse la barre de justesse, ce qui fait sursauter sa passagère. Elle lui envoie alors cette pique cinglante : « Si tu veux te suicider, fais-le sans nous ! »

Ce qui fascine la chanteuse dans le suicide, c'est une curiosité toute philosophique pour l'interdit suprême, celui qui consiste à renoncer à la vie, ce cadeau empoisonné donné à la naissance. La transgression demeure, pour elle, jubilatoire. Lorsqu'elle écrit *Jardin de Vienne*, elle fait référence à un drame survenu dans son entourage : « Une personne qui s'est effectivement pendue dans un jardin de Vienne[8]. » Empreinte d'un romantisme noir, la chanson, ponctuée de roulements de tambours, semble valoriser l'esthétique du geste : « Monte sur l'arbre comme un oiseau / Pour que ton âme monte plus haut. » Au fil des vers, écrits avec force et simplicité, Mylène peint un tableau joliment complaisant de ce pendu : « Ton corps balance / Au vent du soir / Comme une danse / Un au revoir. »

Dans *C'est une belle journée*, titre figurant sur la compilation *Les Mots*, Mylène va encore plus loin, évoquant, à mots couverts il est vrai, la question de son propre suicide. D'ailleurs, une fois n'est pas coutume, la chanteuse révélera s'être autocensurée en s'interdisant à proclamer dans le refrain, « Je vais me tuer », pour n'inciter personne à commettre l'irréparable. « Il serait indécent d'aborder directement le thème du suicide. Trop facile. Car je suis protégée par mon entourage, par ce succès qui me donne de la force. Ceux qui m'écoutent n'ont pas toujours, eux, cette sécurité[9]. » Finalement, l'idée de quitter la vie sera contenue dans une allusion plus sobre : « Je vais me coucher. » Il n'empêche, la chanson évoque bel et bien la question du suicide, même s'il ne s'agit nullement ici d'un acte destiné à soulager une tristesse trop lourde, mais à fuir, paradoxalement, devant l'horizon d'un bonheur possible.

*

Encore une fois, Mylène s'amuse à associer ces pulsions de vie et de mort qui s'entrechoquent en permanence dans son esprit. Ceux qui l'ont soupçonnée de vouloir tricher en surjouant son mal-être n'ont pas compris que, chez elle, c'est la mélancolie qui prédomine, non la tristesse. Deux notions que l'immense Cioran a parfaitement dissociées. « Si la mélancolie est un état de rêverie diffuse qui n'aboutit jamais à une profondeur ni à une concentration intenses, la tristesse présente, au contraire, un sérieux replié sur lui-même et une intériorisation douloureuse. [...] Je sais pourquoi je suis triste, mais je ne saurais jamais dire pourquoi je suis mélancolique [10]. »

Pour avoir lu Cioran avec un appétit vorace, Mylène sait à quel point cet état troublant n'exclut pas un certain plaisir, celui de retrouver la peine qui lui tient chaud depuis l'enfance. « La mélancolie est l'un de mes thèmes de prédilection. J'aime cet état aigre-doux, même s'il est quelque peu douloureux [11]. » Elle l'a prouvé en écrivant une chanson explicite sur la question. « Je te guette, tu me donnes / Ton ivresse comme personne », murmure-t-elle en guise d'introduction à *Je t'aime mélancolie*. Un titre qui montre à quel point Mylène possède de l'humour sur elle-même : loin de toute complaisance nombriliste, elle y révèle une clé essentielle de son caractère. « Quand tout est gris / La peine est mon amie », dit-elle, relativisant du même coup avec un détachement salutaire, la noirceur exprimée dans d'autres chansons.

À quoi peut bien correspondre cette mélancolie dont la chanteuse a fait sa maîtresse au point d'attendre ses doux baisers ? Dans *Soleil noir* [12], un livre qui fait autorité sur la question, la psychanalyste Julia Kristeva décrit une forme de « mélancolie narcissique ». Le sujet qui l'éprouve se sent incomplet et vide. Il porte en lui une blessure narcissique ancienne, voire précoce, dont l'origine est perdue. La tristesse devient alors le seul objet possible d'attachement. Sans doute Mylène ignore-t-elle tout de l'origine de sa souffrance, ensevelie il y a bien longtemps sous les neiges canadiennes.

L'avantage de la mélancolie, c'est qu'elle est productive. N'est-elle pas le terreau fertile où la plupart des artistes puisent leur inspiration ? Les gens heureux n'ont pas d'histoire, dit le proverbe. Il faudrait ajouter que les gens tristes non plus, enlisés qu'ils sont dans leur chagrin. « La tristesse n'a aucun caractère esthétique – rarement absent de la mélancolie », écrit Cioran. Mylène le sait, elle qui a fait de son existence un projet de nature esthétique. Voilà pourquoi, sans doute, elle n'a pas tort de craindre le bonheur comme un frein possible à sa créativité.

18

« On va le payer très cher »

Laurent Boutonnat l'avait pressenti : « Nous n'allons pas continuer à faire tout ceci impunément, confie-t-il en 1990. Un jour, on va le payer très cher, car nous perdons la conscience de la violence, de la noirceur, de la morbidité [1]. » La sanction est venue avec *Giorgino*, implacable et sans appel. Sorti le 5 octobre 1994, le film n'a totalisé que soixante mille entrées dans l'Hexagone et a dû quitter l'affiche au bout de deux semaines, enterré par une critique assassine. De quoi assombrir le moral du réalisateur pour longtemps : profondément affecté, il va se terrer pendant trois ans.

Pourquoi un tel fiasco ? Au-delà de l'évidence, qui veut qu'un échec, au même titre qu'un succès, soit toujours un malentendu, la question ne va cesser de hanter le duo Farmer/Boutonnat, qui affiche depuis ses débuts un parcours sans faute. Auraient-ils perdu en chemin la recette qui a fait leur prospérité ? Ont-ils cru à tort qu'ils étaient devenus invincibles ? Pour ces alchimistes dans l'âme, toujours prompts à interpréter les signes du destin, il s'agit, en tout cas, d'un avertissement cinglant qu'il convient de prendre au sérieux. Une alerte rouge.

*

Sur le moment, un sentiment d'injustice prédomine. Toutes ces années de travail réduites à néant. Pour Laurent, c'est le rêve d'une vie qui s'effondre. L'idée originale de *Giorgino* a germé durant son adolescence et n'a jamais quitté son esprit par la suite. Même sa rencontre avec Mylène est l'occasion pour lui de donner un visage au personnage de Catherine qu'il a en tête. « Depuis le début, Laurent ne pense qu'à son film, explique Christophe Mourthé. Les clips sont des prétextes pour pouvoir décrocher de l'argent afin de réaliser une œuvre de plus grande envergure[2]. » Bien sûr, la carrière de la chanteuse n'est pas un pis-aller pour lui, c'est un projet majeur auquel il consacre toute son énergie. Mais les clips constituent, en quelque sorte, des courts-métrages expérimentaux. En faisant ainsi ses gammes, Boutonnat espère convaincre un producteur de financer son film. Son but ? S'imposer dans le septième art, discipline infiniment plus noble que la chanson à ses yeux, tout en permettant à Mylène de faire ses débuts d'actrice avec un rôle sur-mesure.

Impatient de montrer l'étendue de son talent, désireux de signer un chef-d'œuvre dans la lignée des réalisateurs qu'il admire, Polanski, Tarkovski ou David Lean, Boutonnat va s'infliger une pression colossale. Des années plus tard, évoquant enfin ce sujet sur lequel il est resté si longtemps mutique, il reconnaît que le projet s'est d'emblée heurté à des obstacles de taille. « S'il n'y avait pas cette volonté, cette nécessité à cette période, ce film n'aurait jamais dû se faire. Son économie n'était pas rationnelle[3]. »

*

Dès l'origine, *Giorgino* porte en lui les germes d'un film maudit. Il ne tient en effet que par la volonté d'un homme. Obsession qui l'enferme dans un solipsisme périlleux, une forme de paranoïa qui transforme chaque obstacle nouveau en coup du sort. Aucun producteur ne veut financer le film ? Qu'à cela ne tienne, avec l'argent récolté grâce à la carrière de Mylène, Boutonnat investit les deniers de sa propre société, Heathcliff, pour régler les deux tiers de la facture totale, quatre-vingts millions de francs, Polygram assurant le financement du tiers restant.

Lorsque débute le tournage, le 2 janvier 1993, ce sont les conditions climatiques capricieuses qui contrarient le dessein du cinéaste : alors que les premières séquences doivent être tournées dans des paysages enneigés, pas un seul flocon n'est tombé depuis des semaines – ce qui est exceptionnel pour la saison en Slovaquie. Le planning doit donc être modifié dans l'urgence. Plus tard, ce sont les températures glaciales qui interrompent à nouveau le tournage, faisant souffrir les caméras et geler une partie du matériel. Boutonnat joue de malchance, encore. Certes, la situation se débloque lorsque la neige se met à tomber, mais ce soulagement – ressenti par toute l'équipe – ne va guère dérider l'ambiance générale.

Est-ce le thème du film, histoire sombre d'un médecin qui enquête sur les enfants disparus d'un orphelinat durant la Grande Guerre ? Est-ce le froid qui glace les esprits ? Même si Mylène ne se plaint jamais des rudes conditions que lui impose son rôle, elle ne se sent guère rassurée par son mentor, qui exige d'elle toujours davantage. Dès qu'elle le peut, afin d'échapper à une ambiance glauque qui ne lui convient pas, la chanteuse s'échappe à Prague et se ressource en flânant sur le pont Charles. « Cinquante personnes qui vivent les unes sur les autres pendant cinq mois, c'est très révélateur de l'âme humaine. C'est beaucoup de tricheries, beaucoup de mensonges[4] », confie-t-elle, désabusée.

Comme si le fait d'avoir surmonté tous ces handicaps ne suffisait pas, le distributeur, AMLF, juge le film trop long et repousse sa date de sortie, initialement prévue pour le 24 août 1994. Boutonnat se sent frustré dans sa toute-puissance de créateur, mais accepte d'amputer son œuvre d'une heure – au total *Giorgino* dure deux heures et cinquante-sept minutes. Entre août et octobre, la pression médiatique monte d'un cran. Mylène et Laurent, qui ne sont manifestement plus à l'unisson, s'acquittent de la promotion comme s'ils couraient à l'abattoir. La chanteuse semble apeurée, totalement dépourvue d'enthousiasme. « Après les scènes, je n'avais qu'une envie : aller me cacher, confie-t-elle. Quand on sort de soi ce que l'on ne s'autorise pas à laisser voir dans la vie de tous les jours, il faut un moment pour se reprendre, pour ne pas imposer aux autres, une fois le mot "coupez" prononcé, l'indécence de ces pulsions secrètes. C'est très fatigant aussi cette extériorisation de soi, c'est très violent[5]. » Des propos qui paraissent, avec le recul, plutôt dissuasifs pour le public des salles obscures.

*

Parmi les raisons qui expliquent l'échec de *Giorgino*, nombreux sont ceux qui pensent que sa noirceur excessive a rebuté le public. Mylène elle-même a l'air de partager cet avis quand elle confie : « C'est un film noir, très très noir. Tout y est vain[6]. » Cette atmosphère lourde était pourtant la consigne de départ, comme l'explique Pierre Guffroy, décorateur incontournable du cinéma français à qui Boutonnat a fait appel. « Il ne voulait pas une sorte de misérabilisme réaliste, il désirait vraiment une atmosphère pourrie[7]. »

Sans doute cet univers oppressant aurait-il été supportable si l'œuvre avait duré deux heures au lieu de trois – comme initialement prévu. Mais, sur le tournage, le timing des scènes s'est étiré, au grand étonnement de Gilles Laurent, le coscénariste, lorsqu'il découvre le résultat final : « J'ai précisément en tête une scène calculée à vingt secondes avec Laurent et que j'ai retrouvée à une minute dix en projection[8]. » Apparemment, ces excès de durée ont été monnaie courante, comme si le réalisateur, ivre de son travail, ne parvenait plus à arrêter la caméra. Étienne George, photographe de plateau, partage ce sentiment.

« Comme Laurent avait fait des clips audacieux que les gens avaient beaucoup aimés, il pensait que son film allait être révolutionnaire. Et il a eu du mal à se plier à des règles commerciales. *Giorgino*, c'est comme un long et beau clip, développé de façon peut-être déraisonnable. »

*

Impossible de refaire l'histoire, mais il est certain que certains passages, comme l'interminable scène de beuverie au bar du village, auraient manifestement gagné à être raccourcis. « S'il avait duré deux heures, le film aurait marché », m'a assuré Bertrand Le Page, entre deux coupes de champagne, en 1995. Alors qu'il n'avait aucune raison d'être tendre envers ceux qui l'avaient éconduit, il appréciait l'univers décadent de *Giorgino*, sensible au message qu'avait voulu véhiculer Boutonnat, notamment sur la cruauté de l'enfance.

Avec le recul, il n'est pas inutile non plus de méditer une réflexion de Gilles Laurent. « Au final, *Giorgino* a peut-être été vidé d'une certaine substance en nourrissant d'autres projets annexes, avant même de voir le jour[9]. » Il est vrai que, durant le temps où Boutonnat a différé son film, il a donné le meilleur de lui-même pour lancer sa muse. Au fond, l'énergie que le réalisateur voulait mettre dans *Giorgino* n'avait-elle déjà été en partie vampirisée par les clips de Mylène ? Collaborateur fidèle et consciencieux, qui a participé à l'écriture des vidéos de *Pourvu qu'elles soient douces* et *Sans logique*, Gilles Laurent sait de quoi il parle : *Giorgino* n'a pu être écrit qu'en pointillé, la chanteuse demeurant la priorité absolue.

*

En cet hiver 1994, Boutonnat a le moral en berne. « J'ai eu assez peur pour lui dans les semaines qui ont suivi la sortie de *Giorgino*, confiera son coscénariste des années plus tard. Je me demandais quel homme serait capable d'encaisser toute cette haine. Mais Laurent est une force de la nature [10]. » Dans un sursaut d'orgueil, le réalisateur fera interdire toute diffusion de son œuvre – seul Canal + pourra le programmer, conformément à une clause contractuelle.

Il faudra attendre 2007 pour que le public ait la possibilité de redécouvrir *Giorgino*. Quatorze ans ont été nécessaires pour que Laurent digère cet échec. Sans doute le fait qu'il ait tourné entre-temps un autre long-métrage, *Jacquou le Croquant*, qui a réalisé un million d'entrées en France, a-t-il joué comme un déclic libérateur. Annoncé par une bande-annonce inédite, sorti avant les fêtes de Noël dans un luxueux coffret, dont le visuel montre le joli postérieur de Mylène, le DVD a reçu un accueil plutôt bienveillant, comme si la critique, avec le recul, percevait enfin les qualités du film. En outre, le style Boutonnat, cette manière de filmer peu académique, avec ces ralentis qui semblent dilater le temps, ou ces plans rejoués de manière obsessionnelle, n'a pas échappé à la nouvelle génération des cinéastes. Parmi eux, Pascal Laugier n'a pas manqué, en 2004, lors de la sortie de *Saint Ange*, avec Virginie Ledoyen, d'expliquer en quoi *Giorgino* l'avait inspiré. Conspué à sa sortie, le film de Boutonnat pourrait bien, dans deux décennies, devenir culte.

Car malgré ses défauts, ou précisément à cause de ses défauts, *Giorgino* demeure un film envoûtant, injustement cloué au pilori. Certains passages de la bande originale, signée Boutonnat, notamment ceux qui évoquent l'enfance, sont bouleversants. Pierre Guffroy, qui a créé les décors, reste un des plus ardents défenseurs de ce conte singulier : « Je ne m'en lasse pas. Je trouve *Giorgino* extraordinaire, un vrai film d'auteur [11]. » Quant à Mylène, lorsqu'elle évoque son premier rôle au cinéma dans le bonus du DVD, elle ne tarit pas d'éloges sur l'œuvre de son mentor. « Un projet atypique », « à la fois onirique, désespéré et si novateur », dit-elle, évoquant « un film remarquable, au sens premier : il dérange, mais ne laisse pas indifférent ».

*

Avec le recul, impossible de ne pas penser aussi que *Giorgino*, film maudit par excellence, n'a pas, paradoxalement, renforcé la légende Farmer. Toutes ces anecdotes étranges autour du tournage n'ont fait qu'épaissir le mystère de la star. Protecteur, comme à son habitude, Boutonnat a d'ailleurs pris soin de ne pas laisser sa muse porter seule le film sur ses épaules : son personnage, Catherine, n'apparaît qu'au bout de quarante minutes, et c'est Jeff Dahlgren qui est omniprésent à l'écran. En outre, sans doute parce que son jeu n'est pas en cause, Mylène, impeccable en jeune femme autiste, a été épargnée par la critique.

À l'époque, elle s'en sort plutôt bien. Mais si ce n'est pas son échec, c'est un échec tout de même. Jusqu'alors, elle et son mentor se sentaient invincibles. Cette noirceur, ils l'ont poussée très loin parce qu'ils étaient convaincus qu'elle répondait aux attentes du public. Avec le naufrage de *Giorgino*, la donne change radicalement. Mylène prend conscience que le côté obscur de Laurent, qu'elle partage, peut la conduire droit dans le mur. Elle a besoin d'un bain de lumière pour renaître. C'est sa seule chance, elle le sait, de survivre.

19

L'exil américain

Une piscine inondée de soleil. Les cheveux relevés en chignon désordonné, Mylène s'y baigne nue. Elle s'est délestée du deux-pièces noir qu'elle portait en arrivant. Il fait trop chaud pour supporter une étoffe. Une caméra la filme, indiscrète. Après quelques mouvements de brasse, elle rejoint le bord de la piscine. Aveuglée par la lumière, elle plisse les yeux. On devine l'arrondi d'un sein lorsqu'elle attrape la serviette qu'une main lui tend – l'homme à la caméra, sans doute.

Voilà plusieurs semaines qu'elle s'est exilée à Los Angeles, comme pour oublier Paris et fuir le plus loin possible l'échec de *Giorgino*. Elle y restera neuf mois, le temps d'accoucher d'un nouvel album. Et aussi de passer son permis de conduire – indispensable pour ne pas mourir d'ennui en Californie. Elle a choisi un hôtel réservé à une clientèle huppée, le Sunset Marquis, sur Alta Loma Road – fréquenté notamment par Steven Spielberg. Loué une villa à six cent cinquante euros la nuit avec garage, parc, Jacuzzi, salle de sport et, donc, piscine privée. Ici, aucun risque pour elle d'être dérangée : caméras de surveillance et vigiles veillent à la tranquillité des clients. Chaque jour, aux alentours de midi, un garçon en livrée apporte une bouteille de champagne dans sa chambre pour un brunch pétillant, qu'elle déguste avec Jeff Dahlgren, devenu un partenaire musical privilégié. Guitariste de talent et membre du groupe punk Wasted Youth, il a été invité par la chanteuse à habiller ses nouvelles chansons d'une couleur rock.

Dans les premiers temps, en débarquant en Californie, au tout début de l'année 2005, Mylène a troqué sa chevelure rousse contre un blond platine qui la rend méconnaissable. Changer de tête pour exprimer ce qui est en train de bouger en elle. Quitter le costume désormais trop lourd à porter de cette rousse mélancolique pour devenir une autre. Qui ? Elle ne le sait pas encore. Mais le soleil californien, si exotique pour cette enfant du Canada, lui apporte cette brûlure dont elle a besoin pour changer de peau.

*

Désarçonnée par le passage à vide que traverse Laurent, elle a songé, un temps, voler de ses propres ailes. Anéanti par l'échec, il n'est plus là pour personne, se terre dans son appartement parisien. Alors elle a songé qu'il lui faudrait peut-être s'inventer un avenir sans lui. Avant de se raviser. Si elle souhaite prendre un virage musical, réaliser un album sans son mentor lui semble un projet insurmontable. Aux dires des musiciens qui ont travaillé à ses côtés, Boutonnat n'est pas seulement un compositeur inspiré capable de s'installer au piano et d'écrire une mélodie en quelques minutes : c'est aussi un véritable chef d'orchestre, fixant la partition de chaque instrument tout en supervisant l'harmonie d'ensemble. Comment Mylène pourrait-elle se passer de lui ?

Aussi, lorsque Laurent prend enfin l'avion pour Los Angeles, au printemps, toute l'équipe est rassurée. Appelé à la rescousse, l'arrangeur Thierry Rogen débarque lui aussi, orientant Boutonnat et sa muse vers les studios Ocean Way, où enregistre notamment Michael Jackson. Pour autant, l'ambiance ne sera pas des plus décontractée : Boutonnat n'adresse guère la parole à Jeff Dahlgren, ce qui ne facilite pas l'avancée du travail. « *Anamorphosée* a été très difficile à faire, parce que Laurent était toujours dans l'état d'esprit de l'“après *Giorgino*”, et qu'il allait très mal[1] », confiera Thierry Rogen. Peu à l'aise dans ce climat destructeur, le mixeur historique de la chanteuse finira par jeter l'éponge, remplacé au pied levé par Bertrand Châtenet.

*

Fuyant au maximum les tensions, Mylène s'isole dans sa villa pour écrire les paroles de ses chansons à partir des premières mélodies qu'elle écoute en boucle sur son baladeur. Au bord de la piscine, elle semble retrouver l'inspiration. Ces derniers temps, un livre ne la quitte pas. Un pavé de sept cent cinquante pages, sa Bible à elle : *Le Livre tibétain de la vie et de la mort*[2], de Sogyal Rinpoché. « Un vrai détonateur, dira-t-elle. En le lisant, j'étais émue jusqu'aux larmes, car auparavant la mort m'obsédait. L'idée qu'un être disparaisse me donnait un vertige qui m'attirait vers le bas. Je me dis aujourd'hui que la vie n'est pas vaine. Qu'il y a peut-être un passage. Un au-delà qui justifie notre combat[3]. »

Un chapitre retient particulièrement son attention, celui consacré à l'« impermanence ». « Les amis avec lesquels nous avons grandi, les lieux de notre enfance, les points de vue et opinions que nous défendions autrefois avec tant d'opiniâtreté : tout cela, nous l'avons laissé derrière nous », y écrit l'auteur. Une forme de sagesse libératrice pour Mylène qui, à cet instant précis, veut croire qu'elle peut renaître sous une autre forme. « Ce que nous considérons comme notre caractère fondamental, explique Rinpoché, n'est rien de plus qu'un “courant de pensée”. » La formule a de quoi intriguer Mylène : depuis l'enfance, elle éprouve un mal-être dont elle n'arrive pas à se dépouiller. Plusieurs chansons de l'album, notamment *Vertige* ou *Comme j'ai mal*, porteront la trace de cet espoir de changement, de voyage pour l'esprit et le corps.

*

Dès le matin, elle se rend aux studios Ocean Way, où elle rejoint les musiciens et l'équipe technique. Laurent Boutonnat règne en maître absolu sur les tables de mixage, barbe fournie et pipe aux lèvres. Jeff Dahlgren, cheveux longs et rebelles, répète quelques accords. Au dernier moment, juste avant d'enregistrer, très concentrée, Mylène corrige les paroles avec un feutre noir, en lettres capitales. Pour la première fois, la chanteuse s'implique également dans les choix musicaux – elle signera même la partition d'un titre, *Tomber 7 fois*. « Le côté rock d'*Anamorphosée*, témoigne Thierry Rogen, c'est Mylène et Jeff Dahlgren qui l'ont amené et l'ont souhaité. Cette évolution nette a vraiment été le fait de la volonté de Mylène. Elle était très présente dans la production, ce qui n'était pas le cas auparavant[4]. »

Si la chanteuse veut un son plus lourd, plus américain, laissant la part belle aux guitares électriques, ce n'est pas seulement pour laisser s'exprimer le talent de Jeff Dahlgren : c'est aussi pour se donner les moyens d'une renaissance artistique. Le miracle, d'ailleurs, c'est que cette atmosphère tendue va générer l'album le plus atypique de Mylène. Au fond, cet exil américain, qui se poursuivra par un séjour d'un mois à New York, permet à la chanteuse de prendre la distance nécessaire pour revenir en force. Le pari n'est pas gagné, mais elle va se battre pour s'imposer à nouveau, tournant la page de ses dix premières années de carrière afin de montrer un nouveau visage, sexy et lumineux.

*

Histoire de faire table rase de son image de poupée torturée, Mylène décide de se passer de la caméra de Laurent Boutonnat. La sanction est sévère, mais l'avenir même du duo en dépend. Elle choisit Marcus Niespel, qui a notamment travaillé avec Janet Jackson ou Elton John, pour réaliser le clip de son retour : filmée en noir et blanc, cheveux aux vents, figure de proue d'une locomotive à vapeur des années 1920, elle est méconnaissable. Dans la vidéo comme dans le livret de l'album, on en oublierait même que Mylène est rousse... D'ailleurs, sur la pochette de l'album, elle a pris soin de ne pas exposer son visage : seul son corps apparaît, dans un ensemble noir des plus sexy.

Par superstition sans doute, ignorant tout de la façon dont elle va être accueillie, elle brille par son absence lors de la sortie du premier single de l'album, *XXL*. Ce qui lui vaut d'être envoyée en première ligne, sur les plateaux de télévision, par sa maison de disques, qui s'inquiète du démarrage moyen de l'album, pour défendre le deuxième single, *L'Instant X*. Sortie peu avant Noël, cette chanson de circonstance permettra à la chanteuse de renouer avec le succès et de fixer les bases d'un retour sur scène, qui réamorcera l'amour du public.

Invitée à s'exprimer, Mylène évoque alors son nouvel état d'esprit, afin que tout le monde puisse constater qu'elle n'est plus la même. « J'ai encore des moments noirs, des instants de dépression. Mais je suis désormais attirée vers le haut et la lumière[5]. » La lumière : le maître mot pour qualifier son retour. Il inspirera une chanson résolument optimiste, *Et tournoie...*, où la chanteuse semble inviter l'autre à s'extraire des maux qui le rongent pour s'élever vers l'astre solaire : « Sous ton âme ta plainte amère / Panse-la, donne-le / Mets ton âme de lumière. » Là encore, on sent l'influence de Sogyal Rinpoché.

« Je cesse de me concentrer sur moi-même et mes idées sombres[6] », dit-elle encore. Le discours est bien rodé, d'une grande cohérence. Une opération marketing parfaitement orchestrée ? Pas seulement. Car si Mylène omet de préciser dans quel climat elle a préparé son retour depuis Los Angeles, elle répond toujours avec sincérité lorsqu'on l'interroge sur son attrait pour les États-Unis. Confie son besoin de « se régénérer », de « se ressourcer », son goût des immenses étendues qui ouvrent l'horizon : « J'aime bien cette notion d'espace, de grandeur[7]. » Et puis, elle évoque le plaisir de l'anonymat retrouvé, dans un pays où elle n'est pas une star, ce qui permet un ancrage salutaire dans la réalité. « Ne pas être connue, c'est pour moi une grande liberté. Je peux vivre comme tout le monde[8]. »

Une chanson sera le symbole de cette renaissance par l'exil : *California*. Un morceau d'anthologie, un petit bijou musical tout en subtilité, où Mylène mêle avec bonheur références à Apollinaire et anglicismes. « Changer d'optique, prendre l'exit / Et m'envoyer en Amérique », fredonne-t-elle comme une invitation au voyage – dépaysement garanti. C'est là aussi qu'elle emploie le mot qui sert de titre à l'album : l'anamorphose, terme scientifique utilisé en optique, et auquel elle insuffle une seconde vie, poétique cette fois. « Ma perception de la vie s'est élargie[9] », lâche-t-elle, coupant court à toute justification barbante.

*

Son histoire d'amour avec les États-Unis est loin d'être terminée. L'horizon élargi que Mylène a découvert va nourrir son imaginaire scénique et accentuer son goût pour les spectacles grandioses. L'Amérique sera donc son point d'ancrage lorsqu'elle concevra la tournée de 1996. C'est à New York qu'elle sélectionne la troupe de danseurs, hormis Christophe Danchaud, chargé d'enseigner les chorégraphies. Elle se paye aussi le luxe de débaucher Donna de Lory, la choriste de Madonna. Le nouveau spectacle sera aussi lumineux que celui de 1989 était sombre : avec son écran géant, ses paillettes, ses costumes sexy en diable et ses chorégraphies léchées, il va imposer la nouvelle Mylène, seule chanteuse française à pouvoir rivaliser avec la démesure des stars américaines. C'est à partir de cette période que la presse, bluffée, commence à la surnommer la « french Madonna ».

En 1999, afin de préparer le « Mylenium Tour », une tournée pharaonique qui s'arrêtera dans quarante-trois villes, Mylène repasse encore par les cases New York, pour le travail avec les danseurs, et Los Angeles, pour les répétitions avec les musiciens. Entre-temps, elle a appris à apprécier New York et se nourrir de cette énergie à la puissance dix qui galvanise les artistes. Une ville dont l'atmosphère lui semble beaucoup plus stimulante que celle de Los Angeles. Vêtue d'un débardeur et d'un pantalon blanc, on la voit se glisser, joyeuse et silencieuse, au centre des danseurs et observer le tableau en mouvement dans le miroir [10].

« Plus loin plus haut / L'extase de l'immensité », chante Mylène dans *Vertige*, qui aborde le thème de l'impermanence cher à Sogyal Rinpoché. Si l'ouvrage du sage bouddhiste lui a ouvert l'esprit dans une direction qui semble, du moins provisoirement, apaiser son âme, le continent américain va durablement s'imposer comme une destination privilégiée. Loin de l'Hexagone, la star ira, chaque fois qu'elle en aura l'occasion, s'aérer la tête. Surtout, elle n'oubliera jamais que c'est là-bas qu'elle a repris en mains sa vie et sa carrière. Une décision qui a tout changé.

20

L'épreuve du miroir

Tous ceux qui l'ont approchée ont été saisis par sa beauté. Hommes et femmes, indifféremment. Ainsi, l'écrivain Amélie Nothomb succombe lors de leur première rencontre, en décembre 1995, pour une interview croisée dans l'édition allemande du magazine *Vogue*. « La première chose que j'ai à dire, c'est que c'est une des personnes les plus belles que j'ai jamais vues. Elle est vraiment plus belle en réalité qu'en photo. C'est quelque chose qui m'a frappée[1]. » Bien que Mylène ne possède pas des traits académiques, il émane de sa personne un éclat qui n'appartient qu'à elle. Une lumière qui provient de l'âme et irradie tout son être. H. R. Giger, le dessinateur qui a inspiré le décor du « Mylenium Tour », a lui aussi succombé. « En rentrant chez moi après notre entrevue, j'ai dessiné plusieurs portraits de Mylène, mais qui sont tous restés inachevés car il faudrait que je la revoie à nouveau pour mieux saisir sa beauté et son mystère si spécial[2]. »

Qu'on lui dise qu'elle est belle ne la rassure pas. Au pire, ça peut même provoquer des réactions insolites. Dans *Giorgino*, la séquence où Jeff Dahlgren, après avoir dévalé un escalier, doit déclarer à la sauvage Catherine combien il la trouve jolie va être délicate à tourner. La raison ? Chaque fois, un irrépressible fou rire s'empare des deux acteurs. Sans doute Mylène a-t-elle du mal à recevoir ce type de compliment. Il faudra qu'elle ramasse un clou douteux au sol et le serre dans sa main jusqu'à sentir une douleur pour que la prise soit finalisée.

*

Depuis ses débuts, avec une touchante sincérité, elle ne cache pas combien il lui est difficile de s'accepter : « Je ne me suis jamais trouvée jolie, et cela ne change malheureusement pas [3]. » Lors de sa première tournée, elle semble obsédée par cette question. « J'étais son miroir, confie son manager. Elle me disait : "Bertrand, Bertrand, est-ce que je suis belle ?" Je lui répondais : "Non, mais tu es divine." [4] » Éprouve-t-elle un complexe particulier ? « Mon nez n'est pas ce que je préfère en moi [5]. » Ainsi, à la photographe Elsa Trillat, elle aurait expliqué qu'elle se désolait de ressembler à Barbra Streisand. « Par moments, c'était une telle fixette qu'elle a envisagé de faire rectifier son nez. Mais je le lui ai déconseillé. Je lui ai dit : "Si tu fais ça, ton regard va changer [6]." » Mais Mylène n'est pas particulièrement à l'aise non plus avec son regard, cette légère coquetterie qu'on note sur quelques rares clichés, plus prononcée lorsqu'elle rit aux éclats.

Quant à son nez, il a eu l'heur de séduire Amélie Nothomb. « Il est complètement japonais. Je l'aime vraiment beaucoup. Il paraît pourtant qu'elle n'en est pas fière. Elle a bien tort [7] ! » Contrairement à d'autres artistes de sa génération, Mylène a choisi de ne pas corriger l'appendice que la nature lui a donné – et pas seulement par peur du bistouri. Bien lui en a pris : son nez singulier lui donne du caractère et lui confère sa beauté hors norme. D'ailleurs, grâce à la caméra de Laurent Boutonnat, mais aussi au talent des maquilleurs et des photographes, l'objet de son complexe va se fondre dans son visage comme cette neige dont elle raffole sous les rayons du soleil.

*

Très vite, le cinéaste apprend en effet à offrir au public le meilleur de sa muse, ce trois quarts gauche qui la sublime à l'écran. Dès la fin des années 1980, Mylène sera systématiquement filmée sous son bon profil, que ce soit dans ses clips ou lors des émissions de télévision. D'ailleurs, lorsqu'elle accepte de venir sur un plateau, la place de la caméra et l'angle d'éclairage de son visage font partie des règles inflexibles. Même la télévision russe, en 1999, a dû se conformer à ces consignes strictes. Au détour d'une interview, Mylène évoque d'ailleurs cette forme de dédoublement d'elle-même : « Sur un visage, on dit que le côté droit est le présent, et le gauche le passé. Eh bien, je préfère mon côté gauche[8]. »

Bien sûr, ses traits ne sont pas aussi fins et réguliers que ceux de certains top models. Elle trouve ses lèvres trop minces, son menton un peu fuyant, elle n'aime pas être photographiée de face. Un après-midi de l'été 1987, dans le sud de la France, autour d'une piscine où sont réunis amis et membres de sa famille, elle refuse obstinément de sauter dans l'eau. La raison ? « Elle ne veut pas qu'on la voie avec les cheveux mouillés, me raconte l'un des témoins de la scène. Elle s'imagine, à tort ou à raison, que ça ne l'avantage pas. »

Alors que son public la trouve magnifique, Mylène ne cesse de nourrir des complexes. Son sens exacerbé de l'esthétique génère une insatisfaction chronique. « Je sais que je ne suis pas un modèle parfait », dit-elle. D'où un rapport complexe au miroir. D'un côté, il est l'ennemi juré, celui qui lui renvoie ce qu'elle ne peut s'empêcher de voir comme ses défauts. De l'autre, il lui permet de s'apprivoiser, de chercher les angles qui la rassurent, bref de faire, le temps d'un coup d'œil furtif, la paix avec elle-même. « J'ai en permanence besoin du reflet de ma personne dans le miroir, même s'il n'est pas celui espéré », confie-t-elle en 1996, au risque de passer pour nombriliste. Dix ans plus tard, lorsque Thierry Demaizière l'interroge sur cette rumeur qui prétend que son appartement serait truffé de miroirs, elle esquive : « Je crois ne pas en avoir un seul. »

Un paradoxe qui montre bien que rien n'est réglé. « Le souci de n'être pas assez jolie est une angoisse[9] », lâche-t-elle comme si elle s'était résignée à une forme irrémédiable de souffrance. Les psychologues le savent, ce sont les êtres qui ne s'acceptent pas qui passent le plus de temps face au miroir. Sans doute parce qu'ils cherchent désespérément à s'aimer, guettant l'image qui va enfin les réconcilier avec eux-mêmes. En 1989, peu avant sa première tournée, Mylène s'offre un petit plaisir égoïste : accompagnée de Bertrand Le Page, elle remonte les Champs-Élysées dans une limousine noire pour voir les affiches du spectacle placardées sur les colonnes Morice. Lorsque l'image est flatteuse, il n'y a plus aucune raison de bouder son plaisir.

*

Au fond, n'est-ce pas de cette fragilité, de cette faille narcissique-là, que naît la beauté véritable ? Le photographe Jean-Marie Périer, auteur d'une série de clichés de Mylène pour *Elle* en 1998, le dit à sa façon. « Elle m'avait prévenu gentiment que la présence d'un objectif la rendait marteau et que l'acte d'être photographiée la transformait en quelqu'un d'autre. C'était vrai, rien à voir avec la personne au charme si attractif. C'était une sorte d'ovni silencieux qui évoluait sur coussin d'air en évitant les regards. Elle s'asseyait joliment comme un oiseau timide en me lançant de temps en temps un regard qui disait qu'elle ne détesterait pas que tout ça s'arrête. De toute manière, j'étais séduit, puisque je n'ai d'attirance que pour les gens qui n'aiment pas se faire photographier[10]. »

Les êtres au physique trop parfait nous laissent indifférents. Parce qu'ils n'ont rien à prouver, aucune émotion ne transfigure la symétrie de leurs traits. On ne peut que les admirer, en aucun cas les aimer. Pour s'attacher à quelqu'un, encore faut-il s'accrocher à un défaut, croire qu'on est le seul à pouvoir panser une plaie secrète. Il en est de l'amour pour une chanteuse comme de celui qu'on éprouve pour la femme ou l'homme de sa vie. Cette réserve qui caractérise Mylène, ce visage qu'elle camoufle avec pudeur derrière les boucles de sa chevelure rousse, voilà ce qui la rend aussi attachante aux yeux du public. Quand elle pleure sur scène, qui n'aurait pas envie de la prendre dans ses bras ?

*

De cette fragilité, elle va faire une force. Puisqu'elle ne se trouve pas jolie, elle sera sublime. Glamour et sexy à la fois. Envoûtante et énigmatique. Infiniment désirable et distante dans le même temps. L'objet parfait du fantasme. Pas besoin d'être la plus jolie pour ça : l'intelligence fait le reste. D'où ce rapport délicat à la photographie. Lorsqu'elle accepte une séance, elle sait le degré d'exigence qu'elle veut atteindre : trouver le cliché qui la rendra séduisante à ses propres yeux. Mission périlleuse, tant elle a fixé la barre à une hauteur démesurée. « Quand on ne s'aime pas ou qu'on ne s'accepte pas, on est beaucoup plus critique. Il y a des images que l'on déteste et, quand on déteste, on déchire [11]. » Tous ceux qui l'ont photographiée savent combien elle est impossible, combien il lui faut être rassurée, par la coiffure, le maquillage, le stylisme, la lumière, avant de se laisser capturer.

D'où, également, cette sophistication dans la construction de son image. Puisque Mylène ne s'aime pas au naturel, elle n'apparaîtra jamais à la télévision sans être au mieux de son apparence. À plus forte raison, elle soigne son look dans ses clips. Quitte, parfois, à en faire trop ? C'est ce que penseront certains fans en découvrant, en 2006, le clip de *Q.I.* Cheveux soigneusement ondulés et laqués, maquillage sophistiqué : elle ressemble à une poupée un peu trop apprêtée, ce qui, selon certains, a pu nuire au propos du clip, montrant un couple d'amoureux au quotidien.

Que Mylène, en s'aimant aussi peu, soit devenue aussi belle dans l'esprit du public, constitue sans doute le paradoxe le plus réjouissant de toute sa carrière. Au fond, cette faille que l'on perçoit, sous la perfection de l'artifice, la rend terriblement humaine et touchante. Que penserait-on d'une artiste qui se gargariserait de sa beauté ou se complairait dans l'autosatisfaction permanente ? Sans doute qu'autant de prétention ne mérite pas qu'on s'attache à elle. « Qui peut s'aimer, à part les imbéciles [12] ? » me souffle Philippe Séguy. Il n'a pas tort. Si besoin était, Mylène nous apporte une preuve supplémentaire de sa clairvoyance.

21

Ce que Mylène veut...

Août 1988. Dans la forêt de Rambouillet, une centaine de figurants attendent, silencieux et concentrés. Sur son cheval blanc, Mylène doit foncer au galop sur les troupes en armes qui vont s'ouvrir, au dernier moment, pour la laisser passer. C'est l'une des scènes les plus délicates à tourner du clip de *Pourvu qu'elles soient douces*. Pas facile, en effet, de lancer un cheval au galop sur des dizaines de baïonnettes dressées. Maintes fois, devant l'obstacle, l'animal se dérobe. Malgré les conseils d'expert de Mario Luraschi, Mylène échoue à plusieurs reprises. C'est là que, dans un sursaut de fierté, on la voit mobiliser toute son énergie. « Je vais y arriver », semble-t-elle marmonner, mâchoires serrées. Elle s'élance une nouvelle fois et... passe l'obstacle ! Quand Laurent Boutonnat crie : « Coupez ! », affichant un sourire de soulagement, les soldats figurants se mettent à applaudir spontanément.

Mylène se résume tout entière dans cette anecdote. Elle ne renonce jamais. Et elle montre encore plus d'entêtement lorsqu'on la juge incapable d'accomplir ce qu'elle a entrepris. N'oublions jamais cet aspect de son histoire personnelle : face à ses parents, qui sont sceptiques quant à son avenir, elle a tout à prouver. Armée d'un orgueil démesuré, elle est de celles qui luttent d'autant plus lorsqu'elles ressentent une hostilité. Ainsi, à l'époque où elle entame sa première tournée, en 1989, tout le métier ironise : elle a la réputation d'une chanteuse sans voix et sans charisme, incapable de résister à l'épreuve de vérité que constitue la scène. Sa réaction, alors ? « Je sais qu'on m'attend au virage et que des gens sont prêts à mettre ma tête sous la guillotine, mais je ne suis pas sûre qu'ils vont me la couper. Je ferai tout ce qui est en mon pouvoir pour ne pas laisser tomber la lame. Mais, par provocation, je l'affûte. Rien n'est plus excitant[1]. »

Que certains pensent qu'elle ne pourra pas relever ce défi va décupler sa volonté. Pourtant, même dans le cercle premier de son entourage professionnel, l'heure n'est nullement à un optimisme béat. Si, à ce stade de sa carrière, la scène est une étape obligée, on ignore si la chanteuse tiendra le choc. Avant de faire ses preuves, Mylène a tout à apprendre. Elle va s'y atteler grâce à des professeurs de haut niveau. Bertrand Le Page contacte Annette Charlot, qui accepte de la faire travailler à raison d'une heure trente par jour. « Je prends des cours de chant pour donner de l'assurance à ma voix. Je ne m'étais jamais rendu compte à quel point la respiration est importante[2]. »

Autre défi difficile, la danse. « Au départ, Mylène ne danse pas du tout, mais très rapidement elle se montre passionnée et devient de plus en plus créatrice de chorégraphies, explique Sophie Tellier. Au début, pour moi, ce sont des figures imposées, il faut trouver les mouvements qu'elle aime. Puis elle progresse vite – Mylène est une battante et une travailleuse[3]. » Bien sûr, elle ne va pas devenir une danseuse étoile en quelques mois : les pas qui sont retenus pour le show sont adaptés à son niveau. Mais elle bouge de mieux en mieux, s'approprie des gestes qui ne ressemblent à ceux de personne d'autre, ce qui fait naître de jolis tableaux, comme le ballet de *Tristana*.

« C'est vrai, poursuit Sophie Tellier, pour un danseur professionnel, faire les chorégraphies de Mylène, à cette époque-là, n'est pas très compliqué. C'est d'ailleurs l'un des éléments qui feront son succès : dans les discothèques, chacun reprendra ses pas, et même plus tard, au début des années 2000, dans les boîtes gay, tout le monde ira sur la piste pour les chansons de Mylène[4]. »

À l'arrivée, après des mois de dur labeur, d'entraînement physique et vocal intense, les performances de la chanteuse ne font pas qu'emballer le public hexagonal, qui se déplace en masse, elles impressionnent surtout les membres de son staff. « Au fur et à mesure de la tournée, elle devient hallucinante, m'a confié Le Page. Certains soirs, c'est l'état de grâce. Je ne reconnais plus la fille timide des débuts. La scène est une révélation pour elle[5]. » « J'avais l'impression qu'elle avait déjà dix ans de spectacles derrière elle, tellement elle maîtrisait[6] », confirme Slim Pezin, guitariste sur la tournée.

*

Si Mylène ne va cesser de montrer, lors de ses tournées, son désir de bluffer le public, elle se révèle tout aussi tenace lorsqu'il s'agit de convaincre un metteur en scène qu'elle a choisi de réaliser un de ses clips. Abel Ferrara en sait quelque chose. Depuis qu'elle a vu *Snake Eyes*, avec Madonna, sorti en 1993, la chanteuse le veut pour *California*, dont elle a déjà le scénario en tête, et qui promet d'être une version trash de *Libertine*. C'est la productrice Anouk Nora qui a la lourde tâche de contacter le réalisateur. Des tractations qui vont durer plusieurs mois. « Abel ne connaissait pas Mylène et n'avait jamais réalisé de clip. [...] La difficulté, c'est qu'on ne peut pas parler à Abel au téléphone car il déteste ça. Alors il fallait plonger : prendre le premier vol pour New York, et attraper Abel au saut du lit, comme un lapin par les oreilles[7] ! »

La chanteuse elle-même n'a pas caché ces difficultés qui, loin de la décourager, semblent l'avoir stimulée. « Je l'ai appelé pendant plusieurs mois, souvent à trois heures du matin, puis je me suis rendue à New York où nous avons continué à converser. Il m'a demandé ce que je voulais faire, ce que j'exprimais dans ma chanson. Je lui ai dit que je souhaitais jouer une prostituée. Il m'a alors demandé de travailler sur le scénario et de lui proposer des idées. Puis il m'a proposé les siennes[8]. »

Quant à Ferrara, il se montre étonné, puis intrigué par l'insistance de celle qu'on lui présente comme la chanteuse la plus populaire de France. « Nous étions en salle de montage depuis cinq mois, dira-t-il, quand quelqu'un nous propose de faire ce clip. Je me fichais de savoir à quoi ressemblaient cette Française et sa chanson. J'ai seulement entendu dire qu'on disposerait de deux cent mille dollars pour tourner trois minutes. Avec cette somme-là, je fais un long-métrage, moi[9] ! » Pour obtenir ce qu'elle veut, on le voit, Mylène ne lésine pas sur les arguments, fussent-ils financiers. Par la suite, Ferrara ne cachera pas son respect pour le professionnalisme de la chanteuse. « Il était très séduit par Mylène[10] », dira Anouk Nora. Pour elle, peu importent les moyens, seul compte le résultat. Au final, avec sa dimension sociale et la participation de vraies prostituées comme figurantes, le clip est une réussite totale, où fusionnent l'imaginaire onirique de Mylène et le réalisme brutal de Ferrara.

*

« Mon karma est tenace », fredonne la star dans *Méfie-toi*. Personne n'en doute dans la profession. Et si d'aucuns ont reproché à la star des exigences démesurées qui ressemblent à des caprices, ceux qui ont travaillé avec elle savent qu'elle est également capable d'une immense patience dès qu'il s'agit d'obtenir ce qu'elle veut. Ainsi, pour tourner certains clips, elle n'a pas hésité à prendre des risques physiques. Pour *XXL*, elle avoue s'être brûlée deux fois, heureusement sans gravité. « L'idée de placer l'artiste suspendue à l'avant d'un train en marche, c'était impensable, explique Anouk Nora. Parce que, aux États-Unis, ils sont très à cheval sur les questions de sécurité. » Il a donc fallu ruser avec la législation locale, signer des décharges, pour que le tournage puisse être autorisé. Autre clip, autre difficulté. « Pour *L'Instant X*, on a tourné au mois de février par moins dix degrés à New York. Mylène était complètement gelée et prenait son bain de mousse comme si elle s'était trouvée sous les Tropiques[11]. » Sur d'autres projets, notamment *Désenchantée* et *Fuck Them All*, cette amoureuse de l'hiver devra affronter des températures plus rigoureuses encore.

Le clip de *Souviens-toi du jour*, réalisé par Marcus Nispel, s'est révélé risqué pour d'autres raisons. Sur le tournage, les flammes font grimper les températures. « Mylène portait une robe en plastique qui a commencé à fondre, et on lui disait : "Mylène tu vas fondre." Effectivement, elle a commencé à fondre ! Les pompiers sur le plateau de Los Angeles ne savaient que faire... Mais rêvaient tous qu'elle vienne se faire soigner, ne serait-ce que quelques minutes[12]. »

*

Pour elle, chaque clip est un défi personnel, un moyen de prouver ce dont elle est capable, comme s'il lui fallait, chaque fois, convaincre de son talent sa mère, si sceptique à ses débuts, et son père, trop tôt parti. Sans doute aussi parce que son désir premier est d'être actrice, Mylène endosse chaque rôle avec une grande conscience professionnelle. Ainsi, pour monter sur le ring de *Je t'aime mélancolie* et affronter son adversaire masculin avec crédibilité, elle s'initie à la boxe durant deux jours. Ou, encore, pour tenir en équilibre sur le ballon de *Optimistique-moi*, elle travaille de longues heures avec des acrobates de cirque.

La volonté, encore. Il faut croire que c'est ce qui fait la différence. Sans doute le talent n'est-il jamais totalement étranger au succès, mais sans une détermination de tous les instants, il s'étiole, se recroqueville sur lui-même et se dessèche. Au contraire, porté par un farouche désir de reconnaissance, il se déploie à l'infini, se régénère sans cesse au contact du public. Jean-Claude Dequéant, le compositeur de *Libertine*, vite écarté de la route de la chanteuse, n'a pas été surpris par la carrière exemplaire de la star. « La réussite de Mylène et Laurent ne m'étonne pas. Dès le début, ils ne pensaient qu'à ça, ce n'était pas du dilettantisme, c'étaient de vrais professionnels. En plus, au départ, ils étaient doués. Des gens talentueux, on en rencontre dans ce métier, mais souvent ça finit mal parce qu'ils ne sont pas courageux. Eux en voulaient vraiment [13]. »

22

La lectrice cannibale

Moscou, mars 2000. Cheveux hérissés, jupe en soie brodée de motifs indiens et blouson en jeans, Mylène répond aux questions d'un journaliste russe. « Comment avez-vous fêté la venue du nouveau millénaire ? » La belle hésite : « Je ne me rappelle pas. » Puis se lance : « Probablement avec un livre dans les mains. Le soir du 31 décembre n'est pas spécialement une fête pour moi... Oui, c'est ça, je lisais. Je ne me souviens plus quel livre, mais ce devait probablement être une œuvre de Henry James ou Edgar Poe, mes écrivains préférés. »

Une réponse qui détonne. Dans le paysage de la variété française, peu d'artistes évoquent leurs lectures avec autant d'enthousiasme. Au début de sa carrière, c'est d'ailleurs du bout des lèvres que Mylène révèle son goût pour les livres, de peur de passer pour « une intellectuelle pimbêche ». Par la suite, elle n'hésitera pas à évoquer ses coups de cœur en interview. Une jolie parade pour éviter de trop parler d'elle-même ? Pas seulement. D'abord parce que citer les ouvrages qu'on aime est sans doute la façon la plus intime qui soit de se dévoiler. Ensuite, parce que Mylène n'a jamais caché que c'est dans les livres qu'elle puise son inspiration.

*

Comme une étudiante, elle lit avec un crayon à portée de main. Comme une étudiante, elle note les mots, les phrases qui l'interpellent. Elle n'est pas de ces lectrices passives qui se laissent entraîner sans réagir. Elle veut extraire une nourriture de ses lectures. Sinon, à quoi bon ? Le crayon lui garantit qu'elle gardera le contrôle, qu'elle ne se laissera pas submerger par le discours d'un autre, fût-il séduisant. Lorsqu'elle se trouve en période de promotion, elle sait qu'elle n'aura pas l'énergie d'écrire, alors la lecture lui semble une solution de repli salutaire. « Tout ce que je peux faire, c'est extraire des phrases de mes lectures ou des pensées [1] », dit-elle. Ainsi elle collecte des bouts de phrases, comme des feuilles qu'elle glisserait dans un herbier, et qui, un jour peut-être, au contact de son imaginaire, formeront des chansons.

Il serait fastidieux de recenser toutes les citations d'auteurs présentes dans le répertoire de Mylène, même si le sujet mériterait à coup sûr de faire l'objet d'un mémoire universitaire. Mots empruntés en forme d'hommage ou reformulés, fondus dans la chanson qui les accueille, ils sont souvent parfaitement identifiables. Parmi les exemples les plus connus, un vers d'*Allan*, qui figure sur l'album *Ainsi soit je*, reprend in extenso une phrase d'Edgar Poe extraite de *Ligeia* : « Pauvres poupées qui vont et viennent. » Mais quoi de plus naturel, puisque la chanson est un hommage à l'auteur des *Histoires extraordinaires*, un des livres de chevet de la chanteuse ? « Elle m'en lisait des passages tous les soirs avant d'aller se coucher [2] », me raconte Elsa Trillat, qui a partagé des vacances avec la chanteuse durant l'été 1987.

Autre référence explicite, Baudelaire, qui fut aussi, on le sait moins, le traducteur d'Edgar Poe. Comment Mylène la sulfureuse pourrait-elle ne pas vouer une adoration sans borne à l'auteur des *Fleurs du Mal*, recueil condamné en 1857 « pour outrage à la morale publique et aux bonnes mœurs » ? Très en verve, Laurent Boutonnat mettra en musique *L'Horloge*, le dernier poème de la section

« Spleen et idéal », qui introduit brillamment l'album *Ainsi soit je*. Hommage appuyé, encore, mais cette fois à Virginia Woolf, grâce au titre *Dans les rues de Londres*, sur l'album *Avant que l'ombre...* Une évocation subtile des pérégrinations de Mrs Dalloway, l'une des héroïnes les plus emblématiques de la romancière anglaise, dans la capitale de l'Angleterre. Le destin de cette écrivain proche de la folie, qui se suicidera par noyade, ne pouvait pas laisser Mylène indifférente.

*

Rendre à César ce qui est à César, c'est la moindre des choses. Et la chanteuse se plie à cette exigence de bonne grâce. Ainsi, Sogyal Rinpoché, dont la sagesse bouddhiste plane sur l'album *Anamorphosée*, est-il remercié dans le livret. De même, Mylène ne cache pas que la thématique de *Innamoramento* est fortement inspirée d'un essai de Francesco Alberoni, *Le Choc amoureux*[3], publié en 1979. Une citation de l'auteur ouvre d'ailleurs le livret de l'album : « L'amour naissant, l'*innamoramento* italien. L'étincelle dans la grisaille quotidienne. Le bonheur mêlé d'inquiétude parce qu'on ignore si ce sentiment est partagé. Un état transitoire qui débouche parfois sur l'Amour. Un phénomène comparable aux mouvements collectifs révolutionnaires. »

D'une manière générale, d'ailleurs, ce cinquième opus est une véritable mine d'or pour tous ceux qui traquent les références littéraires dans le répertoire farmerien. Ainsi le titre *Souviens-toi du jour* est-il une allusion directe à *Si c'est un homme*[4], le témoignage bouleversant de Primo Levi sur l'Holocauste. Le clip, qui montre la chanteuse sexy en diable au milieu d'un incendie, semble lui-même avoir été inspiré d'un poème d'Apollinaire, *Le brasier*. « Et pour toujours je suis assis dans un fauteuil [...] / Les flammes ont poussé sur moi comme des feuilles », écrit le poète. Quant à *Dessine-moi un mouton*, tout le monde aura reconnu l'hommage au *Petit Prince*[5] de Saint-Exupéry, que Mylène apprécie tellement qu'elle aurait envisagé de lui consacrer un spectacle musical. Si l'on ajoute les références cinématographiques (*L'Amour naissant* renvoie à *La Fille de Ryan* de David Lean) et picturales (*Je te rends ton amour* au peintre Egon Schiele), on voit combien l'album *Innamoramento* constitue une foisonnante aventure pour l'esprit.

*

Mais ce que certains reprochent à Mylène, ce ne sont pas tant ces hommages explicites que l'inspiration non avouée qui peut laisser penser qu'elle serait l'auteur de mots qui, en réalité, lui ont été suggérés par d'autres. Ainsi, l'écrivain Luc Dietrich, que la chanteuse a dévoré sur la recommandation de Bertrand Le Page, va lui offrir sur un plateau l'expression « poussière vivante », qui ouvre si joliment *À quoi je sers*. Le thème de la chanson semble lui-même inspiré de deux vers de *L'Apprentissage de la ville*[6] : « Si je ne sers à rien, ce n'était pas / La peine de m'empêcher de mourir. » Fascinée par cet auteur, sans doute parce qu'il n'a « jamais perdu ses yeux d'enfant », comme l'écrira son ami Lanza del Vasto, Mylène a puisé chez lui d'autres pépites. « Et même si je parvenais à me redresser, pour quoi, pour qui ? », trouve-t-on chez Dietrich. Des mots que la chanteuse reprend à sa façon, toujours dans *À quoi je sers* : « Chaque heure demande / Pour qui, pour quoi se redresser. »

Dans son tube *Rêver*, la star s'inspire du poète Pierre Reverdy. « Nous ne marcherons plus ensemble » correspond au dernier vers d'un poème intitulé *Dans le monde étranger*. « Dansent les flammes, les bras se lèvent » rappelle le poème *Esprit pesant*, où l'on trouve ces mots : « À droite dansent quelques flammes qui n'iront pas plus haut, et si les bras se lèvent ils touchent le plafond. » Quant aux paroles « Le monde comme une pendule / Qui s'est arrêtée », elles font écho au poème *Toujours là*, extrait du recueil *La Lucarne ovale.* « Le monde comme une pendule s'est arrêté / Les gens sont suspendus pour l'éternité », y écrit Reverdy. Encore une fois, la belle image chantonnée par Mylène est le fruit de ses lectures.

L'œuvre d'Emily Dickinson constitue également une source d'inspiration. Ainsi, dans *Les Mots*, plusieurs vers en anglais traduisent cette filiation. Lorsque Seal, qui partage le duo avec la chanteuse, fredonne « *I will tell you how the sun rose* », sait-il qu'il s'agit du titre du poème 318 de Dickinson ? Certes, on peut y voir un hommage appuyé à la poétesse américaine. Mais alors, pourquoi avoir omis de citer ne serait-ce que son nom ?

*

Mylène s'amuserait-elle à semer derrière elle des mots dont seuls quelques fins limiers sauront reconnaître l'origine ? Cette hypothèse n'est pas exclue, surtout lorsqu'on sait combien elle invite ceux qui veulent savoir qui elle est vraiment à écouter avec attention les paroles de ses chansons.

Reste qu'il faut poser sans détour la question de ces emprunts nombreux et tacites. Si les auteurs cités appartiennent tous au domaine public, peut-on pour autant s'en abreuver sans prêter le flanc à la critique ? Les détracteurs de la star n'hésitent pas à répondre par l'affirmative. Pour eux, un artiste doit puiser son inspiration en lui-même, et non dans les mots des autres. Une position de principe qui ne résiste pas, toutefois, à un fait incontestable : l'histoire de la littérature consiste en une relecture permanente par les jeunes générations des œuvres de leurs aînés.

Comme tous ceux qui ont quitté l'école un peu tôt, Mylène éprouve un appétit féroce face à tout ce qu'elle n'a pas pu apprendre à cause du besoin urgent qu'elle ressentait de faire ses preuves. Sans diagnostiquer de complexe à proprement parler, il est évident qu'elle a tenu à cultiver ce goût des livres auquel son tempérament réservé la prédisposait. Ce qu'elle cherche dans la lecture, ce sont des mots qui répondent à ses états d'âme, les reformulent mieux qu'elle ne l'aurait fait elle-même.

Où est le crime ? Où sont les victimes ? Au pire, la chanteuse invite son public à la suivre dans ses pérégrinations livresques. Combien de ses fans ont lu *La Mort intime*[7] de Marie de Hennezel ou *Le Choc amoureux*[8] de Francesco Alberoni, simplement parce qu'elle avait évoqué son plaisir de les découvrir ? Qui d'autre, dans le paysage de la variété, pourrait se targuer d'un tel exploit ? « Pour lire, j'ai besoin de temps, de repos, comme un recueillement[9] », dit-elle. Par son attitude, qui sacralise la chose écrite, Mylène montre qu'on peut encore, à l'époque de l'Internet triomphant, être bouleversé par un livre. L'élitisme qui l'anime passe aussi par là, par cette volonté de tirer son public vers le haut. Ce qui lui vaut le statut inédit de chanteuse littéraire. Une singularité dont elle aurait tort de rougir.

23

« Oui, je suis narcissique »

Les bureaux de Toutankhamon, un après-midi de 1990. Le romancier Philippe Séguy assiste en exclusivité à la projection privée du clip *Allan Live*. Après la première tournée et le triomphe au Palais des Sports, Laurent et Mylène ont eu l'idée romantique de brûler au lance-flammes le cimetière qui avait servi de décor au spectacle. La séquence, filmée, est intégrée au montage. Tous les trois s'installent sur des chaises dans le studio prévu à cet effet. Sur le visage de Mylène, que Philippe scrute avec autant de curiosité que l'écran, aucune émotion n'affleure. Rien qui ne perturbe son teint laiteux. Manifestement, la chanteuse n'éprouve aucun plaisir à se contempler. Face à son reflet dans l'image, elle demeure d'une froide indifférence.

On la croit nombriliste, rien n'est plus faux. Elle est narcissique, ce qui n'a rien à voir. Et elle en fait l'aveu sans l'ombre d'un complexe : « C'est vrai, je suis narcissique[1]. » On aurait tort de prendre cette déclaration pour une simple provocation. Mylène sait de quoi elle parle. Ce trait de son caractère, elle l'a constaté depuis l'enfance. L'attrait irrésistible du miroir, l'impression que le visage qu'on aperçoit n'est pas le sien, mais celui d'une amie qu'on a envie d'apprivoiser, de séduire... « Le miroir, dit-elle, est fondamental dans ma vie. J'ai en permanence besoin de mon reflet[2]. » Un besoin viscéral en effet.

Lorsque le reflet semble bienveillant, la personnalité narcissique se sent apaisée, enfin complète. Cette faille, sans doute très archaïque, semble cicatriser, du moins provisoirement. On songe à la célèbre théorie du désir élaborée par Platon dans le *Phèdre* : nous aurions été autrefois scindés en deux et, depuis ce jour, nous rechercherions la moitié qui nous manque. Le clip de *L'Âme-Stram-Gram* met en scène cette dualité de manière limpide : les sœurs jumelles incarnées par la star sont dépossédées de leurs pouvoirs magiques dès lors qu'elles sont séparées. En revanche, une fois réunies, elles sont capables de mettre un groupe de cavaliers sanguinaires hors d'état de nuire.

*

C'est la même chose pour Mylène : il lui faut être en communion avec l'autre partie d'elle-même pour se rassembler et donner le meilleur de son talent. Elle ne délivre pas, au fond, d'autre message dans la chanson *L'Autre*, qui demeure une énigme pour bien des exégètes de son répertoire. Et lorsque la chanteuse tente d'expliquer ses intentions, elle prend soin de ne jamais fermer le sens. « L'autre suppose beaucoup d'autres. Ça peut être l'autre moi. Ça peut être cette chose qui n'a pas d'enveloppe physique et qui est au-dessus de vous et qui va vous aider, vous diriger parfois, vous contrarier aussi. Ça peut être l'autre, une autre personne. J'ai essayé de trouver un mot qui puisse évoquer beaucoup de choses. Ça peut être aussi la schizophrénie, pourquoi pas[3] ? »

La schizophrénie. Un mot lâché au passage, excessif sans doute, puisqu'il évoque une forme de psychose dont, bien évidemment, Mylène ne souffre pas. En revanche, son imaginaire en atteste, l'aliénation mentale est un thème qui l'attire. « L'univers de la folie ne cesse de me fasciner[4] », dit-elle. Convaincue qu'il y a une forme de vérité à découvrir chez les personnes atteintes de ces troubles, elle n'hésite pas à déclarer : « J'ai toujours été attirée par les névrosés et les désespérés parce que je sais que la vraie vie est en eux. Pas dans cette fausse image renvoyée par les magazines où tout est trop lisse pour être vrai[5]. »

*

Incarner à l'écran dans *Giorgino*, une jeune femme déséquilibrée va d'ailleurs lui permettre d'accomplir un envoûtant voyage intérieur aux frontières du pathologique. « Catherine m'a séduite par sa fragilité, son étrangeté, par cette violence sourde, enfantine, qui émane d'elle. Mal armée pour se défendre, elle exprime ses émotions brutalement, simplement, sans passer par le tamis de la réflexion. Je me sens moi-même proche de cette animalité, de cette réponse immédiate et instinctive à toute agression extérieure. D'ailleurs, au cours du tournage, je me suis demandé si c'était Mylène qui nourrissait Catherine, ou l'inverse. J'avais le sentiment que la frontière entre le normal et la folie est très mince[6]. » De ce point de vue, le clip de *Sans logique* illustre parfaitement la dualité du désir : coiffée de cornes en métal, Mylène transperce l'homme qu'elle aime. Preuve que l'identité, au sens d'une unité à réaliser, demeure problématique. « Sans logique / Je me quitte », fredonne la chanteuse. Des paroles que ne renierait pas, en effet, un schizophrène.

Cette dualité fondamentale occupe une place de choix dans son répertoire. Parfois, elle déjoue même les apparences : on croit que la chanteuse s'adresse à quelqu'un d'autre et il ne s'agit que d'un dialogue... avec elle-même. Le « tu » se confond alors avec le « je », comme dans *Tristana* : « Adieu Tristana / Ton cœur a pris froid », murmure-t-elle dans un souffle, avant d'achever le refrain par : « Ne le dites pas / Tristana c'est moi. » D'une certaine façon, Mylène poursuit dans l'écriture ces jeux de dédoublement auxquels s'adonnent les jeunes enfants, seuls dans leur chambre. Lorsqu'on tend l'oreille, on s'aperçoit qu'ils peuvent tenir des conversations entières avec un objet transitionnel, peluche ou poupée, sur lequel ils projettent leur personnalité.

*

Flirter avec la schizophrénie, jouer avec le symbole, ne signifie pas qu'on risque soi-même de sombrer dans le dédoublement de personnalité. Au contraire, le privilège de l'artiste, en mettant à distance ses propres angoisses dans son œuvre, est de se prémunir contre le risque de la folie. Le quotidien de Mylène n'a rien de déstructuré, bien au contraire. Ainsi, lorsqu'elle se trouve à Paris, ses journées de travail sont plutôt calibrées : départ autour de midi vers les bureaux de Stuffed Monkey, sa société, et retour à son domicile vers dix-neuf heures. Rien à voir avec le tempérament borderline d'une Amy Winehouse. Le modèle « sex, drugs and rock'n'roll », très peu pour elle ! « Elle déteste se coucher après minuit », m'a confié Bertrand Le Page dans les années 1990. Sans doute cet irréductible noctambule, qui avait besoin d'entendre des voix amies au cœur de la nuit, exagérait-il un peu. Aujourd'hui, en tout cas, la star semble se coucher plus tard. Dans *Appelle mon numéro*, elle évoque avec malice son « plus beau geste », celui de poser sa tête sur l'oreiller, privilège réservé à celui qui « entre dans l'histoire » – autrement dit, la sienne.

Fidèle à certains rituels dont l'empreinte remonte à l'enfance, Mylène aime à réunir les membres de sa famille le dimanche. Sa sœur Brigitte, son frère Michel, sa mère, Marguerite, mais aussi ses nièces. Ils sont les témoins de son passé, ses repères les plus intangibles, les garants d'une certaine continuité dans son parcours. Elle a besoin d'eux pour garder son équilibre. Dans les moments qu'elle partage avec eux, elle n'a pas besoin de jouer à la star, ni d'imposer ce rapport de force, de chercher de nouveaux subterfuges pour demeurer distante. Bref, sa famille l'aide à se rassembler, à lutter contre la tentation périlleuse du morcellement.

*

« Dans mes chansons, je ne parle que de moi ! C'est de l'égocentrisme artistique[7] », reconnaît Mylène. Une manière d'assumer son narcissisme avec panache. Mylène ne peut faire autrement : ce qu'elle exprime d'abord, c'est sa difficulté à recoller les morceaux de son être. Toutefois, passer son existence à gérer ses paradoxes ne signifie nullement que les autres ne formeraient qu'un simple décor. Une personnalité narcissique n'est pas nécessairement obsédée par son plaisir égoïste. Elle ne désire pas forcément, non plus, être le centre de toutes les conversations. Ses collaborateurs le confirment, Mylène n'a rien de ces artistes nombrilistes centrés sur leur petite personne, qui envahissent les autres avec leurs états d'âme. Christian Padovan, bassiste sur la tournée de 1989, a d'ailleurs été frappé par le comportement atypique de la chanteuse : « Mylène ne pleure pas sur elle, la plupart du temps, comme peuvent le faire d'autres chanteurs. Elle n'attend pas les congratulations habituelles, les “tu es formidable”. Elle s'en fiche. Elle a travaillé, c'est cela qui est bien[8]. »

Autre trait de son caractère qui détonne : un sens de l'écoute exceptionnel. Tous les témoignages concordent sur ce point. « Elle n'a rien d'une fille égocentrique, me dit Elsa Trillat. Quand les gens l'intéressent, elle pose même énormément de questions[9]. » « Dans la vie, c'est quelqu'un de tout à fait courtois, charmant, calme, très attentif, à l'écoute des gens[10] », confirme Agnès Mouchel, monteuse des premiers clips. Quant au photographe Jean-Marie Périer, il semble encore sous le charme de leur première rencontre. « J'ai été séduit par son incroyable faculté d'écoute et l'intérêt qu'elle sait porter aux autres. Une artiste qui peut parler d'autre chose que d'elle-même est, croyez-moi, une denrée des plus rares. Je n'avais pas rencontré cette qualité d'attention depuis Simone Signoret[11]. »

Elle possède ce regard qui vous transperce, ce désir de savoir comment vous tenez debout malgré tout, comment vous parvenez à gérer le paradoxe de la vie, à surmonter vos doutes qui sont aussi les siens. « Tu sais que ta vie / C'est la mienne aussi », chante-t-elle dans *Il n'y a pas d'ailleurs*. Il y a une universalité dans la difficulté d'être, une communion peut s'instaurer. N'allons pas croire que les personnalités narcissiques soient enfermées en elles-mêmes : cette faille qui rend leur bonheur incertain leur sert de rampe d'accès à l'autre et c'est par ce biais qu'elles pénètrent, parfois avec fulgurance, l'âme de ceux qui croisent leur route. Voilà sans doute une autre clé du succès de Mylène : alors qu'elle ne parle que d'elle-même, chacun peut éprouver le sentiment, lors d'un concert, qu'elle ne s'adresse qu'à lui.

*

Bien sûr, la chanteuse ne s'intéresse pas à tout le monde. Elle le dit elle-même, dès ses débuts, quitte à passer pour misanthrope : « J'aime très peu de gens. Je suis très exigeante[12]. » Mais ça ne l'empêche pas de se montrer attentionnée avec ceux qui travaillent pour elle. Généreuse, même. Car, ce qu'on ignore, c'est qu'elle adore faire des cadeaux : choisir précisément l'objet qui va toucher l'autre, lui apporter la preuve qu'elle le voit. Ainsi, après les représentations de son spectacle au Palais des Sports, du 18 au 25 mai 1989, tous les musiciens se voient offrir un magnifique stylo Bulgari en argent massif. Ou encore, le jour de son anniversaire, le bassiste Christian Padovan a la surprise de recevoir un joli pull en cachemire. Être attentive à son équipe, c'est aussi, à la même époque, faire livrer, tous les soirs, après le spectacle, du champagne Cristal Roederer à foison dans les loges.

Pour Mylène, cette première tournée va d'ailleurs être l'occasion d'une prise de conscience inattendue. Le déclic se produit lors d'une de ces conversations qui s'amorcent parfois après le show, au moment où, galvanisée, la chanteuse semble peiner à redescendre sur terre. « Un ami m'a demandé : "Pourquoi chantes-tu ?" J'ai répondu : "Pour moi." Il m'a dit : "Moi, je chante pour eux." Dans l'incroyable ferveur dont j'étais l'objet, j'ai mesuré alors l'attente que le public, les autres, avaient de moi [13]. » Habituée à tout donner, Mylène n'avait pas encore pris la peine de recevoir.

*

Il ne faut pas chercher ailleurs le sens de ces torrents de larmes, versés sur scène, et qui ont fait couler tellement d'encre. On lui a reproché de tricher, de théâtraliser un chagrin d'opérette. Des soupçons qui l'ont profondément choquée. « Quand les larmes coulent, c'est l'émotion qui parle. Et là, quoi que certains veuillent en penser, on ne triche pas. Je sais ce que j'ai ressenti chaque soir sur scène. Personne ne pourra me convaincre d'avoir menti sur ce que j'éprouvais [14]. » Certes, l'image d'une artiste qui craque en public semble inhabituelle, voire déplacée. N'est-ce pas les spectateurs qui sont censés vibrer d'émotion ?

Chacun de ses spectacles comporte un moment propice à ses débordements lacrymaux. Une ballade triste, son visage se crispe, sa gorge se serre, et l'émotion la submerge. En 1989, elle pleure en interprétant *Ainsi soit je*, puis, au moment du rappel, *Je voudrais tant que tu comprennes*. En 1996, elle sanglote sur *Rêver* – le public reprend même le refrain à sa place –, puis sur *Laisse le vent emporter tout*. En 1999, elle a toutes les peines du monde à chanter jusqu'au bout *Pas le temps de vivre* et *Dernier sourire*. À Bercy, en 2006, fredonner *L'Autre* la bouleverse à chaque fois. Quelle chanson provoquera le même effet au Stade de France en 2009 ? *Si j'avais au moins...*, sans doute.

Face aux sceptiques, persuadés que la star met en scène ses émotions, le guitariste Slim Pezin n'hésite pas à monter au créneau. « Mylène sait ce qu'elle dit, ce qu'elle chante avec des références à son parcours. Bien entendu, il y a certainement son côté comédienne, mais elle le vit vraiment. Quand on est en répétition, cela va au-delà de ce qu'on peut imaginer [15]. » Pour ce grand musicien, le fait que la chanteuse pleure aussi en l'absence du public est la preuve irréfutable de sa sincérité. Si tout était le fruit d'un calcul cynique, n'économiserait-elle pas ses larmes durant les répétitions ?

De son côté, la star s'est expliquée sur l'émotion qui l'habite dans ces moments-là : « Il y a des chansons dont les textes me touchent profondément. Et puis, c'est vrai que l'écoute que j'ai, qui est d'une grande qualité, d'une grande chaleur, me provoque, me suscite des émotions [16]. » En fait, ses larmes ne sont pas étrangères à son tempérament narcissique. Parce que la chanteuse fait partie de ceux pour qui donner est plus facile que recevoir, les instants où elle ressent cet amour sont particulièrement dévastateurs. Cette affection démesurée, lorsqu'elle perce la cuirasse de la chanteuse, a donc des allures de raz-de-marée intérieur. En même temps, c'est une émotion libératrice. Des instants miraculeux où Mylène échappe à sa forteresse de solitude. Le temps d'une chanson.

24

Le bestiaire farmerien

Elle feuillette un magazine en froissant nerveusement les pages. Elle saisit un stylo dont elle ôte le capuchon, avant de griffonner un dessin en quelques traits sur une feuille de papier. Un mouchoir à la main, elle essuie une chaussure noire, à talon plat, comme pour la faire reluire. Elle décroche le téléphone, puis le repose aussitôt, avec maladresse. Elle craque une allumette et pousse un cri en voyant la flamme.

Elle, c'est E.T., le singe capucin qui partage la vie de Mylène depuis vingt ans. Un animal de sexe féminin qu'elle a accepté de filmer, chez elle, pour les besoins d'une émission de télévision. C'est dans une boutique des quais de Seine que Mylène a eu le coup de foudre pour le regard triste et drôle de ce petit animal. Depuis, dans chacun de ses appartements successifs, la chanteuse a conçu un espace pour cette compagne miniature : une pièce avec une grande cage afin qu'elle puisse se dépenser. Impossible de la laisser en liberté totale : elle pourrait tout saccager sans scrupule. Impossible également d'introduire une autre espèce : sa jalousie maladive pourrait être fatale à l'intrus.

Chaque fois qu'elle évoque E.T., Mylène jubile comme une petite fille. Elle est intarissable sur le sujet des capucins. « Ils ressemblent tellement aux enfants [1] », dit-elle. Leur vivacité, leur capacité à imiter certains gestes humains ne cessent de l'émerveiller. Avec eux, elle peut se montrer tour à tour joueuse ou maternelle. Pendant quelque temps, E.T. a partagé sa cage avec Léon, un mâle de la même espèce, ainsi prénommé en hommage au film de Luc Besson. Mais la cohabitation n'était pas des plus faciles, et la chanteuse a dû se résoudre à se séparer de lui.

*

Si les capucins sont des animaux de compagnie sans doute fascinants, Mylène n'a jamais caché sa proximité avec le règne animal dans son ensemble. « J'aime les animaux. Ils correspondent peut-être à une certaine forme de solitude et de lâcheté que je ressens : ne pas vouloir affronter la réalité des êtres[2]. » Si le Québec de son enfance lui a offert des contacts privilégiés avec quelques chats, mais aussi un écureuil, c'est pour les chevaux que la chanteuse se prend d'affection à l'adolescence. Pour beaucoup de jeunes à cet âge, l'équitation n'est pas seulement une façon d'apprivoiser la plus belle conquête de l'homme. C'est aussi une école de la vie, la célébration d'un certain mode d'existence, proche de la nature, avec la responsabilité d'un animal dont il faut prendre soin, après l'avoir chevauché. Le rapport de force et d'affection qui s'établit alors ne cesse de fasciner la jeune femme.

À cette époque, Mylène, plutôt misanthrope, voudrait bien être vétérinaire, un métier idéal lorsqu'on veut fuir les humains. Mais la durée des études la dissuade de persévérer dans cette voie. Elle décide alors de devenir monitrice d'équitation. Un challenge à sa portée, pense-t-elle. Elle fréquente assidûment le centre hippique de Porchefontaine, près de Versailles. Mais, afin d'améliorer son niveau, elle veut effectuer un stage équestre en Normandie. Max Gautier, son père, accepte de la laisser partir à Conches, au début de l'été 1977. Elle n'a pas encore seize ans. Là, en échange de leçons gratuites, elle s'occupe d'établir les menus et de préparer les repas pour l'équipe des moniteurs.

Rien des tourments qui la rongent n'est vraiment réglé, mais le contact avec les chevaux lui permet au moins d'échapper à un environnement familial qui l'oppresse. « Je ne veux pas jeter la pierre à mes parents, mais j'étais en manque affectif[3] », confiera-t-elle.

*

Passion de circonstance, moyen de respirer en se créant une vie parallèle ? Pas seulement. Car la chanteuse restera fidèle à son amour des chevaux. À ses débuts, Laurent Boutonnat va exploiter ses talents de cavalière dans les clips qui ont fait sa légende. Par la suite, on la verra encore plusieurs fois sur une selle. Lors du Jumping de Bercy 1998, Mylène accepte de participer au spectacle qui célèbre les cinquante ans de son ami Mario Luraschi, qui réalise des cascades équestres au cinéma depuis trente ans. Sur l'air de *Pourvu qu'elles soient douces*, la star, vêtue d'une redingote grise, s'essaie à quelques exercices réputés difficiles qui ont fait l'objet d'un entraînement préalable. Elle conduit sa monture jusqu'au tiers de la piste et parvient à la faire saluer, avant de s'élancer au galop. Si l'équitation a disparu de son présent, Mylène est tout de même réapparue à cheval en 2004 dans le clip de *Fuck Them All*, preuve qu'elle n'a pas perdu la main.

Chez elle, l'amour des animaux demeure constant. À ses débuts, Mylène rejoint parfois des amis qui possèdent une ferme en Normandie. Elle se ressource au milieu de leur étonnante ménagerie, où cohabitent des chiens, des chats, des poules, mais aussi des perroquets, une panthère noire, un tigron, un chimpanzé, des scorpions, une mygale, un dromadaire et même un loup. Une véritable arche de Noé où elle se sent chez elle. Par la suite, alors qu'elle a déjà plusieurs succès à son actif, la chanteuse continue de fréquenter le zoo de Thoiry avec le photographe Christophe Mourthé. Tous deux y passent des après-midi entiers à s'amuser comme des enfants, observant les chimpanzés, les ours et les girafes, un cornet de glace à la main.

*

Les animaux ont en commun avec les enfants de ne jamais tricher. Ils manifestent leurs envies ou leurs besoins de manière claire et entière. Il n'y a donc pas à se méfier d'eux comme on peut craindre la duplicité des adultes. Présents dans sa vie, il était naturel qu'ils traversent son œuvre. Sans doute Mylène a-t-elle songé à la ferme de ses amis en clôturant l'album *Ainsi soit je* par « The Farmer's conclusion », un titre entièrement musical où sont mixés des cris d'animaux divers et variés, hennissements, bêlements et autres beuglements. Seule manifestation humaine ? Un râle mimant la jouissance sexuelle.

Probablement Mylène cherche-t-elle à réveiller en elle l'animalité qui sommeille, enfouie sous le poids du raisonnable, celui qui dicte les interdits et frustre les désirs. Parfois, elle se sent araignée. Elle lui donne un prénom, Alice, et lui chuchote des mots tout bas pour ne pas l'effrayer. Sur scène, en 1996, elle jubile de cette métamorphose, prend un malin plaisir à chevaucher son araignée de métal, symbole de l'artiste torturée et dépressive. À d'autres moments, elle éprouve le besoin d'être entourée de corbeaux. Sur l'album *L'Autre*, l'un d'eux s'est posé sur son épaule. « Il passe pour incarner un oiseau de mauvais augure mais là, je l'associe plutôt à un allié, un protecteur[4] », dira-t-elle. Cette fervente lectrice d'Edgar Poe a peut-être songé au poème que l'écrivain a composé sur ce volatile mal aimé. « Quelque maître malheureux à qui l'inexorable Fatalité a donné une chasse acharnée, toujours plus acharnée, jusqu'à ce que ses chants n'aient plus qu'un unique refrain, jusqu'à ce que les chants funèbres de son espérance aient adopté ce mélancolique refrain : Jamais ! Jamais plus ! » Le cri du corbeau, rauque et désagréable à l'oreille, ressemble à une plainte qu'on aurait étouffée. Comment

Mylène pourrait-elle ne pas se sentir proche de cette espèce, elle qui a transformé sa douleur intérieure en un chant harmonieux ? Fidèle au symbolisme qu'elle développe, la chanteuse sera d'ailleurs escortée d'une nuée de corbeaux dans le clip de *Fuck Them All.*

*

Pour elle, il existe une forme de continuité entre les règnes animal et humain. La preuve, c'est qu'il peut lui arriver d'éprouver de la compassion... pour un tourteau. Le 25 mai 1996, les propriétaires du restaurant « Le Lido », situé à Toulon, sur la plage du Mourillon, sont fiers d'accueillir dans leur établissement Mylène et l'ensemble de la troupe de son spectacle, qui fêtent le démarrage de la tournée dans la ville du Var. Durant le dîner, la chanteuse ne peut détacher son regard du vivier où sont retenus, à la vue de tous les clients, deux tourteaux et quatre étrilles, dont le destin est de finir, tôt ou tard, dans une assiette. S'adressant aux patrons du restaurant, elle les supplie de les libérer. Une demande qui leur semble incongrue. Alors elle insiste : « Pour moi, c'est un symbole. » À ce moment-là, ce n'est pas tant un caprice de star qu'un désir de petite fille. Comment lui refuser cette faveur ? Les témoins de la scène se souviennent d'une procession surréaliste : musiciens, danseurs et techniciens cheminent à pied vers la mer, suivis de quelques fans intrigués, avec tout le contenu du vivier. Et Mylène semble jubiler. Sa tournée démarre sous de bons auspices.

Les animaux ont quelque chose de précieux à nous apprendre. Quelque chose que nous avons perdu, et qui relève sans doute de l'instinct de survie. En les observant, la chanteuse se projette aisément dans leur règne. La vidéo de *Comme j'ai mal* en atteste de manière spectaculaire. La jeune héroïne passe des moments privilégiés avec les scarabées qu'elle retient prisonniers dans une boîte à chaussures percée de trous. Après les avoir libérés, elle les laisse courir sur ses bras. Une passion secrète qu'elle cultive loin du regard de son père, menaçant et violent. Elle veut tellement ressembler à ses insectes qu'elle se met à se nourrir, comme eux, de morceaux de sucre. Prélude à une métamorphose qui pourrait lui apporter cette carapace dont elle a tant besoin pour se protéger des autres. Au terme d'une étrange mue, durant laquelle elle semble engluée dans un cocon étouffant, Mylène s'est transformée en un gigantesque insecte. Sorte de libellule géante équipée de griffes qui lui permettent désormais de se défendre face à l'adversité.

*

Voilà pourquoi l'animal est si fascinant aux yeux de Mylène : parce qu'il n'est pas façonné par l'éducation ou amputé de ses moyens par une morale qui lui coupe les ailes, il garde, intacte, la capacité de se défendre, même s'il lui faut tuer pour survivre. Durant sa longue carrière, la chanteuse a prouvé à maintes reprises que, lorsque c'est nécessaire, elle n'hésite pas à sortir ses griffes, comme la lionne rugissante qu'on aperçoit furtivement dans le clip de *Optimistique-moi.* « Pour faire ce métier, il faut avoir les reins solides parce qu'il y a des ennemis mortels[5] », dit-elle. On devine, derrière ce propos, l'exceptionnel instinct de survie dont il faut disposer pour mener une carrière aussi exceptionnelle.

25

Un corps parfait

New York, juillet 1999. Mylène s'entraîne avec son coach, Hervé Lewis. Elle n'aime pas le sport. Elle a toujours préféré faire travailler son esprit plutôt qu'imposer des exercices à son corps. Dans une salle de gym, Mylène déprime. Inspirer, expirer, transpirer, compter... Tout ça lui semble à mourir d'ennui. Pourquoi, d'ailleurs, se fatiguerait-elle à faire du sport ? Du haut de son mètre soixante-six, elle affiche une silhouette parfaite. Le temps qui passe n'a rien changé à la chose. Est-ce dû à son tempérament plutôt angoissé ? Par chance, son métabolisme brûle les graisses, avec une facilité déconcertante.

Mylène est mince, c'est un fait. Une clé aussi de son succès. Le bébé dodu dont la photographie figure sur la pochette du duo avec Moby, *Slipping away*, a bien fondu en grandissant. Sur la balance, la jeune fille aux cheveux châtains qui chantait *Maman a tort* en 1984 et la rousse flamboyante qui, en 2008, ensorcelle ses bourreaux dans la vidéo de *Dégénération* affichent le même poids plume : quarante-neuf kilos. Ce corps gracile, idéal pour porter l'habit, Mylène a su en faire un atout pour sa carrière. Sans ce physique-là, inestimable cadeau de la nature, comment aurait-elle pu susciter et entretenir le fantasme aussi longtemps ? Une silhouette « bien proportionnée », comme elle le dit elle-même. La taille est fine bien que peu marquée, la courbe du fessier a fait couler beaucoup d'encre, et les jambes, parfaitement dessinées sont devenues, gainées de bas ou de cuissardes, un spectacle à part entière.

« Je ne fais de sport que quand je montc sur scène[1] », dit-elle, sans doute pour énerver toutes celles qui transpirent sans résultat dans les clubs. Lorsqu'elle part en tournée, Mylène ne peut pas y couper : le rythme éreintant exige une préparation physique digne d'un sportif de haut niveau. Le corps doit s'habituer à fournir des efforts conséquents afin de produire toute l'énergie dont la chanteuse aura besoin sur scène. Haltères de deux kilos soulevées lentement, séance d'abdominaux, assouplissement... Avec Hervé Lewis, Mylène enchaîne footing, musculation et séance de combat, avant les répétitions avec ses danseurs. La récompense vient après : un bon massage pour se décontracter.

« Elle a un corps très tonique, très costaud. Elle a un petit gabarit, donc elle n'a pas de gros besoins », explique son coach, qui comprend que la star ne s'entraîne que pour la scène. « Quand elle s'arrête et qu'elle reprend, elle est prête assez rapidement[2]. » L'avantage, c'est qu'elle se montre plutôt motivée durant ces rares périodes de préparation physique. « Même en gym, elle est douée. Elle a une excellente mémoire musculaire », assure Hervé Lewis.

*

Le plus difficile, pour elle, ce ne sont pas tant les exercices que le régime spécial à base de sucres lents qui s'impose à tous les artistes, comédiens et chanteurs, avant une performance scénique. Non pas que Mylène déteste les pâtes, mais parce que son rapport à l'alimentation n'a rien de simple, et ce depuis l'enfance. Le romancier Philippe Séguy, qui a eu l'honneur de partager sa table dans un restaurant parisien, en atteste. « Elle mange très peu, aborde la nourriture avec suspicion. Quand le plat arrive sur la table, elle l'observe avec une attention quasi chirurgicale. Je me souviens l'avoir vue décortiquer une galette de saumon surmontée d'une tomate. Elle a coupé pour voir ce qu'il y avait à l'intérieur, et elle a eu ce mot : "incision"[3]. »

Si Mylène surveille ce qu'elle mange, ce n'est absolument pas par peur de prendre des kilos. « Je ne suis aucun régime et je ne compte jamais les calories[4] », dit-elle. On peut la croire sur parole. De même qu'elle semble sincère lorsqu'elle affirme : « Je ne suis absolument pas obsédée par ma ligne[5]. » Le blocage se situe à un autre niveau, dans le rapport qu'elle entretient avec l'aliment, regardé comme un corps étranger qui pénètre dans son organisme.

« Son corps est un temple qu'elle ne veut pas mettre en danger par la nourriture », explique Séguy. Mylène a conservé de son enfance une manière très instinctive de se sustenter. Pour qu'elle accepte d'avaler quelque chose, il faut qu'elle ait confiance. L'aspect extérieur est donc fondamental, d'où son goût pour les fraises Tagada et autres bonbons acidulés, séduisants grâce à leurs couleurs vives.

Dans les années 1980, la photographe Elsa Trillat lui a fait découvrir les sushis. Depuis, elle en raffole. La gastronomie japonaise la rassure pour plusieurs raisons : la présentation est esthétique, on sait exactement ce qu'on mange, et on peut consommer de petites bouchées. Rien à voir avec les plats français, souvent trop copieux. Mylène n'aime pas avoir le ventre plein, sentir un poids sur l'estomac. Pour penser et créer, il lui faut rester légère, c'est essentiel. À quoi bon fatiguer son organisme en le torturant par des quantités excessives ?

Dans le rapport affectif qu'elle entretient avec la nourriture, le poisson lui semble plus désirable que la viande rouge, qu'elle a bannie de son régime alimentaire. Lorsqu'elle était petite fille, les steaks n'étaient jamais assez cuits à son goût. Aujourd'hui, on n'en trouve plus dans son assiette. « Je ne mange plus de viande, excepté celle de volaille. Je me nourris surtout de fruits et de légumes[6]. »

Cette drôle de façon de s'alimenter ne manque pas de surprendre ceux qui approchent Mylène. Ainsi, au moment où elle fréquente le chanteur Khaled, avec qui elle reprendra en duo *La Poupée qui fait non* de Polnareff, elle semble abonnée aux bananes. Est-ce une lubie passagère ou un moyen de garder son énergie sur scène ? En tout cas, son partenaire n'en revient pas : « Je lui dis bien d'arrêter d'en manger autant, mais elle s'y accroche ! Je ne sais vraiment pas pourquoi... »

Comme les enfants, Mylène grignote quand ça lui chante, au gré de ses humeurs, y compris au restaurant, où elle préfère souvent picorer des entrées plutôt que choisir un plat principal. Son rapport à la boisson n'est pas des plus simples non plus. « Quand je l'ai connue, relate Philippe Séguy, elle consommait énormément de jus de carotte. Alors que Bertrand Le Page débouchait des bouteilles de champagne à tout-va, elle préférait souvent boire du thé ou siroter un Coca-Cola, son péché mignon[7]. » Aux dires de certains proches, la star aurait appris, depuis, à apprécier certains grands crus, initiée à ces plaisirs adultes par quelques amis amateurs.

*

Si Mylène est aussi intransigeante avec tout ce qu'elle absorbe, c'est pour conserver intacte l'intégrité de son corps. Non parce qu'elle vouerait un culte à ses formes avantageuses, mais parce que sa silhouette est le reflet exact de ce qu'elle est au fond d'elle-même, subtil mélange d'énergie et de fragilité. « Les gens minces le sont par prudence, m'a expliqué un jour une amie médium. En évitant de prendre du poids, ils veulent s'assurer qu'ils sauront fuir au moindre danger[8]. » Force est de constater, en tout cas, qu'avec ce gabarit gracile la chanteuse a su se frayer un chemin en échappant aux périls du show-business, où sévissent, selon ses propres mots, des « ennemis mortels ».

Un corps parfait

Pour demeurer un support de projection pour le public, Mylène sait que son corps doit rester parfait. Droit et digne, respectable et désirable à la fois. À ses débuts, elle détestait aussi le soleil pour ça, parce qu'il fait transpirer, ramollit les chairs, rend les peaux moites et collantes. En hiver, les corps sont plus beaux. Alors, non, Mylène n'est pas près de lâcher prise sur le sujet. Maîtriser son corps, n'est-ce pas la preuve la plus éclatante, la seule peut-être, du contrôle qu'on exerce sur soi-même ?

26

Les mots sont nos vies

Parfois, les mots lui manquent. Elle hésite, fouille dans sa tête, se bloque. Elle a une telle exigence de clarté qu'il lui importe de trouver les termes exacts, ceux qui traduisent précisément sa pensée. La présence de l'autre ne l'aide pas. Elle est intimidée, perd ses moyens. La pression de la caméra peut même provoquer des rires nerveux. Elle se crispe pour garder la maîtrise d'elle-même. Pourtant, la diction est parfaite, les phrases prononcées dans un français impeccable. Il n'empêche... Au moment où les mots sortent de sa bouche, elle voudrait tout redire autrement, corriger ce qui lui semble encore un brouillon. « J'ai tellement envie de trouver les mots justes pour, à chaque fois, exprimer un sentiment. Et je sais que, parfois, ça va trop vite, qu'on n'a pas le temps de se préparer, que le tac au tac n'est pas quelque chose qui fait partie de moi non plus [1]. »

Si Mylène n'est pas à l'aise à l'oral, ce n'est pas seulement une question de tempérament. À l'âge de huit ans, lorsqu'elle débarque en région parisienne avec toute sa famille, elle s'exprime avec un accent québécois assez prononcé. À la maison tout va bien, mais à l'école ça se complique : les enfants de sa classe se moquent de sa façon chantante de parler. Chaque fois qu'elle ouvre la bouche, ils sont prêts à s'esclaffer. Blessée, la fillette se mure dans un mutisme douloureux. Conscients du malaise, ses parents prennent rendez-vous avec une orthophoniste. Motivée, Mylène ne ménage pas ses efforts pour gommer ce défaut qui la stigmatise aux yeux de ses camarades. Au bout de quelques mois, son accent s'estompe. Mais le sentiment d'avoir été rejetée pour sa différence demeure. Elle est devenue moins expansive, plus secrète.

C'est pour cette raison qu'elle écrit. Pour venir à bout de cette confusion, mettre ses pensées en ordre de marche. C'est pour cela que tous les écrivains écrivent. Parce qu'ils n'arrivent pas à dire dans les situations du quotidien ce qui perturbe leur esprit jusqu'à les obséder. Il faut que ça sorte, d'une manière ou d'une autre. Provoquer la saignée salutaire avant de risquer l'infection. « Le froid s'installe tout naturellement en moi lorsque j'écris, confie Mylène. La température de mon corps chute. Je ne suis pas habituellement aussi frileuse mais, lorsque j'écris, je m'enveloppe de longs manteaux de laine. Le froid m'est très désagréable, mais le désir d'écrire prédomine[2]. » Cette sensation, nombre d'écrivains la connaissent. Elle montre le lien puissant qu'entretient la création avec la mort : libérer les mots qui sont en nous, c'est affronter à mains nues les démons qui menacent de nous étrangler.

*

Mylène n'est pas un écrivain, mais elle écrit. Des chansons, ce qui n'est pas anodin. Car les mots des chansons nous accompagnent parfois plus loin que ceux des romans. Prendre la plume ne lui est pas tombé dessus par hasard. C'est à quinze ans qu'elle commence à en éprouver le besoin. « L'écriture a été pour moi une thérapie. Je l'ai découverte seule quand je vivais mal le passage de l'adolescence à l'âge adulte. Je l'ai ressentie comme un viol. Écrire, c'est s'avouer des choses. Il m'est arrivé de rayer des phrases que ma main avait notées. Mon esprit me poussait à les retirer. Je ne me sentais pas encore prête pour les révéler[3]. » Dès l'origine, on trouve donc un désir de percer l'abcès qui la ronge. Mais, à l'époque, ces mots qu'elle note comme on noircit les pages d'un journal intime ne sont destinés qu'à elle-même.

Lorsque Mylène débute dans la chanson, il n'est pas prévu qu'elle signe des textes : elle est là pour chanter un titre conçu par d'autres. Pourtant, très vite, dès que le projet d'un premier album se concrétise, l'envie de chanter des paroles de son cru la démange. « *Maman a tort* n'était pas de ma plume, mais sur l'album j'ai écrit *Plus grandir*. J'ai éprouvé un besoin immédiat d'écrire. Mais après, c'est difficile de s'avouer qu'on est capable de le faire, d'accepter ses mots, ses émotions, et de les dévoiler aux autres. Mais là encore, c'était quelque chose d'évident pour moi. Je ne pouvais pas laisser quelqu'un d'autre écrire mes mots[4]. »

Pas facile non plus de se sentir en confiance lorsqu'on travaille avec quelqu'un d'aussi talentueux que Laurent Boutonnat, dont les textes sur l'album *Cendres de lune*, en particulier la comptine *Chloé*, sont des bijoux de raffinement. Par chance, le réalisateur semble peu motivé par l'écriture. « Je crois que Laurent avait envie d'abandonner la plume[5]. » Une aubaine pour Mylène, qui va trouver son format d'expression et ne plus jamais le lâcher.

*

Avec l'album *Ainsi soit je*, l'écriture devient centrale. Si ce disque est aussi inspiré, c'est parce que la chanteuse a tant de messages à exprimer que les mots se bousculent au portillon, s'enchaînent sans effort. Certaines chansons sont d'ailleurs finalisées en moins d'une heure. « Sur mon premier album, je n'avais écrit que trois textes. Avec *Ainsi soit je*, je suis arrivée à transmettre d'autres choses, sur des thèmes que je juge inépuisables, confie-t-elle. Cet album est presque un viol organisé de ma personne, dû à des contextes, à une écriture. Ce viol était un besoin, comme celui de me dévoiler par l'écriture. J'ai l'impression d'avoir dit des choses qui m'étonnent moi-même[6]. »

À l'époque, l'album semble tellement abouti que d'aucuns pensent que Mylène n'écrit pas elle-même ses textes. Faux ! s'insurge Bertrand Le Page, qui m'a confié combien il avait été impressionné par la sûreté de la plume de Mylène. « Lorsqu'elle m'apportait une chanson, tout était parfait. Il n'y avait rien à changer. Pas même une virgule[7]. » Qui sont ses modèles ? D'où lui vient cette facilité à s'adapter à ce format si singulier qui a découragé de nombreux écrivains, et non des moindres ? Difficile à dire. Sans doute ses cahiers d'adolescente ont-ils constitué des brouillons à ses chansons, qui ont toutes en commun de ne parler que d'elle.

*

Lorsqu'on cherche ses références, un nom s'impose, qu'elle cite parfois, celui de Serge Gainsbourg. « On peut être une artiste populaire tout en cultivant un certain élitisme, dit-elle. De toute évidence, il existe une envie de démolir les tabous, de se violer, soi et le public, avec des thèmes qui ne sont pas populaires. Seul Gainsbourg avait su jusqu'à présent les aborder[8]. » Des propos qui semblent immodestes, mais qui montrent surtout combien l'écriture a donné à Mylène l'assurance qui lui manquait à ses débuts.

Ce qu'elle partage avec cet immense artiste, outre un sens indéniable de la provocation, c'est d'abord la jouissance des mots. Pour l'esprit qui les convoque et les associe, ils sont des instruments de pur plaisir. « J'aime les mots depuis toujours, leur sonorité, et m'amuser avec, voilà tout[9] », explique Mylène. Et elle le prouve ! Goût prononcé pour les allitérations dans *Pourvu qu'elles soient douces* (« Tu t'entêtes à te foutre de tout »), dans *Pas de doute* (« Quand tu n'as plus ta tête, tu fais tout trop vite ») ou dans *Dégénération* (« Coma t'es sexe, t'es styx / Test statique »). Jeux de mots appuyés, comme dans le single *Q.I.* (« Même si j'en ai vu des culs / C'est son Q.I. qui m'a plu »). Doubles sens à connotation sexuelle, comme dans

L'Âme-Stram-Gram, où Mylène pervertit avec délectation une comptine innocente (« Âme-Stram-Gram, pique, pique-moi dans l'âme, / Bourrée bourrée de nœuds mâles, / Âme-Stram-Gram pique dames »). Mots cryptés qui surgissent au détour de formules ciselées, comme dans *Méfie-toi* (« Dieu que l'icône est classe »). En outre, de même que Gainsbourg à la fin de sa carrière, Mylène apprécie les anglicismes.

Au départ, pourtant, la langue de Shakespeare lui donne des complexes : elle ne la maîtrise pas suffisamment pour l'utiliser dans ses chansons. Ainsi, elle fait appel à Ira Israël pour traduire *Que mon cœur lâche*, qui va devenir *My Soul Is Slashed*. Pourtant, Mylène jette la première version aux orties. « Donc, on a décidé de travailler ensemble mot à mot, raconte le traducteur. Elle était très exigeante : la sonorité de chaque mot, le rythme, le sens, le feeling – tout était hyper important. Chaque fois que je pensais que j'avais trouvé quelque chose d'intéressant, elle disait "Non, ça ne marche pas."[10] »

Par la suite, la chanteuse va apprivoiser l'anglais qu'elle a un peu trop négligé au lycée. Cours intensifs dès 1990, séjours aux États-Unis, lectures de romans en version originale, conversations courantes avec des anglophones, en particulier Jeff Dahlgren au moment de l'album *Anamorphosée*... Cette langue, d'abord étrangère, peu à peu pénètre son univers. À tel point que, depuis *California*, les mots anglais ont envahi ses chansons. Ainsi glisse-t-elle des segments de phrases entiers dans de nombreux titres (« Don't let me die » dans *Ange, parle-moi*, « Blood and tears » dans *Fuck Them All* ou « Shut up » dans *Peut-être toi*), qui semblent désormais lui venir exactement comme des mots en français. Sans compter les titres bilingues chantés en duo, parmi lesquels *Slipping Away* et *Looking For My Name*, les deux titres qui signent sa collaboration avec Moby. Preuve que la star s'est, une fois de plus, donné les moyens de son ambition.

*

Pourtant, faire de Mylène un disciple de Gainsbourg ne suffit pas. Même si elle partage avec l'auteur de *La Javanaise* le goût de mettre les mots en musique, elle possède son imaginaire propre, une manière singulière de manier la langue. Curieux de décrypter les paroles de ses chansons, certains fans ont recensé les mots les plus usités du répertoire farmerien. Sans surprise, « vie », « amour » et « âme » occupent les premières places du podium. Ce qui est plus intéressant sans doute, ce sont les néologismes : de plus en plus, quand elle ne parvient pas à exprimer ce qu'elle ressent avec les mots du dictionnaire, Mylène en invente de nouveaux. Nul n'a oublié le fameux *Optimistique-moi* adressé à la figure paternelle. Mais il lui arrive aussi de transformer un nom ou un adjectif en verbe, qu'elle n'hésite pas à conjuguer. Cela donne « Quand la lune est si pâle / L'être se monacale » dans *Pas le temps de vivre*, « Dis-moi comme / J'extase » dans *Sextonik*, ou encore l'infinitif « coïter », dont il serait superflu de préciser le sens, dans *C'est dans l'air*.

Plus elle avance dans sa carrière, plus l'écriture semble essentielle à ses yeux. « Écrire mes chansons, c'est ma raison de vivre [11] », dit-elle volontiers. Qui pourrait en douter ? Et même si sa production (une centaine de chansons en vingt-quatre ans) est loin d'être démesurée, Mylène cisèle ses textes avec un soin extrême, soucieuse d'éclairer son public sur une zone encore secrète de son âme. D'où, parfois, un certain hermétisme, qui pousse quelques fans à se lancer dans des exégèses délirantes.

Comment procède-t-elle pour accoucher de ses chansons ? « J'ai besoin de m'enfermer dans une pièce, quelle qu'elle soit, d'avoir un dictionnaire à côté de moi [12]. » La plupart du temps, la musique a été composée auparavant. Laurent Boutonnat lui confie les enregistrements ; à elle de sculpter les mots qui épousent ses partitions. « Je travaille avec un tout petit magnétophone, sur des maquettes, et là je me mets à écrire... Mais j'ai besoin de la musique avant[13]. » Pour elle, la partition est une base à la fois contraignante et rassurante : elle force l'esprit à une certaine concision, l'empêche de se laisser aller à des débordements.

*

En revanche, Mylène n'écrira sans doute jamais de roman. Trop ambitieux. Encore moins ses Mémoires. Trop dangereux. La chanson demeurera son format de prédilection. Elle y excelle. En 1999, elle assurait avoir rédigé plusieurs pages d'un texte « qui tend vers la pornographie », mais s'interdisait alors toute idée de publication. En 2003, elle s'est essayée au conte philosophique. Un titre énigmatique, *Lisa-Loup et le conteur*[14]. Un joli projet dont on retiendra surtout la virtuosité des dessins, signés de sa main, et quelques formules heureuses. En dépit de la profondeur du propos, l'ensemble n'a guère convaincu. Malgré un beau succès en librairie, de nombreux lecteurs sont restés sur leur faim.

Mylène sait que les formes courtes lui sont plus favorables. Elle a besoin d'un cadre pour canaliser le flux de son écriture. Les musiques de Laurent Boutonnat demeurent son premier repère. Quand elle écrit des chansons, elle se sent forte. Tricoter les mots, elle sait faire. « L'univers a ses mystères / Les mots sont nos vies », fredonne-t-elle, en hommage au pouvoir du langage, dans le titre phare de sa première compilation. C'est grâce aux mots qu'elle a pu transformer sa vie en destin. Pour avoir accompli cet exploit, elle ne leur dira jamais assez merci.

27

Dieu ou l'angoisse du vide

Une croix chrétienne composée de deux allumettes entrecroisées. Mylène la porte autour du cou sur la pochette de l'album *Avant que l'ombre...* Elle semble protéger son sommeil, à moins qu'elle ne veille une morte. C'est toute l'ambiguïté de cette image : le velours capitonné fait songer à l'intérieur d'un cercueil. Le symbole est fort. Il marque en même temps la puissance et la fragilité de l'empreinte religieuse. Élevée chez les sœurs au collège Sainte-Marcelline de Pierrefonds, Mylène a reçu une éducation catholique. Elle a suivi avec assiduité les cours de catéchisme. Pour autant, si Dieu est une référence dans son imaginaire, elle ne lui voue aucune révérence. « Je ne crois pas en Dieu, mais j'aime ce mot [1] », confesse-t-elle, citant aussitôt un mot de Cioran : « Le vide s'appelle Dieu. »

Tout juste consent-elle à jeter un de ces pavés qui frôlent le blasphème. « Mon fantasme, c'est le prêtre. Je n'avais de cesse de séduire le prêtre qui enseignait le catéchisme. Ça n'est jamais arrivé. Mais avec lui, ça pouvait aller jusqu'au fantasme sexuel [2]. » De ce souvenir pour le moins subversif, elle fera une chanson, *Agnus Dei*, qui inaugure superbement l'album *L'Autre*. « Te voir en chair / J'en perds la tête », lance-t-elle au prêtre, dont la voix grave récite la prière rituelle de l'Agnus Dei destinée à laver les fautes des hommes. Peine perdue ! Ce fantasme lui vaudra d'être excommuniée...

En réponse à un journaliste, qui se montre intrigué par le sens des paroles, où il est question de « génuflexion » et d'« extrême-onction », autant de termes qui dénotent les traces indélébiles d'une éducation religieuse, la chanteuse lâche cette formule lapidaire : « Dieu, je ne connais pas. Peut-être que c'est ça ma mutilation[3]. » Mylène « l'impie » a pris ses distances avec le Grand Ordonnateur : « Je suis loin de vous... », murmure-t-elle à la toute fin de la chanson.

*

Comme si la cassure n'avait pas été assez franche, la chanteuse tord le cou à la religion de son enfance dans *Je te rends ton amour*. Filant la métaphore picturale, le titre ressemble fort à une rupture définitive et sans appel de son interprète avec Dieu. Les images du clip de François Hanss, devenues mythiques grâce à l'extraordinaire foisonnement de symboles qu'elles charrient, confirment ce scénario d'un divorce en règle. Une aveugle entre dans une église, trouvant refuge dans un confessionnal. Après avoir lu en braille un extrait de la Bible, elle retire l'alliance qui scellait son union avec Dieu.

Sans doute parce qu'elle n'y voit pas, elle ne se rend pas compte que l'être qui s'installe de l'autre côté de la paroi de bois n'est pas un prêtre bienveillant, mais le Malin lui-même, reconnaissable à ses yeux rouges et aux griffes qui prolongent ses doigts. L'attirant à elle, il l'hypnotise et finit par briser toute résistance. Ensuite, c'est le chaos. Tandis qu'un ange de pierre tombe et se fracasse sur le sol, l'innocente jeune femme va subir les derniers outrages : violée et crucifiée par le Malin, elle s'offre à lui lors de noces barbares. Avant de se relever, nue comme au premier jour, dans une marre de sang qui symbolise la perte de sa virginité.

S'agit-il d'un rituel satanique ? Certains n'ont pas hésité à l'affirmer en découvrant ce clip très dérangeant, qui n'est pas sans rappeler le climat de *Rosemary's baby*, de Roman Polanski. En piétinant ainsi les fondements mêmes de notre culture judéo-chrétienne, Mylène s'est d'ailleurs attiré les foudres de la censure. Toutefois, il serait absurde de voir dans cette petite bombe de subversion le signe de quelque pacte diabolique contracté. Non, la star n'est pas tombée, comme son héroïne, entre les mains des forces du mal. En réalité, le clip de *Je te rends ton amour* doit beaucoup à la thèse de Georges Bataille, l'un des auteurs favoris de Mylène, qui décrit paradoxalement le sentiment religieux comme la racine même du Mal. En voulant nous baigner de pureté, le dogme catholique nous fait entrevoir l'attrait des ténèbres : car la lumière ne va pas sans l'ombre. Ériger le Bien en valeur absolue, quand l'homme est incapable d'atteindre un tel horizon, n'est-ce pas dans le même temps engendrer le Mal ? Ce partage de l'être en deux faces opposées, la chanteuse l'avait déjà abordé avec force dans le titre *Sans logique*, dès 1988. « Si Dieu nous fait à son image / Si c'était sa volonté / Il aurait dû prendre ombrage / Du malin mal habité », lance-t-elle comme pour se dédouaner d'être une simple pécheresse.

*

Pourtant, si Dieu est banni de l'univers farmerien, comme Adam et Ève du paradis terrestre, cela ne signifie pas pour autant que toute spiritualité se soit évaporée. Ainsi, la figure de l'ange conserve-t-elle une place de choix dans le répertoire de la star. « Quand je suis seule au plus profond d'un spleen, je sais qu'il est là. C'est peut-être mon double, meilleur. En tout cas, c'est une présence amie[4]. »

De fait, le mot est un de ceux qui reviennent le plus souvent dans ses chansons. « Les anges sont las de nous veiller », fredonne-t-elle dans *Rêver*. Sur l'album *Avant que l'ombre...*, Mylène consacre un titre, *Ange, parle-moi*, à cet autre auquel elle lance un appel au secours. Car cette voix qui la guide, cette présence qui l'aide à affronter la solitude existentielle, il lui arrive aussi parfois de se taire. « Parle-moi, parle-moi / Dis-moi si tu es là ? », clame alors la chanteuse pour briser un silence soudain angoissant.

*

Tout le malheur de l'humanité, écrit en substance Pascal, provient de ce que l'homme serait incapable de rester seul avec lui-même dans une chambre. Mylène a beau s'isoler, elle se sent mieux lorsqu'elle peut entendre cette voix amicale. Elle abordait déjà cette question dans la chanson *L'Autre* : « C'est la solitude de l'espace / Qui résonne en nous / On est si seul, parfois / Je veux croire alors qu'un ange passe / Qu'il nous dit tout bas / Je suis ici pour toi / Et toi c'est moi. » On le voit, il s'agit d'une forme de dédoublement de la personne : l'ange, c'est l'écho de la conscience, un guide qui encourage, alerte ou dissuade. Tant qu'il entretient ce dialogue avec l'être, la solitude demeure supportable.

Lorsqu'elle chante *Il n'y a pas d'ailleurs*, un cri déchirant qui semble nier toute perspective d'un au-delà, Mylène ne sait pas encore que la lecture du *Livre tibétain de la vie et de la mort*[5], dans les années 1990, va modifier la donne. « Je crois avoir découvert l'idée d'une vie après la mort, dit-elle alors. Et cette acceptation est un changement assez bouleversant dans ma vie[6]. » À cet instant-là, la sincérité du propos est indiscutable. Pourtant, sans doute en raison de l'« impermanence » dont parle Sogyal Rinpoché, cette consolation ne sera que provisoire. En 1999, Mylène n'hésite pas à faire machine arrière. « Au jour d'aujourd'hui, je ne suis plus habitée par cette philosophie. Les pansements se sont envolés[7]. »

*

Malgré tout, et même si, en raison de ce revirement, la chanteuse reprend *Il n'y a pas d'ailleurs* sur scène, son imaginaire continue d'être traversé par les questions spirituelles. De ce point de vue, la chanson *Méfie-toi* constitue à elle seule une véritable déclaration de foi dans la puissance de la pensée. « L'esprit fort est le roi / Il règne ainsi sur la matière. », chante Mylène, qui s'autoproclame « vierge iconoclaste ». Au fond, les pensées sont comme les rayons d'un soleil intérieur qui est notre esprit. Une fois émises, elles ont une réalité, un pouvoir, une efficacité, exactement comme les choses matérielles.

*

Pour s'être intéressée de près à l'astrologie, notamment au contact de Bertrand Le Page, Mylène n'ignore rien non plus de la révolution que constitue l'entrée imminente de notre planète dans l'ère du Verseau. Durant l'Ère des Poissons, les hommes ont beaucoup exploré le domaine de la navigation, qui témoigne de l'influence de l'Eau. Désormais, c'est l'Air qui va être à l'honneur. Certes, l'homme d'aujourd'hui vit déjà par l'Air : l'avion, les fusées et les télécommunications en témoignent. Mais Internet n'est qu'un brouillon de ce que seront demain les grands réseaux d'informations internationaux. En fait, ce que l'ère du Verseau nous réserve, c'est une communication puissance dix. Mylène l'a parfaitement compris : c'est l'artiste française dont les supports sont le plus téléchargés. En outre, plus de soixante-dix sites non officiels lui sont consacrés sur la Toile.

Après avoir brûlé Dieu de façon spectaculaire, tout comme l'avait fait Frances Farmer dans sa dissertation, Mylène s'est donc inventé une nouvelle religion toute personnelle. L'ange gardien y occupe une place de choix, mais cette croyance singulière intègre également des puissances invisibles. « Quelle solitude / D'ignorer / Ce que les yeux ne peuvent pas voir » chante-t-elle dans *Dessine-moi un mouton*. Avec son regard d'enfant qui dissèque le monde, Mylène sait combien les mots ont de poids. Elle sait aussi combien une chanson peut s'avérer la plus efficace des prières. La vie lui a montré que, pour qu'un vœu se réalise, il fallait demander beaucoup, quitte à supplier parfois. Le ciel l'a exaucée en lui offrant un destin XXL.

28

Naissance d'une femme

« On ne naît pas femme, on le devient. » Le mot de Beauvoir a beau avoir été galvaudé, il s'applique à merveille au parcours de Mylène Farmer. Sa féminité ne s'est révélée qu'au fil du temps, et c'est presque sous nos yeux que, telle un insecte sortant peu à peu de son cocon, la chanteuse a opéré sa mue. Ce n'est d'ailleurs sans doute pas un hasard si un de ses clips, celui de *Comme j'ai mal*, met en scène la secrète métamorphose d'une petite fille en magnifique libellule. De la jeune femme androgyne des débuts à l'icône glamour d'aujourd'hui, l'écart est tellement spectaculaire qu'on n'a pas l'impression d'avoir affaire à la même personne. Et pourtant...

Femme. Le mot lui a longtemps fait peur. À quinze ans, Mylène est mal dans sa peau, comme si elle refusait d'assumer le sexe que la nature lui a donné. « Adolescente, je rejetais toute féminité », dit-elle. L'androgynie affichée constitue alors une solution bien pratique, un moyen de créer l'illusion qu'on possède les deux sexes. À la limite, être un garçon la gênerait moins. « Je crois avoir une force de caractère masculine [1] », avoue-t-elle, associant sans doute inconsciemment le tempérament féminin à une forme de passivité, voire de mollesse. Si être une femme consiste à attendre que la vie vous comble de bonheur, alors quel est l'intérêt ?

À l'époque, les choix vestimentaires de Mylène vont traduire ce malaise. Bannissant tout ce qui pourrait souligner des courbes qu'elle n'assume pas, elle opte pour des habits trop grands pour elle. Au début de sa carrière, rien n'est encore totalement réglé. Si la chanteuse débutante ne se rêve plus en garçon, elle ne se sent pas davantage de l'autre sexe. Et regarde les autres femmes comme un horizon inaccessible. En 1985, elle s'en explique avec simplicité. « J'ai un complexe, c'est vrai : je me trouve trop maigre. Contrairement à la plupart des filles qui ne pensent qu'à maigrir, à perdre des kilos, moi je ne rêve que d'une chose : grossir. C'est pour ça que je porte des vêtements souvent assez larges. Je les achète régulièrement d'une ou deux tailles supérieures à la mienne. Moralité : je ne porte jamais (ou presque) de manches courtes, afin de ne pas montrer mes coudes que je trouve trop saillants. De même, je ne porte jamais de décolletés, car je n'ai pas le buste assez "pulpeux". Heureusement pour moi, à part ça, j'ai la chance d'être relativement bien proportionnée, de ne pas avoir de défaut physique particulier[2]. »

Effectivement, à l'époque, Mylène porte des chemisiers épaulés, des pulls immenses, des jupes informes. Bref, elle joue à cache-cache avec elle-même. Accepter son sexe ne pourra se réaliser qu'à travers une série d'épreuves initiatiques. Étrangement, d'ailleurs, le vêtement va jouer un rôle essentiel dans cette acceptation progressive de sa féminité.

*

Lorsque le couturier Jean Paul Gaultier habille Mylène en guêpière et top sexy sur le ring de boxe où elle s'adonne à la chorégraphie énergique de *Je t'aime mélancolie*, en 1991, un pas énorme est franchi. Le symbole est fort : chacun sait que le couturier a créé pour Madonna les fameux bustiers en forme d'obus, lui permettant d'afficher sur scène une féminité provocante. Encore timide, un peu garçon manqué avec ses cheveux courts en bataille, Mylène ne semble pourtant pas assumer pleinement cette panoplie qui souligne ses formes. L'habit ne suffit pas, mais il donne l'impulsion, permet à la chanteuse de se jeter à l'eau.

Le tournant est pris avec *Anamorphosée*, l'album de toutes les ruptures. En découvrant Mylène en figure de proue de ce train des années 1920 dans cette robe vaporeuse griffée Thierry Mugler, on sent que le déclic s'est opéré. Jamais elle n'avait semblé si glamour. Pour la première fois, également, le message de sa chanson n'est pas universel : lorsqu'elle fredonne *XXL*, c'est aux femmes qu'elle s'adresse, au risque de se couper de la moitié de son public. Dans ce besoin d'amour qu'elle clame avec la force d'une prière, elle inclut la totalité du genre féminin : « Négatives ou positives / Toutes les filles. » Celles qui étaient naguère des étrangères sont devenues des sœurs. Bien sûr, la séance de photos signée Herb Ritts pour le livret est révélatrice de cette évolution. « Ses photos me montrent plus "femme". C'est un mot qui ne me fait plus peur et que j'accepte totalement[3]. »

Sans que sa silhouette ait changé d'un iota, sa gestuelle est devenue plus féline, plus sensuelle. Décomplexée, elle veut désormais mettre en avant ses nouveaux atouts en osant des décolletés sexy, notamment dans le clip de *California* réalisé par Abel Ferrara. « Je préfère l'image de la femme qui a des formes. Mais la bonne évolution, dans tout cela, est que j'ai pris le parti de m'accepter comme je suis[4] », dit-elle à l'époque. L'acceptation de soi, c'est ce qui fait toute la différence : en exhibant ses courbes au lieu de les cacher, Mylène montre qu'elle est devenue une autre.

*

Cette femme, née sous nos yeux, va continuer à explorer cette voie comme une aventure passionnante dont elle ne sortira plus. Ainsi, il ne sera plus question pour Mylène de sacrifier ses longs cheveux comme elle l'avait fait à l'époque de l'album *L'Autre*. Un look qui se situe aux antipodes de celle qu'elle est devenue. Depuis, elle a compris que sa longue chevelure était un attribut à part entière de son identité. Avec l'album *Innamoramento*, on assiste à une nouvelle étape : la chanteuse sexy exhibant son corps comme pour se prouver qu'elle était capable de susciter le désir a laissé la place à une figure de la féminité plus intérieure, plus spirituelle. Et lorsqu'elle chante *Méfie-toi*, un titre dont elle signe paroles et musique, elle semble prendre possession de ce pouvoir si subtil qui caractérise son sexe. « Au jeu du corps à corps / L'esprit est bien plus fort », répète-t-elle dans le refrain, avant de lâcher, comme si elle s'adressait à un homme sûr de sa supériorité physique : « La force est féminine. » Qu'on n'évoque jamais devant elle l'idée que les femmes puissent être faibles : Mylène est la preuve du contraire.

Il semble loin, alors, le temps où elle chantait *Sans contrefaçon*. Au détour d'une interview, la chanteuse mesure d'ailleurs parfaitement la distance accomplie. « Si vous me posez la question : "Est-ce qu'aujourd'hui vous avez toujours envie de mettre un mouchoir dans votre pantalon ?", je vais vous dire non, c'est du passé. Maintenant, je l'ai exprimé, ce moment-là. Mais cela ne veut pas dire pour autant que je doive véhiculer cette image et ce sentiment toute ma vie[5]. » Changer signifie nullement se renier, juste se donner la possibilité d'évoluer pour vivre le présent avec la seule qualité qu'il exige de nous : l'intégrité.

*

Sur l'album *Avant que l'ombre...*, un autre paramètre va approfondir cette quête par Mylène de sa propre féminité : le regard de l'homme. Le sentiment amoureux, dont elle pressentait l'impact « révolutionnaire » dans sa vie, selon le mot d'Alberoni, elle l'éprouve enfin : « Avant que l'ombre, je sais / Ne s'abatte à mes pieds / Pour voir l'autre côté / Je sais que... je sais que... j'ai aimé. » Une forme de renaissance qui irradie tout l'album. La chanteuse semble enfin accepter le risque de l'amour qu'elle redoutait tant, avec tout ce que cela suppose de confiance en l'autre. Et même si cet engagement ne vaut que dans l'instant, sans promesses d'éternité ni même de certitude pour demain, on découvre une Mylène inédite, manifestement éprise. « J'attends qu'il frappe à ma porte », chante-t-elle dans un titre bouleversant, *J'attends*, qui montre l'étendue du chemin parcouru. Attendre, n'est-ce pas précisément renoncer au contrôle, pour oser s'abandonner à la seule forme de dépendance acceptable, celle du sentiment amoureux ?

Malgré tout, la chanteuse ne peut s'empêcher de redistribuer les rôles dans *Fuck Them All*, dont le refrain s'adresse à la gent masculine : « Faites l'amour / Nous la guerre / Nos vies à l'envers. » Une chanson qui n'a pas manqué d'interpeller les ligues féministes, avides de recruter de nouvelles porte-parole. La romancière Catherine Breillat aurait également adressé quelques appels du pied à la chanteuse, après avoir été impressionnée par le clip. Mais Mylène ne mange pas de ce pain-là. Lorsqu'elle appelle de ses vœux un monde où la femme prendrait sa revanche, il ne s'agit pas d'un projet politique, mais d'une utopie artistique. Certes, elle convoque l'histoire pour la renverser, prône une certaine inversion des genres. Si on la suit bien, les hommes sont devenus capables de « lâchetés » et les femmes « guerrières ». Mais elle ne parle qu'en son nom propre. Et le clip montre précisément cette dimension personnelle : écrasée dans sa cage, la victime agonise, tandis que triomphe l'autre Mylène qui, maniant l'épée, a fini par terrasser ses fantômes intérieurs.

Un symbole fort. Une image triomphante de la féminité. On est loin des clips de la première période. Ici, le message est clair : Mylène veut se débarrasser de ses oripeaux de victime expiatoire. Brûler sur un bûcher n'est plus d'actualité. Nul besoin pour autant d'adhérer à un dogme féministe. Par sa carrière exceptionnelle et ce parcours si singulier pour incarner pleinement le sexe qui l'a vue naître, Mylène a indéniablement fait avancer la cause des femmes. Et ce n'est pas le moindre des paradoxes quand on a débuté en chantant : « Je suis un garçon. »

29

Tout contrôler

« On fait une première photo, je la sors du châssis et la lui tends. Mylène pose l'épreuve sur une table et se penche pour la regarder de près. À ma grande surprise, elle reste dans cette position quatre bonnes minutes, sans dire un mot. Nul n'ose parler. J'ai l'impression d'avoir douze ans et de passer un examen de dissertation devant un professeur pointilleux. Puis elle se relève en dodelinant de la tête et dit doucement : "Non." Et elle déchire la photo. » C'est Jean-Marie Périer, le photographe culte des sixties, qui s'exprime en ces termes. Nous sommes au printemps 1999. Ce jour-là, il doit réaliser une série exclusive pour le magazine *Elle*. Mais l'attitude de Mylène ne ménage pas son ego.

« Ce manège se reproduit une quinzaine de fois, sans agressivité aucune. Elle n'accuse personne. À l'entendre, je ne suis coupable de rien. Simplement, c'est "Non !" Tout à coup, la seizième lui convient. Elle sort donc du studio pour changer de tenue. Je regarde la photo à mon tour avec insistance pour tâcher de comprendre ce qu'elle a de mieux que les autres [1]. » Au final, une quinzaine d'épreuves seront jetées à la poubelle. Mylène retiendra trois clichés, qui seront épinglés sur un mur comme autant de trophées.

Jean-Marie Périer a beau connaître la réputation de la chanteuse, l'exercice lui laisse un souvenir plutôt amer.

D'autres, qui l'ont précédé derrière l'objectif, auraient pu le mettre au parfum. Ainsi, en octobre 1987, après avoir photographié Mylène pour la première fois, Elsa Trillat lui donne rendez-vous dans les locaux de *Paris Match*, autour de la table lumineuse. La chanteuse demande alors : « Je peux mettre une croix sur ce que j'aime vraiment ? » Au total, elle sélectionne cinq images. Puis, après avoir dressé une pile avec celles mises de côté, elle saisit une paire de ciseaux et les transperce comme elle aurait poignardé un ennemi. Un comportement radical qui n'est pas sans rappeler celui d'Isabelle Adjani, qui découpait les négatifs indésirables afin de s'assurer que nul ne pourrait les utiliser.

*

Tous ceux qui ont travaillé de près ou de loin avec Mylène le savent : avec elle, rien n'est négociable. Depuis deux décennies, la star exerce un contrôle absolu sur tous les aspects de sa carrière, jusqu'au moindre objet mis en vente par son merchandising. Cette main de fer lui vaut d'ailleurs des rapports houleux avec la presse, qui n'accepte pas toujours de se soumettre à ce diktat. Plusieurs semaines de négociation sont parfois nécessaires pour la décider à lâcher une série de clichés inédits, quelques bribes d'informations ou, à plus forte raison, une interview exclusive. Être l'attaché de presse de la star s'avère donc une tâche usante et ingrate, susceptible de vous attirer les foudres de journalistes forcément frustrés.

Cette poigne avec laquelle elle gouverne sa carrière, Mylène l'admet sans chercher à esquiver. « Contrôler, c'est être aussi exigeant avec soi-même qu'avec les autres. Contrôler, ce n'est pas ignorer ni ne pas respecter le talent des autres. Je fais ce métier depuis longtemps. J'ai très vite compris qu'il fallait se méfier, car il y a toujours détournement : détournement de mes intentions, détournement de mes propos[2]. » Savoir ce que l'on veut et l'imposer n'a rien à voir, à ses yeux, avec un quelconque manque de respect. Au contraire, exiger des autres le meilleur, c'est les traiter comme soi-même, sans minimiser leur rôle. Alors, oui, au passage, quelques ego sont égratignés, mais c'est le prix à payer pour atteindre l'excellence. Ceux qui n'attendent pas des autres qu'ils offrent le meilleur, simplement pour être indulgents, ne sont-ils pas, au fond, indifférents ?

*

Tout contrôler peut sembler digne de l'attitude d'une diva de la chanson. Dans le cas de Mylène, c'est un trait de caractère qui apparaît très tôt dans sa carrière. Bien avant d'être une star, elle ne veut rien laisser au hasard. Ainsi, Christophe Mourthé me raconte qu'à l'époque de *Libertine*, la chanteuse veut s'assurer l'exclusivité de ses services. « Il lui est même arrivé de me signer un chèque pour que je n'aille pas faire de prises de vue d'une autre chanteuse[3] ! »

Bien sûr, le succès va permettre à Mylène de donner la pleine mesure à ce tempérament. Certains observateurs ont identifié l'année 1987 comme un tournant décisif. A-t-elle pris la grosse tête à ce moment-là ? Elsa Trillat, qui fut un témoin privilégié, nuance le propos. « Le succès ne l'a pas changée. Mais, dès que les droits de ses chansons sont tombés, une cour s'est agglutinée autour d'elle. Dans un premier temps, elle trouvait gratifiant d'être entourée de gens très serviables. Peut-être même en avait-elle besoin pour se rassurer. Ce qui m'a gênée, c'est que, dès qu'ils étaient tous à tournoyer autour d'elle, à s'habiller comme elle, elle devenait différente. Elle faisait sa reine[4]. »

La chanteuse elle-même reconnaît que la célébrité peut être déstabilisante. « Le succès change forcément les choses, plus par rapport à l'esprit qu'à la vie courante. Je crois que c'est un mélange d'angoisses et de plaisirs qui sont décuplés, mais l'un ne va pas sans l'autre. C'est une jouissance qui vous meurtrit[5]. » En surface, tout est perturbé, les émotions sont vécues avec davantage d'intensité, qu'elles soient positives ou négatives. Mais, dans le fond, rien ne change. Au contraire, dans le cas de Mylène, on serait tenté de dire que le noyau de son caractère s'est durci.

D'où ses exigences nouvelles, et souvent mal comprises, face aux médias. En 1987, alors qu'elle est invitée sur le plateau de « Nulle part ailleurs », Antoine de Caunes lui réserve un accueil mitigé, tentant de la déstabiliser en maniant l'ironie tandis qu'il la questionne sur ses deux singes capucins. Pourquoi tant de perfidie ? L'humoriste n'a, semble-t-il, pas apprécié que Mylène pose comme condition à son passage dans l'émission que sa loge soit ornée de lys blancs. Se prendrait-elle pour Mariah Carey ? Elsa Trillat nuance le propos. « Quand elle est devenue la première, elle s'est amusée à tester les limites de sa popularité. Par exemple, lorsqu'elle se rendait à un show télévisé, elle imposait de ne croiser personne entre sa loge et le plateau. Tout ça peut paraître démesuré, mais pour elle c'était un jeu de petite fille ! Sans doute une revanche, aussi[6]. »

*

Engager une partie de bras de fer et soumettre l'autre à ses quatre volontés... C'est ainsi que Mylène affirme sa toute puissance, enfant insatiable à qui l'on ne peut rien refuser. « Il est à moi, le monde », répète-t-elle avec un plaisir non dissimulé dans *Dessine-moi un mouton*, cette chanson où elle nous invite à nous connecter avec notre enfance. Pour elle, ce lien n'a pas été perdu. Elle le revit chaque fois qu'elle dicte ses choix. Son désir, dans ces instants-là, peut être plus impérieux que l'ordre de l'univers.

Sur le sujet, d'ailleurs, Mylène ne manie nullement la langue de bois. Ainsi, en 1991, elle tient des propos plutôt iconoclastes, qui résonnent pour certains comme une déclaration de guerre. « Aujourd'hui, j'ai les moyens d'envoyer paître la vulgarité. J'ai toujours considéré que j'avais tous les droits. Maintenant, j'ai les moyens de mes convictions. Ce ne sont pas des caprices de star. Je me suis tracé un chemin, il ne me fait pas peur. Personne ne m'obligera à m'allonger sur une peau de panthère devant des caméras de télévision. Je ne l'acceptais pas quand j'avais besoin d'eux. "Pour qui se prend-elle, celle-là ?", je l'ai souvent entendu. C'est encore plus facile de refuser, maintenant qu'ils ont besoin de moi[7]. »

Dès 1987, elle a édicté une nouvelle règle intangible pour sa communication : lorsqu'elle accorde une interview à un magazine, elle exige de faire la couverture. Un principe qui va faire grincer quelques dents dans les rédactions. Peu importe, la chanteuse assume. « Quand vous démarrez, on vous rappelle souvent ce que vous n'êtes pas encore. J'ai souffert et beaucoup travaillé. Maintenant je suis en droit de demander quelque chose, une récompense peut-être. Pour moi, une couverture, c'est magique et beau. La demander peut sembler agressif à certains. Je les laisse libres de ne pas parler de moi. Ce n'est pas grave[8]. »

Bien sûr, ce rapport de force n'est pas pour plaire à la presse. Jouant sur les mots, *Gala* ne lui accordera, d'ailleurs, en 1995, qu'une accroche de couverture, et non le sujet leader, ce qui provoquera l'ire de la star. D'une façon générale, ses apparitions en une des magazines se sont raréfiées depuis quelques années. Et même *Paris Match*, qui a assuré la promotion des concerts au Stade de France en publiant une interview recueillie par Jérôme Béglé, n'a offert à Mylène qu'une lucarne en couverture. Preuve que le bras de fer engagé il y a vingt ans est un risque à double tranchant. Si un jour son étoile pâlissait, la chanteuse seraitelle toujours en mesure d'imposer sa loi aux médias ?

*

Toujours est-il que ce besoin de tout contrôler détonne. Peu d'artistes se sont autant affranchis par rapport à leur maison de disques. Ainsi, à la différence d'une Björk ou d'une Madonna, Mylène n'a pas de « marketing manager » qui pourrait la conseiller sur les choix à opérer pour sa carrière. Au fond, elle a conservé un fonctionnement quasi artisanal, qui lui permet de déléguer a minima. Pour que son œuvre lui ressemble, elle veut éviter tous les parasitages.

*

C'est au contact de Laurent Boutonnat, à ses débuts, que Mylène a appris à pousser le perfectionnisme dans ses derniers retranchements. Ainsi, pour le clip de *Pourvu qu'elles soient douces*, un conseiller historique, Jean-Louis Viau, est appelé sur le tournage, dans un souci de ressusciter au mieux le siècle des Lumières. « Dès la préparation, dit-il, je suis frappé par la volonté de toute l'équipe d'agir proprement : je suis amené à entraîner les figurants – et je peux vous dire qu'apprendre le maniement d'armes du XVIIIe siècle, ce n'est pas facile[9]. »

Un problème de costumes va pourtant contrarier le projet : les tenues dénichées pour les cinq jours de tournage, en août 1988, correspondent au Premier Empire. Sur le conseil de Viau, la costumière, Carine Sarfati, a pour mission de les modifier en cousant une rangée de boutons à la verticale sur les chemises blanches. Un détail, oui, mais c'est ce souci du détail qui fait la différence entre les vrais artistes et les autres.

Mylène va retenir la leçon. Dès sa première tournée, son professionnalisme force le respect des musiciens. Le guitariste Slim Pezin n'hésite d'ailleurs pas à comparer le perfectionnisme de la chanteuse, alors débutante, à celui de Claude François qui, sur scène, surveillait chaque détail. « Parfois, Mylène demande un musicien, un danseur ou une danseuse dans sa loge, après le concert[10]. » Certes, contrairement à l'interprète de *Comme d'habitude*, réputé caractériel, elle n'exige pas, chaque soir, la tête d'un collaborateur qui n'aurait pas « assuré ». Simplement, elle veut corriger le tir, dire ce qui doit être dit, sans agressivité mais avec fermeté, pour parvenir à un résultat toujours meilleur.

*

Après l'échec de *Giorgino*, Mylène, émancipée de l'influence de Laurent Boutonnat, qui demeure malgré tout son premier collaborateur, va s'impliquer de manière totale dans la préparation de ses spectacles. S'exprimant sur le tour 1996, elle confie son plaisir d'être omniprésente : « Il s'agit de tenir cette tournée, non pas de la contrôler, parce que ce n'est pas un très joli mot mais, en tout cas, d'être absolument dans tous les départements, à savoir les images, par exemple, le choix de l'équipe qui s'occupe de ces images sur l'écran. Mais aussi, bien évidemment, le casting des danseurs. » Tentaculaire, la chanteuse laisse seulement à son mentor le choix des musiciens – « J'avais d'autres choses à faire, de toute façon[11]. » Mais son plus grand plaisir, c'est d'être à l'origine de la conception artistique.

Pour le « Mylenium Tour », elle décide de travailler avec Guy-Claude François, concepteur du décor, sans même faire appel à Laurent Boutonnat. C'est lui qui, après avoir visionné la vidéo du live à Bercy, trouve l'idée de la déesse égyptienne Isis comme base de la scénographie. Pour le reste, tout est affaire de conversations particulièrement stimulantes. « Nos idées sont lancées sur la table – je dis sur la table parce qu'on dessine beaucoup. Qui apporte l'idée ? Tout est dans la discussion. Par exemple, le concept de l'entrée en scène vient de Mylène[12]. »

Très à l'aise lorsqu'il s'agit de prendre des décisions, la chanteuse n'exerce jamais son pouvoir au mépris d'un collaborateur. Si elle a choisi tel ingénieur du son ou tel responsable des lumières pour l'épauler, c'est qu'elle entend disposer de son talent. Le seul critère qui vaille, c'est la cohérence du spectacle. « Mylène est animée d'une conviction très enrichissante pour ses collaborateurs, explique Guy-Claude François. Quand il y a une décision à prendre sur le moindre détail, elle a la réponse juste : elle est très intelligente [13]. »

Bien sûr, on ne peut croire sur parole des témoins recrutés par la chanteuse, donc plutôt disposés à lui tresser des couronnes. Toutefois, un sentiment prédomine : celui d'une femme dont l'autorité repose sur un jugement plein d'assurance. Mark Fisher, qui a créé le décor du spectacle *Avant que l'ombre... à Bercy*, le confirme : Mylène arrive à certaines réunions préparatoires avec des croquis qu'elle a elle-même dessinés.

« Elle est à la base de tout, elle contrôle tout et sait exactement ce qu'elle veut [14] », reconnaît, apparemment bluffé, le percussionniste Nicolas Montazaud. Au côté de son partenaire Laurent Boutonnat, qui l'assiste lors de la préparation des treize concerts de 2005, Mylène se montre plus créative que jamais. « Assister à des réunions de production avec eux, c'est fou... Ils ont une centaine d'idées à la minute », raconte Xavier Gendron, ingénieur du son retour. Une véritable partie de ping-pong qui n'aboutit pas toujours à des idées viables, mais impressionne les témoins de ce numéro de duettistes. « Ils forment un véritable duo, même si, au final, Mylène a le dernier mot. »

*

La décision, prise par Mylène dès 1995, de faire appel à d'autres réalisateurs que Laurent Boutonnat pour ses clips n'a pas simplifié sa carrière. Désormais, la chanteuse doit découvrir elle-même les talents qui vont poursuivre avec elle l'aventure. Chaque fois, c'est une greffe hasardeuse qui peut ne pas prendre. C'est là qu'intervient Anouk Nora, une femme indispensable dans l'entourage de la star. « Mylène a une vraie vision créatrice et donne souvent l'embryon d'un concept, ce qui permet le début d'une recherche de réalisateur et la finalisation de l'idée initiale, explique-t-elle. Elle a un imaginaire totalement cinématographique, ce qui élimine donc déjà beaucoup d'autres approches [15]. » À Anouk, donc, de contacter la perle rare, d'opérer le rapprochement nécessaire et de veiller à ce que tout se passe comme Mylène le souhaite.

*

Tout contrôler. Le bénéfice est immense : son œuvre ne ressemble qu'à elle-même et nul ne l'a jamais fait dévier de son cap. Mais le prix à payer n'est pas mince non plus. C'est celui d'une certaine solitude, une difficulté à lâcher prise aussi, à s'abandonner aux autres. Car, aussitôt, la peur pourrait rejaillir. La méfiance aussi. Mylène le sait mieux que quiconque : ce trait de son caractère n'est pas une qualité en soi. « Je suis en quête de perfection. C'est une faille de ma personnalité, un défaut [16]. » Même s'il existe une grande jouissance à décider de tout, il s'agit aussi d'une forme d'enfermement douloureux.

Avec le temps, elle est devenue semblable à une tour. Elle ne cesse de bâtir des remparts pour se protéger. À l'intérieur, elle creuse des labyrinthes. Et puis, dans les alvéoles de ces labyrinthes, elle aménage des pièces secrètes où peu de gens sont conviés. Tout contrôler, n'est-ce pas le meilleur moyen d'éviter tout contact ? Du haut de cette tour qu'elle n'en finit pas d'ériger, il arrive à Mylène de recevoir l'amour du public. Et là, d'un coup, c'est comme si le sol se dérobait.

30

« C'est un ami, c'est lui »

Elle est seule dans sa loge. Enfoncée dans un canapé, le dos légèrement voûté, elle se concentre. Deux heures plus tôt, Pierre Vinuesa est venu la coiffer. C'est lui qui a conçu l'architecture complexe lui donnant l'air d'être couronnée de rouge. Une reine. Les minutes passent, elle ne bouge pas. Elle se recueille. Une épaisse bougie couleur ivoire se consume lentement près d'elle. Plusieurs peluches, cadeaux des fans, sont posées sur une étagère, improbable ménagerie. À quoi pense-t-elle ? Sans doute à rien du tout. Elle fait le vide. Certains artistes ont besoin d'être entourés dans ces moments-là. Pas elle. Ce silence contraste avec l'effervescence qui monte dans la salle. Un technicien frappe doucement à sa porte. Il vient installer le micro et appareiller sa robe de dentelle immaculée. Un peu plus tard, c'est au tour de son habilleuse d'entrer dans la loge. Mylène se lève et cette femme blonde lui enfile des manches de dentelle qui ressemblent à des ailes.

Pour ne pas avoir froid, elle remet son peignoir. Un rapide coup d'œil dans le miroir, histoire de vérifier que tout est parfait. Les cils sont immenses, les lèvres pulpeuses et pâles. Elle ajuste une mèche de cheveux, la plaque sur son oreille. Elle se lève. Sans un mot, elle sort de sa loge, arpente les couloirs de Bercy, suivie de près par son habilleuse. Elle entend la clameur qui monte. Dans deux minutes, ce sera à elle. Son moment à elle. Face à ces dizaines de milliers d'anonymes venus la voir et l'écouter, entourée de leur affection, elle n'aura paradoxalement jamais été aussi seule.

*

« J'aime la solitude, dit-elle. Plus on devient un personnage public et plus on y plonge. Il faut s'y faire et l'apprivoiser[1]. » Posséder un tempérament d'ermite n'empêche pas de cultiver l'amitié. Au contraire, c'est une force qui permet de placer la barre encore plus haut. Quand vous n'avez pas viscéralement besoin d'être entourée, vous pouvez choisir avec davantage de discernement ceux qui pourront partager certaines de vos pensées intimes. Dans les années 1980, Mylène avoue n'avoir que peu d'amis. Et lorsqu'on lui demande si ça la dérange, elle répond : « Non, pas du tout[2]. » Pour elle, pas question de galvauder ce don de soi. Offrir son amitié ne peut avoir qu'une signification forte. Aujourd'hui encore, son cercle d'intimes demeure restreint.

*

Qui sont-ils, ceux qui peuvent l'approcher et recueillir ses confidences ? Des prénoms remerciés dans le livret d'un album : Anthony, Nathalie, Paul, Corinne, Émeline, Olivier et Jérôme. Comment ont-ils réussi à gagner sa confiance ? Leurs qualités premières : la discrétion et la loyauté. Ils ont passé un pacte avec elle : jamais ils ne doivent évoquer ce lien si précieux qui les unit.

L'une de ses meilleures amies, la romancière Nathalie Rheims, respecte à la lettre cette consigne. « Mylène ne souhaite pas que je parle d'elle, m'a-t-elle expliqué au téléphone, et notre relation est tellement rare que je n'ai aucune intention de rompre le pacte[3]. » De leurs déjeuners en tête à tête, notamment au Thiou, le restaurant branché du quai d'Orsay, elle ne dira rien. De leurs jeux, de leurs fous rires entre femmes, non plus. On murmure que Nathalie aurait été envoyée par Mylène au Virgin Megastore, aux alentours de minuit, le soir où le DVD des concerts de Bercy 2006 a été mis en vente. Certains témoins l'auraient entendue converser au téléphone, au premier étage du magasin des Champs-Élysées, avec une mystérieuse interlocutrice qui ne pouvait qu'être l'icône rousse.

Même réserve de la part de certains journalistes amis, comme Jérôme Béglé, de *Paris Match*, qui connaît la chanteuse depuis longtemps, mais a toujours refusé d'évoquer ses conversations avec elle. Une loyauté récompensée : c'est lui qui a recueilli, en mars 2008, la parole de la star annonçant son retour sur scène dans les colonnes de son magazine, avant de se fendre d'un article élogieux sur le clip de *Dégénération*, quelques jours avant sa diffusion dans les médias.

*

Et puis, il y a les autres, ceux qui composent un cercle plus large. Ils ont eu le sentiment d'une amitié partagée, d'une relation privilégiée et intense, même si, par la suite, les contacts se sont espacés.

Jean-Louis Murat est de ceux-là. C'est elle qui a amorcé le premier pas vers lui. « Un beau jour, au courrier, j'ai une lettre de Mylène. Une lettre comme elle sait faire, très gentille, avec sa magnifique écriture, pas de faute d'orthographe – enfin des choses que j'aime. Elle me demande si je veux bien chanter avec elle. Cette lettre n'est pas une légende, je l'ai reçue au courrier, tout simplement. Je n'en crois pas mes yeux, elle me donne son numéro de téléphone[4]. » Murat la rappelle, tous deux se voient à Paris. Le temps de sympathiser, ils enregistrent *Regrets*, le premier duo de la carrière de Mylène.

À la même époque, la scénariste et réalisatrice Danielle Thompson fréquente aussi la chanteuse. Une fois n'est pas coutume, les deux femmes acceptent de poser le temps d'une séance photos pour *Madame Figaro*. L'occasion pour la scénariste de dresser un portrait de son amie en termes forcément flatteurs. « Sa pâleur est indéfinissable, sa légèreté ne semble pas obéir aux lois de la pesanteur, sa présence semble toujours furtive, telle celle d'un oiseau prêt à s'envoler au moindre bruissement. Pourtant, l'ange roux remplit l'espace d'une force impalpable, une force qui rassemble à travers sa voix innocente des milliers, des millions de garçons et de filles qui reconnaissent dans ses mots leurs mots, dans ses peurs leurs peurs, dans ses émois leurs amours[5]. » Les deux femmes se voient-elles toujours ? Pas sûr. Certaines amitiés, pour être fortes à un instant donné, n'en sont pas moins contingentes.

*

Dans le cercle des amis de la star, l'écrivain Salman Rushdie occupe indéniablement une place à part. La première rencontre a lieu à la fin des années 1990, lors d'une exposition à Londres. « Nous étions l'un et l'autre conviés au vernissage de mon copain Francesco Clemente, raconte l'auteur des *Versets sataniques*. On s'est retrouvés au dîner qui a suivi chez le marchand. On a sympathisé. J'étais plutôt embarrassé, venant d'une tradition musicale anglo-saxonne, de tout ignorer de la variété française ! Elle est une grande star en France et je ne le savais pas. Depuis, elle m'a initié en m'envoyant son CD. J'aime beaucoup son style. Ensuite, on s'est revus plusieurs fois. Je me sens proche d'elle. J'aime beaucoup Mylène Farmer. Une chanson peut être une libération. La musique ouvre les portes du cœur[6]. »

Lorsqu'elle évoque son ami Rushdie, Mylène livre une clé qui permet de mieux la comprendre : « Je suis allée spontanément vers lui, dit-elle, j'avais envie de le connaître[7]. » Curieuse de rencontrer un être dont la personnalité l'intrigue, elle n'hésite pas à vaincre sa timidité maladive pour aller vers l'autre, fût-il un écrivain mondialement reconnu. « C'est quelqu'un de très gai dans la vie, qui a beaucoup d'humour. Nous avons de grands éclats de rire ensemble.[8] » Après leur rencontre londonienne, la chanteuse revoit le romancier britannique à Paris, lors de l'exposition parisienne des œuvres du père de Robert De Niro, intime de Rushdie. Il sera également invité à l'un de ses concerts à Bercy.

*

Mylène n'aime que l'excellence. C'est pourquoi elle n'hésite pas à solliciter des rencontres avec ceux qu'elle admire. Sa notoriété lui ouvre bien des portes qui seraient infranchissables pour un quidam. Bien entendu, qu'ils deviennent des amis d'un jour ou davantage ne dépend pas de son seul bon vouloir.

C'est Marcus Nispel, réalisateur de plusieurs de ses clips, qui l'affirme : « Les meilleurs se retrouvent toujours au sommet pour se serrer la main, et Mylène est vraiment de ce niveau-là[9]. »

Une vision élitiste qui rejoint une certaine réalité lorsqu'on regarde le parcours de la chanteuse. Familière de New York et Los Angeles, de surcroît parfaitement bilingue, elle s'octroie le privilège, rare pour une Française, d'approcher des stars de Hollywood comme George Clooney ou Robert De Niro.

*

Sa collaboration avec Moby va naître de cette facilité à nouer des contacts avec des stars internationales. C'est à New York que la première entrevue a lieu. Le 9 septembre 2006, le chanteur le révèle sur son blog : « J'ai rencontré Mylène pour la première fois chez Teany et nous sommes devenus amis. Nous avons simplement pensé que *Slipping Away* serait une jolie chanson à faire ensemble. C'est ma chanson favorite de l'album *Hotel* et je suis ravi qu'elle entame une nouvelle vie grâce à la belle voix de Mylène. » Gravée sur la compilation de Moby, la chanson va rencontrer un joli succès. « *Slipping Away* avec Mylène Farmer vient d'être classé numéro un en France et en Suisse. Mylène est plus mignonne que moi, et elle chante mieux aussi », écrit Moby avec humour sur son blog, le 14 octobre 2006.

Dans la foulée de l'enregistrement de *Slipping Away*, Mylène propose au chanteur britannique d'enregistrer *Looking For My Name*, qui figure sur *Point de suture*. Un duo d'inspiration romantique, hymne aux amours éternelles, qui rappelle les *Regrets* murmurés avec Jean-Louis Murat. La plus belle preuve d'amitié, n'est-ce pas de parvenir à une forme de collaboration qui ressemble à un partage ?

*

Si la chanteuse éprouve une telle attirance pour les artistes, c'est qu'elle ressent leur présence comme un réconfort. Ce sentiment d'être différent, incompris, tous les artistes l'éprouvent. Tous portent en eux « un monde fou qui veut naître », comme le fredonne la star à propos de Virginia Woolf. Au milieu des œuvres d'art, dans un atelier ou une galerie, Mylène se sent chez elle. Une toile, une sculpture peuvent l'aider à vivre plus sûrement que tous les gadgets qu'offre la technologie moderne. « J'ai une fascination pour les abstractions de Michaux et les toiles surréalistes de Max Ernst, avoue-t-elle. Je retrouve l'enfance, la magie du secret et de l'indéfini à travers leurs œuvres. J'aime aussi passionnément la peinture d'Egon Schiele. J'aurais pu être son modèle. Lorsque je me regarde dans un miroir, j'ai l'impression d'être une de ses rousses écorchées [10]. »

De la peinture à la chanson, il n'y a parfois qu'un pas : *Je te rends ton amour* est un hommage appuyé au peintre préféré de Mylène, et particulièrement au tableau *Femme nue debout*. Cet artiste autrichien, dont le trait est fragile et violent à la fois, aime en effet représenter des rousses à la peau laiteuse et à la maigreur inquiétante, dont il a saisi certaines attitudes en visitant un asile psychiatrique. De surcroît, ses dessins érotiques lui ont valu un bref séjour en prison. Fasciné par les rouquines, intrigué par la folie, scandaleux... On comprend que Mylène ait choisi Egon Schiele pour « seul maître ». Même sa mort tragique, à seulement vingt-huit ans, des suites de la grippe espagnole, a de quoi interpeller la chanteuse.

*

Bien que la peinture attire Mylène, l'exercice lui semble périlleux. « Je ne maîtrise pas du tout ni l'aquarelle, ni l'huile[11] », confie-t-elle, modeste. Pourtant, lorsque Philippe Séguy écrit *Ainsi soit-elle*[12], elle lui confie plusieurs œuvres, qui seront reproduites dans le livre. « Un monde de ténèbres glissant sur la nuit » montre un personnage squelettique sur un fond strié de rouge guetté par deux rapaces, image de la mort qui rôde. « Une femme qui se fond dans l'infini », dessin réalisé au fusain, prouve la constance de la chanteuse, puisque ce personnage qui s'efface trouvera un prolongement parfait dans l'émouvant final du clip *Fuck Them All*. Si la peinture, parce qu'elle exige une initiation technique qu'elle n'a pas reçue, lui donne quelques complexes, le dessin, en revanche, constitue pour elle un geste familier, quasi naturel. Où qu'elle soit, Mylène éprouve le besoin de griffonner, de croquer des visages, de faire vivre de petits êtres qui naissent en quelques minutes sous ses doigts.

En 1985, lorsqu'elle dessine le story-board du clip de *Plus grandir*, le trait est déjà très sûr, et l'on reconnaît les prémices du style épuré des personnages qui figureront, plus tard, dans le clip de *C'est une belle journée*, l'ouvrage *Lisa-Loup et le conteur* et même sur la couverture d'un roman de Marc Lévy, *Où es-tu ?* Une passion qui se révèle utile pour sa carrière, lorsqu'il faut concevoir le décor d'un spectacle, par exemple, ou esquisser un élément de la scénographie, comme le sarcophage de verre dans lequel elle fait son entrée sur scène à Bercy, en 2006. Ce talent pour les arts graphiques, une partie de son public le lui reconnaît déjà. Il l'a prouvé en 2003, lors d'une exposition à l'espace Artcurial au profit de l'institut Gustave-Roussy, qui lutte contre le cancer du sein. Parmi les cent femmes célèbres ayant réalisé un tableau pour l'occasion, c'est la Toile de Mylène, composée d'un collage de deux reproductions d'œuvres de Théodore Chassériau, qui, le 29 octobre, a obtenu la meilleure enchère, six mille cinq cents euros.

*

En cela aussi, Mylène se révèle une chanteuse à part : elle est une artiste aux dons multiples, tout comme son coéquipier, Laurent Boutonnat. Être un artiste, c'est un sacerdoce, un engagement total, une impossibilité de renoncer à l'expression de soi. Les autres domaines de la vie deviennent secondaires par rapport à ce choix premier. Marcus Niespel le dit à sa façon : « Tous les grands artistes sont différents, ils ont chacun leur genre, mais ils ont tous un point commun, ils s'engagent à fond à 100 % avec le cœur [13]. » Mylène est de cette étoffe-là. Ceux qui prétendent qu'elle serait une truqueuse jouant avec d'autres émotions que les siennes se fourvoient : « Quand j'écris mes textes, je livre beaucoup plus de moi que vous croyez. Il suffit de savoir écouter [14] », dit-elle. En même temps, elle partage avec les artistes dits contemporains le contrôle absolu de tout ce qui engage son nom. « Mon implication morale, intellectuelle et sentimentale est la même, de l'écriture d'une chanson à la fabrication d'un clip, d'un tee-shirt ou d'un spectacle [15]. »

Ce qui situe encore Mylène dans une communauté que partagent tous les artistes dignes de ce nom, c'est le contact privilégié qu'elle a gardé avec l'enfance. Ce refus de grandir, revendiqué dès ses débuts, est la condition qui permet aux créateurs de perpétuer dans la discipline qu'ils ont choisie les scénarios ludiques de leurs jeunes années. « L'enfance, je crois que je ne voudrai jamais la quitter. Et je crois qu'elle ne me quittera jamais non plus. Voilà pourquoi, même si tout me semble sans espoir, je continuerai d'être en quête de quelque chose. De l'innocence retrouvée, peut-être [16] ? »

Mylène le sait : ce n'est pas parmi les adultes qu'elle trouvera des partenaires de jeu, mais parmi ceux qui se sont donné les moyens de faire vivre l'enfance en eux en devenant artistes. Voilà pourquoi leur amitié lui est si précieuse. Même si elle est rare.

31

Dans la main d'Isis

Juillet 2000. Les lecteurs de *Voici* sont sous le choc en achetant leur magazine. Sous une photo de Mylène, tout sourire et très pulpeuse, on peut lire ce titre : « Enceinte. » Un incroyable scoop qui met la planète people en émoi. Dans les pages intérieures, l'article, fort élogieux, relate le long cheminement qui a conduit la chanteuse à prendre la décision d'accueillir la vie en son sein. Quelques jours plus tard, la bonne nouvelle est également annoncée dans *Ici Paris*. À trente-huit ans, la rouquine semble avoir franchi le cap de la maternité.

Les fans, pourtant, sont sceptiques. Ils ont un peu de mal à imaginer leur idole au milieu des couches et des biberons. Trop beau pour être vrai ? Sans doute, puisque ce scoop se révélera être un canular. Comment le magazine *Voici*, dont on sait la fiabilité des sources, a-t-il pu diffuser une telle information sans la vérifier ? La légende veut que Mylène soit elle-même à l'origine de ce faux scoop. Furieuse que certaines fuites aient filtré sur sa carrière, notamment sur la scénographie du « Mylenium Tour », au risque de gâcher l'effet de surprise, elle aurait soufflé ce mensonge à des membres de son entourage afin de pouvoir remonter la filière.

*

L'information, d'ailleurs, n'est pas totalement absurde, si l'on se fie aux déclarations de Mylène à l'époque. Longtemps, ses angoisses l'ont empêchée de se projeter dans la maternité. La peur de voir modifier son corps, aussi, sans doute. Pourtant, dès le milieu des années 90, l'idée d'être maman n'est plus appréhendée avec le même refus catégorique. « Jusqu'à il y a encore très peu de temps, cette idée de me prolonger à travers un être me terrifiait. J'ai toujours eu très peur de retrouver en cet enfant des facettes de moi-même que je n'aimais pas. J'ai toujours eu l'impression que je ne saurais pas l'aimer. Je ne me sentais ni la force ni l'espoir ni la capacité d'élever des enfants. Mais, à présent, la prolongation de moi m'est enfin devenue tolérable. Aujourd'hui, effectivement, je crois que j'aimerais avoir un enfant[1]. » Un aveu détonnant qui semble indiquer qu'une décision est prise.

Pourtant, il ne suffit pas d'avoir fait le chemin dans sa tête pour tomber enceinte. Contrairement à une Madonna qui, à l'aube de la quarantaine, angoissée à l'idée de ne jamais être mère, décide de planifier deux grossesses au milieu d'un agenda plus que surbooké, Mylène ne portera sans doute jamais d'enfant. Elle ne connaîtra pas ces sensations uniques de la vie qui grandit en soi, ce mélange d'inquiétude devant son propre corps qui se transforme, et d'allégresse, lorsque l'enfant bouge, dans une forme de communication fusionnelle avec celle qui l'accueille en son ventre.

Faut-il déplorer que Mylène n'ait pas été mère ? La réponse n'appartient qu'à elle seule. On peut être une femme accomplie sans pour autant être mère, évidence qu'elle incarne à merveille. En revanche, il est indéniable que la maternité donne accès à une dimension de la réalité qu'il est impossible d'imaginer si on ne l'expérimente pas soi-même. La chanteuse a caressé cette idée avec bienveillance. Déjà, ce n'est pas rien. Cela suppose un long travail d'acceptation de sa part d'ombre.

*

Lorsqu'on écoute ses albums, il est frappant de constater à quel point la symbolique maternelle est présente. Il suffit de prêter attention à son plus grand tube, *Désenchantée*, pour s'en convaincre. « À quel sein se vouer / Qui peut prétendre / Nous bercer dans son ventre », fredonne Mylène, comme si elle se trouvait dans la position d'une orpheline. Le fait que le mot « saint » ait été remplacé par son homonyme « sein » n'est, bien entendu, pas anodin. Au fond, le désenchantement que la chanteuse porte en elle provient de ce qu'elle ressent comme une absence maternelle. « Enfant, je cherchais vainement un lieu où me blottir. Un cocon[2] », dira-t-elle, confirmant le sentiment d'insécurité qui l'angoisse. Lorsqu'il se sent perdu, c'est dans les bras de sa maman qu'un jeune enfant se réfugie. Tout simplement parce qu'il retrouve symboliquement le « cocon » qui fut le sien durant la période où il nageait en toute quiétude dans un ventre douillet. Ce contact charnel est essentiel pour son développement futur : c'est la base sur laquelle se forge la confiance en soi, indispensable carapace face au monde extérieur.

*

Puisqu'elle a le sentiment de n'avoir pas été suffisamment protégée, la chanteuse va bâtir son propre « cocon ». La scénographie du « Mylenium Tour » va lui en donner une magnifique occasion. On se trompe lourdement si l'on voit dans la statue gigantesque d'Isis, qui sert de décor à la tournée, l'expression de quelque délire mégalomaniaque. Mylène ne se prend absolument pas pour la déesse égyptienne : entre les deux femmes, c'est un rapport de filiation qui s'instaure. Le programme du spectacle ne laisse d'ailleurs aucune ambiguïté sur ce point. La chanteuse y écrit : « Isis, seule et fière, mère de la nature vivante, est aussi messagère de la vie, inlassable foyer de résurrection et d'indulgence profonde. » C'est donc parce qu'elle incarne la figure maternelle qu'elle a été choisie comme symbole éloquent pour la tournée.

Soudain, tombe l'immense voile bleu masquant la scène. La tête de la déesse apparaît, rougeoyante, se redresse, puis se fend en deux. Alors la silhouette de Mylène se dessine, déployant ses ailes transparentes. Elle reste un moment suspendue dans l'air, avant d'atterrir dans la main d'Isis, tandis qu'on entend résonner les chœurs africains de la chanson *Mylenium*. Bouleversante entrée en scène, qui évoque sans ambiguïté la naissance. Incommensurable quête d'amour maternel, aussi. À la fin du spectacle, comme pour boucler la boucle, la chanteuse se love en position fœtale dans la paume de la statue, qui remonte doucement. Elle s'en remet à la déesse, s'abandonne à son pouvoir de mère, celui de panser les maux qui la rongent.

Car Isis n'est pas seulement, dans la mythologie égyptienne, la matrice, ou encore la coupe féminine qui reçoit le principe masculin. En tant que magicienne ayant ramené son époux Osiris à la vie, elle est aussi déesse guérisseuse et protectrice des enfants. Jadis, les malades portaient d'ailleurs parfois des amulettes à son effigie. Quant à son rôle maternel, il est attesté, notamment à l'époque romaine, par de nombreuses représentations de la déesse donnant le sein à son fils Horus. Non contente d'accomplir le mystère de la vie, elle protège et nourrit l'enfant qu'elle a vu naître.

Ce n'est sans doute pas un hasard si cette scénographie a été conçue à l'époque, semble-t-il, où Mylène était le plus taraudée par la question de son éventuelle maternité. Chaque soir, la chanteuse rejoue sa propre venue au monde, comme pour se donner la chance de repartir sur de nouvelles bases, ressentir cet amour qui lui a tant manqué. La salle, d'ailleurs, sent confusément que l'esprit du spectacle diffère radicalement de celui de la tournée précédente : la Mylène triomphante qui cherchait à vamper le spectateur s'est muée en une femme qui n'hésite pas à exhiber une immense fêlure. C'est un cadeau extraordinaire qu'elle offre au public, dont l'amour prend, à cette occasion, un visage maternel. La foule devient cette main dans laquelle elle se recroqueville pour sentir un peu de chaleur.

*

À partir de ce spectacle, qui a des allures de thérapie pour la chanteuse, tout s'éclaire. Certaines chansons, qu'on croyait adressées à un hypothétique prince charmant, désespérément absent, sont en réalité un grand cri d'amour en direction de cette mère qui n'a pas su offrir l'affection attendue. Ainsi, lorsque Mylène chante « Besoin d'un amour XXL », poussant sa voix dans les aigus, on comprend que ce qui l'empêche de vivre la passion amoureuse dévorante est un vide ressenti au fond de son cœur. Dans *Le Choc amoureux*[3], Francesco Alberoni explique que l'état amoureux est la reproduction du lien fusionnel archaïque entre la mère et le nourrisson. Comment pourrait-il exister si cette relation première n'a pas eu lieu ?

Dans ces conditions, devenir mère n'est pas une mince affaire. Comment donner à un enfant ce qu'on n'a pas reçu soi-même ? De toute façon, Mylène n'aura plus à se poser la question. La vie en a décidé autrement. Malgré tout, des circonstances tragiques vont lui donner l'occasion de nouer des contacts privilégiés avec le monde de l'enfance. En octobre 1996, la famille Gautier doit affronter un nouveau drame : Jean-Loup, le frère aîné de Mylène, trente-six ans, circule à rollers lorsqu'une voiture le heurte de plein fouet. Il mourra durant le trajet vers l'hôpital Foch de Suresnes où on le conduit d'urgence. En pleine tournée, Mylène, très affectée, va sobrement dédier « à Jean-Loup » le film du « live à Bercy » réalisé par Laurent Boutonnat et François Hanss.

Surtout, la chanteuse va se montrer très présente pour sa jeune nièce Clémence, fille de son frère Jean-Loup, soudain privée de papa. Telle une marraine bienveillante, elle veille sur elle. En 2005, alors que Laurent Boutonnat cherche une actrice de douze ans pour incarner le personnage de Lina enfant dans son nouveau film, *Jacquou le croquant*, Mylène lui recommande d'auditionner sa petite protégée. Et Clémence décroche le rôle ! Un début de carrière prometteur, que sa jolie tante entend bien encourager. Il n'est pas de baume plus réconfortant aux douleurs que nous traînons du passé que le sourire d'un enfant. Désormais, Mylène le sait. Elle n'a pas besoin d'être mère pour goûter cette certitude.

32

« Rentrez chez vous, il fait froid »

Mars 2000. Ce soir-là, une centaine de Français sont venus applaudir Mylène à Moscou, où elle donne deux concerts exceptionnels. L'initiative en revient à Jean-Rémy Gaudin-Bridet, le fondateur du Mylène Farmer International Fan Club. Le management de la star a accordé une suite favorable à la proposition du jeune homme. Ignorant quel accueil elle recevrait en Russie, la chanteuse a sans doute pensé que la présence, dans la salle, de quelques-uns de ses fans les plus inconditionnels réchaufferait l'ambiance – le public local, surveillé par la police, a la réputation d'être peu expansif. Après le show, certains ont regagné leur hôtel, comblés par la magie du spectacle. D'autres ont décidé d'explorer la ville jusqu'au bout de la nuit. Jean-Rémy accompagne quelques amis dans une discothèque branchée de la capitale russe.

Soudain, alors que le groupe est tranquillement assis à une table en train de boire un verre, Mylène et son staff font leur entrée dans l'établissement. Heureuse, détendue, très maquillée, comme si elle avait voulu conserver son masque de scène, la chanteuse ne met pas longtemps avant de se déhancher sur les notes de *Desert Rose* de Sting. À quelques mètres de là, Jean-Rémy l'observe. Elle lui sourit. Il se rapproche peu à peu de son idole, la regarde avec l'intensité de ses yeux verts. Tout paraît irréel. Elle est radieuse, se lâche avec bonheur. Après la pression du spectacle, elle semble avoir besoin de décompresser. Tous deux sont maintenant proches l'un de l'autre lorsque, brusquement, Jean-Rémy voit un garde du corps fondre sur lui, refermer ses bras autour de sa taille et l'écarter brusquement de l'icône rousse. En un éclair, il se retrouve à une dizaine de mètres sans avoir compris ce qui se passait. Et, levant les yeux vers Mylène, il la voit éclater de rire.

*

L'anecdote illustre bien la difficulté à être fan. Dans cette forme d'amour inconditionnel subsiste, malgré tout, l'espoir secret d'un retour. Un signe, un mot suffisent à faire le bonheur de celles et ceux qui structurent parfois leur existence autour du culte de leur idole. C'est un fait indéniable, Mylène est l'artiste française qui compte le plus d'admirateurs. Plusieurs dizaines de milliers probablement, même si les fans extrêmes se résument sans doute à quelques centaines. « Je n'en connais pas le nombre, mais je ressens leur énergie. Ils m'aident à vivre, me stimulent jour après jour[1] », a récemment confié la chanteuse. Une déclaration d'affection qui met un terme définitif à une polémique née au début des années 2000.

Un malentendu, sans aucun doute, causé par la timidité maladive de la star. Difficile pour elle, en effet, de recevoir l'amour de ces visages inconnus. À ses débuts, Mylène est intriguée par ces témoignages d'affection. Et montre une curiosité sincère à la lecture du courrier, de plus en plus nombreux, qu'elle reçoit. « Je ne parle pas des demandes d'autographes, mais des lettres qui font deux ou trois pages et qui vous disent des choses sur vous, sur la manière dont les gens vous perçoivent. Plus ça va, plus ce courrier contient des choses importantes qui me touchent réellement[2]. » Toutefois, si ces missives maintiennent une distance rassurante, le contact réel avec les admirateurs s'avère nettement plus problématique.

Rapidement, lorsque vient le succès, son adresse est connue de certains fans, qui l'attendent à sa porte. Elsa Trillat me raconte combien Mylène devient paralysée dès qu'un inconnu l'aborde. « Un jour, pour lui faire une surprise, je l'ai suivie avec ma voiture et j'ai freiné à son niveau. Elle ne bougeait plus. Elle était livide[3]. » Agnès Mouchel, responsable du montage des clips réalisés par Laurent Boutonnat, confirme ces réactions de panique. « Je sais que Mylène avait un peu peur d'être envahie par certains fans. Elle était harcelée, sans arrêt, des gens dormaient en bas de chez elle. Il y avait tout le temps du monde, jour et nuit, c'était assez pesant[4]. » Une méfiance qui pourrait sembler excessive. Pourtant, quelques années plus tard, un incident lui donnera raison.

*

Mercredi 13 novembre 1991. Un Nancéen de trente-sept ans, employé des postes, décide de rouler non-stop jusqu'à Paris. Sur un bout de papier, il a noté une adresse, 2 rue Cavallotti. Dans son véhicule, il fulmine. Il a envoyé de nombreuses lettres à son idole, mais soupçonne Polydor de ne pas les lui avoir transmises ; sinon, il aurait forcément reçu une réponse. Furieux, il veut se venger des employés de la maison de disques. Dans son coffre, un fusil de guerre acheté par correspondance plusieurs années auparavant. Dans sa poche, une cinquantaine de cartouches. Rien ne l'arrêtera : il est déterminé à « faire un carnage[5] ».

À peine arrivé, il met son plan à exécution. Demande à voir Mylène d'urgence. « J'ai un cadeau pour elle », hurle-t-il. « Elle n'est pas là », lui répond le réceptionniste alors qu'il braque son arme sur lui. Un coup part, l'homme s'effondre. Mortellement blessé, il décédera dans la nuit, à vingt-sept ans. Mais ce n'est pas fini. Au milieu des cris qui résonnent dans le hall, le tireur gravit rapidement les étages en quête de nouvelles victimes. Deux jeunes femmes, effrayées, tremblent devant lui. Il décide de les abattre à leur tour. Il recharge son arme, les vise et appuie sur la gâchette. Mais aucun coup ne part. Par miracle, le fusil s'est enrayé. Pris de panique, le forcené tente alors de s'échapper. La police, alertée, finira par le retrouver, réfugié dans un bureau vide, hagard, replié sur lui-même. Depuis l'âge de douze ans, il suivait une analyse chez un thérapeute. Aujourd'hui, il est soigné en hôpital psychiatrique.

*

Cette tragédie va assombrir le moral de Mylène pour longtemps. « Devant un tel drame, on se sent totalement dépossédée de mots et de moyens. On culpabilise forcément. Cette mort est tellement injuste[6]. » Dès lors, l'entourage de la chanteuse prend peur pour elle. On lui conseille d'être accompagnée par un agent chargé de sa sécurité. Par respect pour le jeune réceptionniste disparu, elle dit non. « On m'a proposé de me protéger, j'ai refusé. Dans ces cas-là, on ne pense pas à soi, à ce qui aurait pu vous arriver, mais à la famille en deuil, à cet homme qui est mort et qui n'y était pour rien[7]. »

Une preuve de courage, qui n'exclut pas non plus une extrême vigilance. Ainsi, deux fans réputés inquiétants sont surveillés de près par les proches de la chanteuse. L'un d'eux, barbu, connu des services de police, s'est vu notifier une interdiction formelle d'approcher la star. L'autre, surnommé « ongles jaunes », en raison semble-t-il d'une hygiène approximative, s'est attiré une réputation de déséquilibré, y compris parmi les fans, en allant dormir sur le palier de son idole quand elle partait en vacances.

*

On comprend, dès lors, que Mylène s'envole parfois pour une escapade à New York, où seuls les touristes la reconnaissent. À Paris, elle le sait, il lui faut rester prudente, même si cette distance peut être mal ressentie par ses admirateurs bienveillants et équilibrés. À partir de ce drame, la chanteuse prend conscience que, lorsqu'on a affaire à un détraqué, le silence vaut sans doute mieux que le moindre mot susceptible d'être interprété comme un encouragement. « Je ne réponds pas au courrier, en ce sens que je n'entretiens pas de correspondance, dit-elle. Je renvoie une dédicace à ceux qui me le demandent[8]. »

*

Il lui faut apprendre à gérer cette incroyable vague d'amour sans être pour autant submergée. Alors, c'est vrai, certains comportements vont être mal compris. Ainsi, le 27 octobre 1996, lors de l'enregistrement des « Enfants de la guerre », émission à laquelle Mylène est invitée, Jean Rémy Gaudin-Bridet, sur une consigne de TF1, rassemble une centaine de fans venus de France et de Belgique. Il pleut, mais les admirateurs de la chanteuse vont devoir attendre plusieurs heures dehors. « Finalement, en fin d'après-midi, on nous fait entrer sur le plateau et on nous apprend que Mylène a enregistré *Rêver* sans public. Elle prononce quelques mots, ça dure à peine trois minutes, puis disparaît. Tout le monde est furieux. Je l'interpelle dans un couloir pour lui faire savoir notre déception, mais elle est fuyante. Elle me répond : "Ce n'est pas ma faute, je ne suis pas responsable de l'organisation[9]." »

Cet accroc sera largement commenté dans la presse qui, privée d'informations sur la chanteuse, y trouve un angle d'approche providentiel : la détresse des fans. Le magazine *Entrevue* s'engouffre dans la brèche, et toute la presse people lui emboîte le pas. Mylène se voit décrite comme une femme d'affaires cynique exploitant la fragilité de ses admirateurs qui se ruinent pour acheter tous les supports qu'elle met sur le marché. Une polémique qui aurait pu la faire vaciller si le grand public avait adhéré à cette caricature. Concernant l'attitude de la chanteuse le jour de l'enregistrement du show de TF1, sans doute faut-il tenir compte aussi d'un élément déterminant : la veille, elle a appris la mort de son frère Jean-Loup.

Pour le reste, son habitude d'enregistrer ses prestations n'a rien à voir avec la question du respect ou non de son public. On l'a vu, c'est une manière d'exercer un contrôle sur son image. Afin de mettre les choses au point, la chanteuse profite d'ailleurs d'un entretien à *Paris Match* pour renvoyer chacun à sa liberté, et donc à sa responsabilité. « Je veux qu'on sache que je n'ai jamais été à l'initiative d'un fan-club, ni officieux ni officiel. Je n'adhère pas au culte de ma personnalité. Si quelqu'un ou quelques-uns ont décidé de leur plein gré de créer un fan-club, c'est sous leur entière responsabilité [10]. »

*

Un avertissement adressé à tous ceux qui lancent sur le marché les fanzines qui lui sont consacrés. Pas question pour eux d'utiliser des photographies qu'elle n'aurait pas approuvées ! Une exigence sur laquelle transiger serait se renier. Après les plaquettes luxueuses du *Mylène Farmer International Fan-Club*, plusieurs autres magazines vont en effet voir le jour : *MF magazine*, trimestriel disponible en kiosques, *L'Instant-Mag*, publication élégante et décapante, à laquelle va succéder *Mylène Farmer et vous*, un support donnant une large place aux témoignages des fans. Rien d'officiel, mais rien ne sortira non plus sans l'assentiment du management de la chanteuse.

Ce n'est donc pas avec la base de ses admirateurs que la star s'est montrée intraitable, mais avec ceux qui exploitent sa notoriété pour lancer des magazines sur le marché. La nuance mérite d'être précisée. S'agissant de son comportement vis-à-vis des fans, un témoignage signé Christophe-Ange Papini, *Deux ans à l'attendre* [11], permet de comprendre qu'il est, au contraire, dicté par une énorme tendresse. Avoir passé de longs mois sur un banc situé en face de l'immeuble de son idole a d'abord permis à ce jeune adolescent d'apprécier les qualités humaines de Mylène.

Le 28 octobre 2003, il note que la chanteuse, vêtue d'une jupe rose bonbon ultracourte, malgré les rigueurs de l'hiver, est attendue par les paparazzi lorsqu'elle regagne son domicile. C'est alors que le petit groupe de fans présents s'interpose, formant un barrage pour déjouer le piège des photographes. Mylène les remercie gentiment, avant de pénétrer dans le hall. Pourtant, elle réapparaît quelques secondes plus tard et leur adresse un message maternel : « Il fait froid, rentrez chez vous ! » Il y a dans ces mots-là quelque chose de rare, une douce attention à l'autre.

Parfois, elle se livre aussi à une touchante cérémonie : elle serre les fans présents dans ses bras, doucement, à tour de rôle, dans une forme de communion silencieuse. Ce jour-là, elle porte un tailleur beige et d'imposantes lunettes de soleil. Christophe-Ange en garde un souvenir émerveillé : « Elle me prend dans ses bras. Je suis contre elle, je prends le temps de sentir son parfum, de la sentir contre moi. J'ai ma tête dans ses cheveux, dans son cou. Je me sens léger, je me sens bien, je me dis que j'ai atteint un but, mon désir ultime [12]. » Bien sûr, on peut sourire de l'attachement d'un garçon de dix-neuf ans, mais on retiendra surtout de cet épisode combien la star sait se montrer disponible et tendre avec ceux qui l'aiment.

En outre, un soir sur deux environ, lorsqu'elle revient de ses bureaux, aux alentours de dix-neuf heures trente, elle consent à signer des autographes selon un rituel bien rodé : tandis qu'elle entre dans le hall de l'immeuble, son chauffeur s'approche des fans présents à l'extérieur et leur demande poliment s'ils souhaitent des signatures. Puis il ramasse tous les supports (disques, photos, magazines...), pénètre dans le bâtiment et en ressort, quelques minutes plus tard, pour faire la distribution d'autographes. Variante de ce cérémonial, Laurent Boutonnat, ou encore un proche de la star, joue le rôle du messager, tandis que Mylène attend dans la voiture. Au milieu des années 1990, dit-on, il arrivait parfois à la chanteuse de venir discuter de tout et de rien, au retour d'une soirée, avec les admirateurs présents.

*

Le récit de Christophe-Ange Papini, en plus de donner un visage profondément humain à cette star prétendument inaccessible, permet de dépasser les clichés sur le portrait-robot des fans de Mylène : « Nous ne sommes pas tous des homosexuels dépressifs dépensant des mille et des cents pour leur idole. » Bien sûr, certains inconditionnels, avides de se procurer les quelque deux cents pièces présentes sur le marché, sont prêts à débourser plusieurs milliers d'euros afin d'acquérir un collector. Dans les conventions du disque, les collectionneurs se disputent les objets les plus rares, comme la statuette d'Isis, réplique du décor du « Mylenium Tour », ou encore la poupée de trente centimètres de *Sans contrefaçon*. Toutefois, même si le phénomène touche environ dix mille adeptes, il demeure heureusement possible d'apprécier la chanteuse sans pour autant transformer son appartement en temple farmerien.

Quel regard la star porte-t-elle sur cette surenchère qui, rappelons-le, résulte des lois du marché ? Comme juge-t-elle l'amour parfois excessif que certains lui portent ? « Dès l'instant où ces personnes ne gâchent pas leur vie pour moi, alors je suis en paix. Mais si j'ai le sentiment qu'elles passent à côté de quelque chose parce que je deviens l'élément essentiel, là, ça me perturbe beaucoup[13]. » Pour elle, qui a tenu si fort à tracer un chemin singulier, il n'existe pas, en effet, de pire errance que de passer à côté de soi-même.

*

Ce n'est pas un hasard si nombre des fans de Mylène le sont devenus à l'adolescence. Une période de transition tourmentée, l'heure où les choix sont cruels puisqu'ils exigent un renoncement qui semble insupportable – révoltant, même. L'enfance, c'est le monde de tous les possibles, l'imaginaire infiniment ouvert. L'adolescence nous pousse à devenir adultes presque malgré nous, comme si les transformations du corps voulaient forcer l'esprit à accepter cette réalité qui rend l'horizon plus étroit. Changer de peau, c'est forcément passer par un moment où la chair est à vif – le fameux complexe du homard dont parle Françoise Dolto. En chantant sa souffrance, Mylène pose des mots sur la nôtre. « J'ai une fêlure en moi, avoue-t-elle. C'est peut-être ce qui me relie aux fans. Un certain mal de vivre [14]. »

En affichant sa liberté comme un étendard, elle incarne également l'espoir d'une existence plus exaltante, qui donne le vertige. « La vie n'est rien... / Quand elle est tiède ! » dit-elle dans *L'Amour n'est rien...* Ses chansons nous poussent à aller au bout de nous-mêmes : « Toujours vouloir pour soi / La lune, la lune » (*Tomber 7 fois*). À rechercher l'amour absolu : « Si nos matins / Semblent poussière / Alors renie-moi... là » (*Peut-être toi*). A expérimenter la sexualité sans interdits : « Ton goût du revers / N'a rien de pervers » (*Pourvu qu'elles soient douces*). Autant de messages qui fédèrent les adolescents parce que Mylène y revendique la force du désir face à la loi du réel. « Les jeunes, souvent encombrés de tabous, ont tellement besoin d'être compris... Moi, j'ai le sentiment de leur dire, comme Brel dans sa chanson : "Non, Jeff, t'es pas tout seul." Sans aucune prétention, je sais à présent que c'est à cela que je sers. À leur dire qu'il n'y a pas à avoir honte du sexe. Tout est normal dans l'amour [15]. »

Après avoir été accusée d'indifférence vis-à-vis de ceux qui l'idolâtrent, la chanteuse a tenu à donner un signe fort. Le 28 mars 2005, elle a réuni deux cent cinquante fans, heureux gagnants d'un concours organisé par NRJ, pour leur permettre d'écouter en exclusivité son nouvel album. Ce jour-là, au Théâtre du Palais-Royal, les admirateurs de la chanteuse ont même pu la voir apparaître dans la salle, vêtue de cuissardes noires, et manifestement émue. Penser que Mylène méprise ceux qui l'adulent revient à lui faire un bien mauvais procès. Au contraire, il lui suffit de ressentir l'amour de ses fans pour en être aussitôt bouleversée.

33

« Je m'ennuie »

Rosy Ryan s'ennuie dans son Irlande natale. L'homme qu'elle a épousé, Charles Shaughnessy, et qui fut naguère son instituteur, ne comble pas le vide de son existence. Pour elle, qui rêve de devenir quelqu'un d'autre en basculant dans un ailleurs, la nuit de noces a un goût d'inachevé. Confrontée à la monotonie du quotidien, elle ignore la cause de son insatisfaction. Son mari a beau être attentionné, il ne voit pas l'attente que Rosy nourrit en secret, cet éveil des sens dont elle soupçonne qu'il pourrait faire d'elle quelqu'un d'autre. Elle s'en confesse au pasteur Collins, qui la réprimande : elle s'est trouvé un bon époux, sa santé est excellente et le couple ne manque pas d'argent, alors que demander de plus ? « Il doit bien y avoir autre chose », réplique-t-elle, insoumise. Nous sommes en 1916 et cette liberté d'exprimer ses émotions passe pour de l'insolence. Rosy rêve d'un orage qui la rendra enfin vivante. Il survient en la personne d'un jeune officier anglais, le major Randolph Doryan, aussi séduisant que ténébreux, qui devient son amant. Mais cette passion dévorante causera la perte de la jeune femme. Pour avoir couché avec l'ennemi, elle va être lynchée et tondue en public. Quant à l'officier dont elle est amoureuse, il est acculé au suicide. Finalement, Rosy et son mari quitteront le village sous les huées des badauds. L'Irlandaise a vaincu son ennui, mais elle en a payé le prix fort.

C'est le réalisateur David Lean qui, en 1970, a porté à l'écran cette histoire qui fait songer à celle d'Emma Bovary, sous le titre *La Fille de Ryan.* Un film méconnu qui n'a pas rencontré un succès comparable à *Lawrence d'Arabie* ou au *Docteur Jivago*, mais qui s'impose comme le film du réalisateur anglais que Mylène préfère. Elle le cite d'ailleurs dans *L'Amour naissant* : « Ma vie comme / La fille de Ryan. » Avec le recul, il semble indiscutable également que l'œuvre ait inspiré Laurent Boutonnat dans l'écriture de *Giorgino.* Sans doute Mylène s'est-elle identifiée au personnage de Rosy Ryan, à ce sentiment d'incomplétude qui l'étreint. En tout cas, l'ennui s'impose comme un thème récurrent dans l'univers farmerien.

*

Je m'ennuie, fredonne la chanteuse sur l'album *Point de suture*, étirant la dernière syllabe, non sans ironie, comme le ferait une enfant capricieuse exigeant que son entourage la divertisse. On songe à la toute-puissance des rois de France dans l'imagerie populaire, à leurs bâillements devant les numéros de saltimbanques qui les laissent indifférents. Est-ce la star ou bien la femme qui s'ennuie ? Un peu des deux, sans doute. D'une certaine façon, pour l'adolescente, tout a commencé par là. On trouve le temps long, on se dit qu'on désire une autre vie que celle que vos parents vous présentent, malgré eux, comme un modèle, et qui sert au contraire de repoussoir.

Quant à la star, son ennui peut provenir de l'immense vide qui succède au vertige éprouvé lors d'un concert, par exemple. Plus l'exaltation a été forte, plus ce sentiment risque d'être redoutable. « Pourquoi remonter sur scène trois ans après vos derniers concerts à Bercy ? » demande à Mylène le journaliste Jérôme Béglé. « Parce que je m'ennuie ! répond-elle. J'ai besoin de réinventer ma vie. » Et la chanteuse de citer Pascal : « Rien n'est si insupportable à l'homme que d'être dans un plein repos, sans divertissements, sans passions, sans affaires [1]. »

Fort heureusement, l'oisiveté n'est pas dans son tempérament. Ainsi, à l'automne 2008, entre la promotion de son nouvel album, la conception des clips qui accompagneront la sortie des singles extraits et, surtout, la préparation de la tournée qui la conduira, en septembre 2009, au Stade de France, il y a fort à parier que Mylène ne va pas trouver le temps de s'ennuyer. « Le métier que je fais me convient parfaitement, il se passe toujours quelque chose, je ne m'ennuie jamais [2] », déclarait-elle déjà à l'époque de *Libertine*.

*

En attendant, elle le chante sur tous les tons, mais sans gravité aucune, comme le souligne la rythmique ultra-light concoctée par Boutonnat : « Je m'ennuie / Un néant béant / Petite nausée / Temps dilué / À l'infini. » Au passage, la chanteuse s'amuse même à fleurir la fameuse formule de La Motte-Houdar : « L'ennui naquit un jour de l'uniformité » devient, dans sa bouche, « L'ennui naquit un jour gris / D'une uniformité que je / Sais invincible. » Pour elle, ce sentiment provient d'une difficulté à apprivoiser la temporalité. Toucher du doigt la sérénité, n'est-ce pas parvenir à faire corps avec l'instant, l'épouser dans une adéquation parfaite ? Or, bien souvent, nous n'arrivons pas à vivre le présent parce que, comme l'a écrit avec justesse saint Augustin, nous sommes parasités par le passé et obsédés par l'avenir.

« Le temps n'est pas mon ami, explique Mylène. Quand il est trop long, je m'ennuie. Quand il est trop court, je m'angoisse [3]. » D'où cette oscillation entre deux sentiments extrêmes, aussi inconfortables l'un que l'autre : « Me balancer / De la tourmente à l'ennui. » Fort heureusement, si la mélancolie est un état paralysant qui n'inspire que le repli sur soi plaintif, l'ennui cherche toujours une échappatoire.

Il porte en germe une explosion salutaire qui libère l'énergie et invente une issue à l'insupportable routine. Bref, il est moteur : c'est un état qui pousse à l'action, au mouvement. Déjà, dans *L'Instant X*, la chanteuse abordait cet état où l'être s'englue dans l'attente de l'équation magique qui lui permettra de quitter sa torpeur.

Dans *L'Âme-Stram-Gram*, c'est le plaisir sous toutes ses formes qui est envisagé comme sortie de secours. « Partager mon ennui le plus abyssal / Au premier venu qui trouvera ça banal », entonne Mylène avant se suggérer, avec force calembours cryptés, des pratiques sexuelles nombreuses et réjouissantes. Dans la littérature du marquis de Sade, qui l'a beaucoup inspirée, conversations philosophiques et tableaux érotiques alternent avec un bel équilibre. L'ennui est d'ailleurs souvent le déclic qui permet de basculer de l'un à l'autre. *Dégénération* explore cette thématique avec force, ajoutant une dimension collective là où Mylène se contentait de ne parler qu'en son nom propre dans *L'Âme-Stram-Gram*. « J'sais pas moi / Mais faut que ça bouge », dit-elle au milieu de la chanson, exhortant ses frères humains à se réveiller de leur « coma », qui est aussi un « trauma ». Entendez pas là : la vie ne nous donne pas d'autre choix que d'avancer, de passer du « statique » à l'« extatique ». Secouer l'ennui pour retrouver le désir, n'est-ce pas au fond nous remettre en contact avec la libido, qui est notre énergie fondamentale ? La thérapie par le sexe, rien de tel pour réamorcer l'appétit de vivre.

*

D'une manière générale, d'ailleurs, tout l'album *Point de suture* semble décliner l'idée du mouvement. Mylène le confie en interview : « On commence par l'ennui, puis vient le temps du *Sextonik*[4]. » Les arrangements électro-pop, le nombre plus élevé que d'ordinaire de titres up-tempo, qui prennent largement le pas sur les ballades mélancoliques, n'y sont sans doute pas pour rien. La chanteuse veut *Réveiller le monde*, rien de moins : « Ouvrir les portes / Diminuer l'obscurité. » Celle qui ne jurait que par l'hiver se prend à « Rêver d'un autre été ». Plus adolescente que jamais, elle appelle de ses vœux l'avènement d'un « droit d'aimer » au fronton d'une nouvelle République du cœur.

Un message mièvre, plein de bons sentiments ? C'est ce que certains commentateurs n'ont pas manqué d'insinuer. Pourtant, si le fond n'est pas très novateur, la star parvient à renouveler la forme, mêlant habilement ses états d'âme et l'état du monde. « Révolus les mondes / Sans une révolution », chante Mylène, qui sait mieux que quiconque qu'on ne survit pas si l'on n'accepte pas de faire sa propre révolution. Elle semble avoir fait sienne cette formule de Nietzsche : « Le serpent périt lorsqu'il ne change pas de peau. »

*

Combattre l'ennui, pour elle, revient aussi à refuser le ronronnement dans son approche de la scène. Chaque fois c'est un défi nouveau, chaque fois elle met la barre plus haut. Et le public ne s'y trompe pas : sûr que Mylène va se surpasser, il achète ses places à l'aveugle, plus d'un an avant l'événement. Comment a-t-elle réagi face au raz-de-marée sur les billets pour le Stade de France auquel on a assisté au printemps 2008 ? « L'immense bonheur que le public m'a procuré en se manifestant de cette manière m'a d'abord fait verser quelques larmes... et s'est bientôt transformé en une angoisse terrible ! Peur de décevoir. J'ai gravé dans mon cœur l'énergie transmise par seize mille personnes tous les soirs à Bercy, et je sais le cadeau qui m'est fait pour le Stade de France et la tournée. Pourvu que mon cœur ne lâche pas[5] ! »

Toujours cette oscillation... Mylène n'y échappe pas. Sauvée de l'ennui par la perspective du défi scénique, elle bascule aussitôt dans l'autre volet de sa personnalité : cette angoisse qui la tient éveillée des nuits durant, imaginant les moindres détails de son prochain spectacle avec un compte à rebours terrifiant qui résonne dans sa tête. Pourtant, cette fois, loin de la mélancolie narcissique, il s'agit d'un sentiment productif, lié au désir d'impressionner ceux qui l'aiment, à l'idée d'un plaisir partagé.

Rosy Ryan s'ennuie dans son Irlande natale. Seule face aux quatre-vingt mille spectateurs du Stade de France, elle s'ennuierait sans doute beaucoup moins.

34

Le business Farmer

Un dispositif inédit pour une star française. Le 20 août 2008, deux cent cinquante mille portables SFR-Sony Ericsson contenant en exclusivité l'album *Point de suture* sont mis en vente. Il s'agit de la plus grosse opération de ce genre dans l'Hexagone. Dix jours plus tard, Universal annonce le chiffre de cent soixante-quinze mille albums écoulés par ce biais. Si l'on ignore tout des termes du contrat passé entre la chanteuse et l'opérateur téléphonique, la réputation de femme d'affaires de Mylène n'est, en revanche, plus à établir. Elle force même l'admiration de bien d'autres artistes, qui lui envient son savoir-faire. « C'est un génie de la communication [1] », m'a dit un jour Étienne Daho, plein d'admiration. Même Jean-Louis Murat, devenu l'un des plus ardents défenseurs de la chanteuse, semble s'incliner face à une réussite aussi époustouflante : « Mylène et Laurent, je les adore et les respecte infiniment. D'une intelligence à la Warhol. Ce sont ceux qui comprennent le mieux les mécanismes de ce business, qui sont en meilleure position pour le pervertir, en tirer tous les fruits. Ils crachent dessus tout en faisant cracher le fruit [2]. »

Une analyse qui fait penser à une phrase choc de Michel Houellebecq dans *La Possibilité d'une île* : « Si l'on agresse le monde avec une violence suffisante, il finit par le cracher, son sale fric. » Est-ce à dire que réussir à attirer toute la lumière – talent réservé à quelques-uns – passerait par un calcul cynique ? Bien sûr que non. Sinon, la recette serait éventée depuis des lustres. Ce que veut signifier Houellebecq, c'est que, si l'on veut être entendu, il faut exprimer un message suffisamment subversif pour mettre radicalement en question la société. N'oublions pas que c'est en chantant « Je suis une catin » que Mylène a réussi à se faire un nom. Il lui aura fallu bousculer l'ordre bourgeois pour faire fructifier sa popularité.

*

Aujourd'hui, la chanteuse a la réputation d'être richissime. L'est-elle autant qu'on le prétend ? Pas sûr. Mais l'idée qu'on l'imagine à la tête d'une fortune colossale est sans doute loin de lui déplaire. Chaque année, son nom apparaît en bonne place dans le top 10 des gains les plus conséquents de la chanson française établi par *Le Figaro*. En 2001, avec des revenus avoisinant les 10,4 millions d'euros, elle prend même la tête du classement, devant Patrick Bruel et Jean-Jacques Goldman. Le plus souvent, Johnny Hallyday, son pendant masculin, n'est pas loin. En moyenne, les gains de la star s'élèveraient à près de trois millions d'euros par an.

Pour autant, nul ne s'est encore risqué à évaluer le montant de sa fortune totale, pratique courante dans le monde anglo-saxon. Tout ce qu'on sait, c'est que Mylène habite depuis peu une résidence huppée dans l'un des quartiers les plus verdoyants de la capitale. Qu'elle a le goût de s'habiller couture et qu'elle ne rechigne pas à traverser l'Atlantique pour assister au vernissage d'un de ses amis artistes. Pour le reste, elle semble avoir peu d'attrait pour les signes ostentatoires de la richesse.

*

Sans doute faut-il alors la croire sur parole lorsqu'elle chante dans *Mylène s'en fout* : « Moi mes splendeurs / Sont celles du cœur. » Ce qui compte pour l'épater, ce n'est pas tant la valeur marchande du cadeau qu'on lui offre que la symbolique qu'il représente. Les lys blancs ne sont plus les fleurs les plus onéreuses, ce sont pourtant celles qu'elle préfère. Dans sa chanson, elle se dit plutôt insensible à l'attrait du diamant : « L'éclat du chic / Mylène s'en fout / Le jade est un joyau bien plus doux. » Ce qui est en jeu là, ce sont les valeurs de la bourgeoisie, dans lesquelles la chanteuse ne s'est jamais reconnue. Réfractaire aux codes imposés, qu'ils soient esthétiques ou éthiques, elle n'en fait qu'à sa tête, exactement comme lorsqu'elle avait quinze ans, face à sa mère qui regardait, l'air consterné, sa manière de s'habiller.

Riche peut-être, mais pas question d'avoir l'esprit étriqué d'une bourgeoise. Fille d'ingénieur, elle connaît bien ce milieu pour y avoir grandi et souffert. « C'est une femme très bien éduquée, m'assure Philippe Séguy. On ne se plaint pas, on ne pleure pas. On reste droite, digne et dure [3]. » De cette éducation, elle garde le meilleur, connaît par cœur les bonnes manières, mais rejette le conformisme qui la fait vomir. C'est plus fort qu'elle, elle ne peut s'y soumettre. Il faut toujours qu'elle se distingue. Ainsi, aujourd'hui, Mylène a beau acheter de nombreuses toiles d'art moderne, elle possède un sens plutôt singulier de la décoration. « J'en ai beaucoup, partout. Non pas sur les murs, je n'accroche pas les tableaux, je les laisse par terre, mais ils sont en revanche toujours encadrés [4]. » La présence du cadre montre que cette disposition ne doit rien à une quelconque négligence : elle est le fruit d'un esprit contestataire qui ne s'est jamais vraiment assagi.

Pour Mylène, faire ses preuves, au moment où elle se lance dans la chanson, signifie d'abord parvenir à gagner sa vie sans rien demander à ses parents. Ce n'est pas simple, d'autant que les droits d'auteur couronnant ses premiers succès vont tarder à atterrir sur son compte en banque. « Quand je l'ai connue, me raconte Elsa Trillat, elle n'avait encore rien touché pour *Libertine*, alors nous déjeunions dans des restaurants chinois ou des fast-foods. Mylène n'y trouvait rien à redire. À l'époque, elle n'a absolument pas de goûts de luxe [5]. » Bien sûr, sa situation financière va changer brutalement et irréversiblement. Témoin de ce virage, Bertrand Le Page trouvera « sa » chanteuse plutôt à l'aise avec son nouveau statut d'artiste prolifique. « Dans le salon de soixante-dix mètres carrés du nouvel appartement où elle s'installe, à l'époque, elle prend des pauses élégantes sur le canapé [6]. » Quant à ses rendez-vous avec la presse, elle les donne au bar du *George-V*.

Ni cigale, ni vraiment fourmi, la star a engrangé un capital qui la met à l'abri du besoin. Aux yeux de sa famille, qui doutait d'elle, la mission est plus que remplie. Ce dont sa mère, Marguerite, convient volontiers : « Mylène s'est faite toute seule. Elle ne nous doit rien [7]. » Il y a dans cette phrase une évidente fierté, mais aussi l'instauration d'une distance, comme si la chanteuse s'était imposé de réussir sans rien recevoir de ses parents, afin qu'ils ne puissent surtout pas s'approprier une part de son succès.

*

L'argent, en tout cas, ne lui a jamais fait tourner la tête. Peu de dépenses inconsidérées, quelques coups de cœur assumés, beaucoup de cadeaux spontanés pour ses amis ou ses proches collaborateurs... Se faire plaisir, oui. Mais ne jamais fermer à double tour l'horizon du désir. Mylène le sait, pouvoir s'offrir tout ce dont on a besoin ne rend pas heureux. Il faut toujours garder en soi une part d'envies inassouvies, des rêves secrets ou impossibles à réaliser. Cette forme de sagesse lui vient de l'enfance « Je ne remercierai jamais assez mes parents d'avoir su régler parfaitement le problème de l'argent de poche. J'en avais un peu, mais pas trop. Dans des limites raisonnables qui font qu'on apprécie toujours les choses, qu'il vous reste des désirs[8]. »

De quoi pourrait-elle bien rêver sans pouvoir se l'acheter ? « J'aimerais beaucoup avoir un Miró, ou un Egon Schiele... Mais c'est impossible[9] ! », lâche-t-elle, mi-frustrée, mi-résignée. Pour acquérir une toile de ces artistes, il lui faudrait en effet dépenser plusieurs dizaines de millions d'euros. Ce qui n'est sans doute pas impossible, mais totalement déraisonnable ! Alors elle se résigne : « Je sais qu'il faudra me contenter d'aller les voir au musée[10]. » Mais elle n'a pas dit son dernier mot. L'essentiel, c'est de continuer à fantasmer, ne pas s'enfermer dans une toute-puissance qui vous déconnecte de la réalité.

*

Prudente, Mylène n'a jamais considéré que son succès était acquis une fois pour toutes. L'argent n'est pas une fin en soi, mais la juste récompense de son travail. Il n'y a aucune raison de le mépriser, pas davantage que de l'idolâtrer. L'idée n'est pas d'accumuler pour accumuler, mais d'avoir conscience qu'il est le meilleur garant de la liberté que revendique la chanteuse. Quand elle a compris que le succès la plaçait à l'abri du besoin, Mylène a voulu bétonner sa position, se donner les moyens de son indépendance. Il y a dans cette obsession quelque chose qui rappelle le projet professionnel de son père au Québec : construire un barrage suffisamment solide pour retenir les eaux du Manicouagan.

Si Mylène a créé plusieurs sociétés, ce n'est pas tant pour faire du business à tout prix que pour protéger sa liberté artistique. Il fallait faire en sorte que sa maison de disques ne lui dicte jamais ses choix. Combien d'artistes, et non des moindres, ont été contraints de se plier au bon vouloir de leur distributeur, y compris sur le plan musical... Avec la complicité de Laurent Boutonnat, Mylène s'est offert la possibilité de contrôler son destin. On a beaucoup glosé sur la création, en octobre 1989, de Requiem Publishing, société chargée d'éditer désormais ses albums. Était-ce un coup tordu à l'encontre de Bertrand Le Page, qui assurait ce rôle jusqu'alors ? Même si le premier manager de la chanteuse l'a vécu ainsi, il est indéniable qu'une telle décision s'imposait dans l'optique du duo Farmer/Boutonnat d'accroître son indépendance.

Le choix des musiciens, mais aussi du studio où les chansons vont être enregistrées puis mixées, n'échappera pas non plus à la vigilance du tandem. Afin de s'assurer une autorité absolue dans la production des albums, Laurent Boutonnat monte Toutankhamon au début de la carrière de sa muse – société dont il a revendu toutes les parts à Polygram aux alentours de 1997. Après les frictions consécutives à l'épopée *Giorgino*, Mylène crée Stuffed Monkey, en décembre 1993, qui produira tous ses albums à partir d'*Innamoramento*, mais aussi ses clips. Aujourd'hui, six salariés travailleraient pour cette société. Même si elle continue de déléguer certaines questions à Laurent Boutonnat, qui demeure son partenaire musical exclusif, la chanteuse est désormais seule maîtresse du jeu. Quant à Polydor, la maison de disques à laquelle elle est demeurée fidèle depuis ses débuts, elle n'est que le distributeur de ses albums. Bien que des accords financiers existent entre les deux partis, Mylène peut donc mettre sur le marché des albums qui lui ressemblent à cent pour cent – ce qui est rare dans le métier.

*

Pour certains, toutefois, la volonté d'indépendance n'explique pas tout : Mylène se serait piquée au jeu du business. Sa réussite financière aurait décuplé son envie de faire fructifier son capital. Sinon, pourquoi aurait-elle créé d'autres SARL que celles strictement nécessaires à la production et à l'édition de ses albums ? Ainsi, s'ajoutant à Requiem Publishing et Stuffed Monkey, elle a fondé deux autres sociétés musicales : Dichotomie, en 2000, et Isiaka, en

2002, cogérée avec Laurent Boutonnat. Pour compléter le tableau, la chanteuse est également à la tête d'une société de production de films publicitaires (Innamoramento), et d'une autre, baptisée ML, qui gère des biens immobiliers.

Cette diversification, qui s'est accrue avec le temps, semble totalement insoupçonnée à ses débuts. « Pour moi, Mylène s'est complètement transformée, explique Sophie Tellier. À la fin des années quatre-vingts, c'était le papillon qui sort de la chrysalide. Et puis, à partir des années quatre-vingt-dix, elle est devenue vraiment "une femme d'affaires", quelqu'un de totalement différent[11]. »

*

Bien sûr, le lancement de la carrière d'Alizée, en 2000, a beaucoup fait pour cette réputation de « working girl ». Et pourtant, au début, tout part d'une seule chanson. Après avoir lu le roman de Nabokov, la chanteuse écrit le texte de *Moi... Lolita* sur une musique dansante de Boutonnat. Tous deux sentent intuitivement le potentiel du titre, mais Mylène n'a plus l'âge de l'héroïne, quinze ans. C'est alors que le tandem décide de faire appel à une autre interprète. Repérée lors d'un passage à « Graines de stars », Alizée, petite brune au regard piquant, va être approchée. Aussitôt commercialisée, la chanson devient un succès colossal. Tube de l'été 2000, comparable sur le plan des ventes au triomphe de *Désenchantée* neuf ans plus tôt, *Moi... Lolita* fera, en outre, une carrière internationale comme n'en a jamais connu aucun titre de Mylène : en quelques semaines, Alizée fait un tabac aux Pays-Bas, en Italie, en Espagne, en Angleterre, et surtout au Mexique, où elle devient une star.

Préparé dans la précipitation – alors que Mylène est en pleine tournée – et produit par Requiem Publishing, l'album *Gourmandises* sort dans la foulée, le 28 novembre. Pour en écrire les paroles, la chanteuse a longuement conversé avec sa jeune protégée. Les ventes hexagonales seront au rendez-vous, mais n'atteindront pas le million d'exemplaires, chiffre auquel Mylène semble, elle, abonnée pour chacun de ses albums. En 2003, un second opus naîtra de cette collaboration fructueuse, *Mes Courants électriques*, édité cette fois par Isiaka. Mylène s'y investit pleinement, et pas seulement en signant les textes des chansons. C'est elle qui aurait eu l'idée de l'escarpin géant dans lequel Alizée semble trouver refuge sur la pochette. Elle dessine également certaines tenues portées par la Lolita lors de ses passages très remarqués à la télévision et l'aide à répéter les chorégraphies.

Malgré tout, le single *J'en ai marre* ne parvient pas à tirer l'album vers les sommets. Et le spectacle qui suit, pourtant cornaqué avec soin par Laurent Boutonnat, ne remporte pas un franc succès. C'est à la suite de ces résultats mitigés que la collaboration cessera, d'un commun accord, entre l'écurie Farmer et la jeune Corse.

Entre-temps, la Lolita a rencontré l'homme de sa vie, Jeremy Châtelain, musicien qui participa à la Star Academy, l'a épousé à Las Vegas et a donné naissance à une petite fille. Elle veut voler de ses propres ailes, ce qu'elle fera en autoproduisant son troisième album, *Psychédélices*, en 2007 – ses parrains lui ayant cédé la marque Alizée, leur propriété, pour un euro symbolique. Un retour en demi-teinte dans l'Hexagone, qui permet cependant à la brunette de retrouver son public d'Amérique latine. Et malgré toutes les questions des journalistes cherchant à jeter de l'huile sur le feu quant à ses relations avec Mylène Farmer, elle n'aura que des mots pleins de reconnaissance pour celle qu'elle regarde comme une marraine. « Elle m'a tout appris », dira-t-elle, mettant fin à une polémique autour d'une chanson, *Idéaliser*, censée être un portrait au vitriol de l'idole.

*

Voilà comment la parenthèse Alizée s'est refermée pour la productrice Farmer. Depuis, on a beaucoup glosé sur ses velléités de lancer d'autres artistes, afin de pouvoir quitter la scène un jour sans cesser de tirer les ficelles du métier. Hélas ! pour l'heure, Mylène n'a pas eu la main vraiment heureuse. Elle a produit un groupe de musique électronique, Good Sex Valdes, qui a sorti un single, *You*, dans une relative indifférence. Via sa société Dichotomie, elle a également poussé le titre de Christia Mantzke, *I'm not a boy* en 2001, sans qu'il rencontre le succès escompté. Aura-t-elle davantage de réussite avec le générique du dessin animé *Drôle de Creepie*, sorti en septembre 2008, et interprété par la jeune Lisa, la fille de Michel, son frère cadet ? Trop tôt pour le dire.

*

Évidemment, sa réputation de femme d'affaires a encore gagné du terrain depuis qu'on a appris que Mylène avait déposé une marque, Lonely Lisa, en septembre 2007, à l'Institut national de la propriété audiovisuelle. Utilisant comme logo l'héroïne de son conte illustré, *Lisa-Loup et le conteur*, paru en 2003, elle donne la liste des différents produits qui pourraient être estampillés de ce label. Articles de papeterie, papiers peints, linge de maison, vaisselle, mais aussi jouets, bijoux et vêtements. Des fausses pistes destinées à brouiller le jeu ? Dans une interview au magazine *Têtu*, elle livre une clé mettant un terme à toutes les supputations : « Lonely Lisa donnera naissance à un site Internet communautaire dans les prochains mois[12]. »

Pour celle qui a toujours refusé de créer un fan-club officiel, ce projet semble particulièrement bien ciblé : ses fans sont nombreux à participer aux innombrables forums qui lui sont consacrés sur la Toile. Un site communautaire serait un moyen idéal de fédérer ces énergies tout en permettant à chacun de s'exprimer. Une fois de plus, Mylène montre qu'elle fourmille d'idées en tous genres, en dehors même de son métier. Revendiquer une œuvre digne de ce nom, singulière et sans concessions, ne l'empêche pas de posséder un sens aiguisé du marketing. Bref, elle est la preuve vivante qu'on a souvent tort d'opposer, comme des entités inconciliables, l'artistique et le commercial.

35

« Tendre et drôle »

Elle derrière un pupitre, Luc Besson à ses côtés. Devant leurs yeux défile une séquence de *Arthur et les Minimoys*, où l'on aperçoit Sélénia, un personnage de dessin animé aux cheveux roux. Mylène a accepté de prêter sa voix à cette princesse, mais l'art du doublage relève de codes qu'il n'est pas simple d'assimiler du premier coup. Il faut trouver un timbre qui colle parfaitement à l'image, mais aussi synchroniser chaque syllabe avec les mouvements de lèvres du personnage. Le réalisateur est là, attentionné et patient, donnant la réplique à Mylène pour l'entraîner. Elle prononce une phrase, se trompe, éclate de rire parce qu'elle a écorché un mot. Un rire de petite fille facétieuse, de ceux qu'on cache en rentrant la tête dans les épaules, une main sur la bouche. La scène est filmée pour les besoins d'une émission de Michel Drucker.

Peu de gens le savent : Mylène Farmer a de l'humour. Non seulement elle rit volontiers, et plus souvent qu'on ne l'imagine, mais il lui arrive de faire rire aussi, parfois à ses dépens, ce qui est la preuve d'un sens profond de la dérision. « L'humour, chez elle, est une forme d'élégance, me confie Philippe Séguy. Une manière de rendre le quotidien plus léger. Par exemple, elle ouvre un paquet de fraises Tagada, m'en propose en lâchant : “On va s'empoisonner !”[1] » Au fond, l'humour c'est ce qui nous reste de l'insouciance de l'enfance, la meilleure arme pour désamorcer la gravité du réel.

*

À ses débuts, on sent Mylène très joueuse avec certains animateurs de télévision, prête à entrer dans tous les délires. En 1985, dans « Platine 45 », Jacky en fait les frais. « Je me souviens d'une émission pendant laquelle elle m'embrassait et me laissait des marques de rouge à lèvres partout sur le visage. Nous avions beaucoup ri en la faisant, elle et moi[2]. » Dans un autre numéro de la même émission, histoire de s'amuser, elle laisse entendre qu'il existerait une idylle entre l'animateur et elle. « Vendredi soir, j'étais dans ton lit », dit-elle à un Jacky plutôt ravi. Lorsqu'elle est amenée à répondre à un journaliste de *Charlie Hebdo*, elle montre qu'elle peut avoir des formules pleines d'esprit : « Une question m'a toujours tracassée, Dieu rit-il ? Si oui, je comprends très bien pourquoi[3]. »

Sensible au comique de situation, Mylène peut se révéler très spontanée, voire bon public, face à certains imprévus. Dans son esprit, le rire peut d'ailleurs être une réponse appropriée au sérieux lorsqu'il devient trop pesant. Ainsi, durant le tournage du clip de *Tristana*, le mobilier prévu pour la maison des nains n'a pas été conçu à la bonne échelle. Emmanuel Sorin, le décorateur, en semble particulièrement chagriné. L'équipe fait une pause pour réfléchir à une solution possible. C'est alors que « Mylène s'assoit sur un tabouret qui casse et se retrouve sur les fesses dans un éclat de rire[4] » ! Un incident cocasse qui permet de désamorcer la situation...

*

Les grands timides sont parfois capables de toutes les audaces. Ainsi, bien que mal à l'aise sur les plateaux de télévision, Mylène apparaît, en de rares occasions, très en verve. À la fin des années 1980, face à un Naguy taquin, qui la questionne sur le fait qu'elle garde, depuis plusieurs minutes déjà, la main posée sous le menton, elle répond, imperturbable : « La main reste comme ça. Elle est fixée. »

Quant à Bernard Montiel qui, manifestement, l'admire, il se mordra les doigts de l'avoir invitée, en 1988, dans son émission « La Une est à vous », dont le principe est de faire voter les téléspectateurs afin de choisir leur programme. Lorsqu'il demande à Mylène quelle série elle aimerait regarder, elle répond : « Aucune. » Et se fend même d'un commentaire sur le feuilleton *Marie Pervenche*, avec Danièle Evenou : « C'est consternant. » Montiel rit un peu jaune.

Mais sa plus belle saillie à l'antenne, la chanteuse va la lâcher à « Nulle part Ailleurs », sur Canal +, en 1988. L'œil malicieux, Antoine de Caunes, qui cherche manifestement à la déstabiliser, lui lance : « Depuis le début de l'émission, je me pose la question : pourvu qu'elle soit rousse. Pouvez-vous nous le confirmer publiquement ? » Et Mylène de répondre, du tac au tac : « Elle est rousse. » Puis, après un silence, elle ajoute : « En haut. »

*

Par la suite, la chanteuse, ayant décidé de se faire rare, aura de moins en moins l'occasion de s'amuser à l'antenne. Ce qui ne l'empêche pas de conserver intact son sens de l'humour. Interviewée au milieu des années 1990 par Julie Snyder, une Québécoise fantasque, elle semble sensible à l'ironie qui transparaît dans les questions. Quand elle lui dit : « Finalement, vous êtes une petite bi-bite », Mylène reste sans voix. Elle ne comprend pas, mais le mot l'amuse. Elle rit de bon cœur. En 1999, de passage dans le « Hit Machine » de Charly et Lulu, sur M6, pour interpréter *Optimistique-moi*, elle marche sur la traîne de sa robe et manque de trébucher, ce qui la fait manifestement sourire comme une gamine.

Rire d'elle-même, de ses maladresses, n'est pas exclu. La même année, au côté de Michel Drucker, elle provoque l'hilarité des fans présents dans le studio en bafouillant lorsqu'il s'agit de préciser combien de fois par semaine elle s'entraîne en vue de sa prochaine tournée. En 2004, durant la conférence de presse annonçant les treize concerts de Bercy, elle commet un lapsus : « Le public me mange toujours. » Se reprend : « Je veux dire, me manque toujours. » Et, constatant la réaction des journalistes présents, éclate de rire. Oui, sans doute, c'est cette peur d'être dévorée par ses fans qui l'intimide à ce point.

*

L'avantage de l'humour, c'est précisément qu'il permet de briser la glace, d'instaurer une forme de communication évitant la fusion que Mylène pressent comme dangereuse. De ce point de vue, les concerts de janvier 2006 sont particulièrement éloquents. Pour la première fois, la chanteuse, d'ordinaire peu loquace, inaugure une forme de dialogue avec le public, grâce au prisme de l'humour. « Vous chantez plus fort que moi ! » clame-t-elle, le 15 janvier, comme un reproche amusé, à la foule déchaînée qui reprend *Désenchantée*. Le 21, elle parle d'elle à la troisième personne pour annoncer la fin du quart d'heure des chansons lentes : « Mylène va sécher ses larmes et passer à quelque chose de beaucoup plus gai. » Le lendemain, alors que résonnent les premières notes de *Sans contrefaçon*, elle lance à la cantonade : « Vous ne la connaissez pas, celle-là, hein ? »

Pour la première fois, durant cette série de concerts, la chanteuse accorde une place à l'improvisation. Parce qu'elle veut ressentir les vibrations de la foule, cette perfectionniste consent à montrer des failles. Certains soirs, par exemple, sans doute à cause de la pression ou de la fatigue, elle se trompe dans les paroles de ses chansons – ainsi elle zappe un couplet de *Déshabillez-moi*. À plusieurs reprises également, cette fumeuse de cigarettes mentholées est prise de fâcheuses quintes de toux, qui l'obligent parfois à s'interrompre plusieurs minutes. « Ce sont des choses qui arrivent », s'excuse-t-elle au soir du 14 janvier.

*

À travers ces anecdotes, se dresse le portrait d'une autre Mylène, loin de cette star rigide et glacée que certains ont transformée en caricature. « Si je devais résumer Mylène en deux adjectifs, me dit Elsa Trillat, je dirais, aussi surprenant que cela puisse paraître : tendre et drôle[5]. » La photographe a, semble-t-il, gardé un souvenir ému des moments où Mylène venait lui rendre visite chaque jour à l'hôpital, alors qu'elle devait surmonter de graves problèmes de santé. « À ce moment-là, elle s'est comportée comme si elle était un membre de ma famille. Je ne l'oublierai jamais. »

Quand elle ne se ferme pas aux autres, paralysée par la méfiance, la chanteuse peut se révéler douce et attentionnée, y compris dans les situations où on ne l'attend pas. Roberto Martocci, danseur recruté pour la tournée 1996, en a fait l'heureuse expérience. Le jour du casting, alors qu'il ne sait pas encore s'il va être choisi, Mylène va lui donner un coup de pouce bienvenu. « Christophe Danchaud, le chorégraphe, entra le premier et nous avons commencé à travailler sur *Je t'aime mélancolie*. Environ une heure et demie après, Mylène entra silencieusement dans la pièce, dit : "Bonjour !" et jeta un coup d'œil dans ma direction. Le chorégraphe avait du mal à m'apprendre les pas, alors elle s'est approchée et a dit : "Puis-je lui montrer ?" À ce moment-là, l'énergie dégagée par Mylène était vraiment chaude et douce et cela m'a mis à l'aise. Après une heure et demie, elle s'est arrêtée et a rejoint son producteur. Elle a pris ma photo et l'a épinglée avec celles des autres danseurs[6]. »

*

C'est dans la tendresse, lorsqu'elle se sent en confiance, que la star exerce le plus volontiers son sens de l'humour. À partir de ces petits riens de la vie qui font réagir sa part d'enfance. Au moment du duo *La Poupée qui fait non*, sa complicité avec Khaled est évidente. « Mylène ? Elle est trop délirante cette fille ! dira le chanteur. On rigole comme des fous quand on se voit tous les deux[7]. »

Ses amis proches, Anthony Souchet, le coiffeur John Nollet, ou même la romancière Nathalie Rheims, pourraient sans aucun doute en dire autant. Mais ils demeurent muets et comment ne pas leur donner raison ? L'amitié véritable ne peut se bâtir que sur une exigence de loyauté absolue qui suppose une part de secret.

*

Il y a aussi une cruauté dans l'humour, qui fait partie du plaisir. Lorsqu'un enfant voit un vieillard tomber, il se contrefiche de savoir s'il s'est fait mal, ou pire, si cette chute ne lui sera pas fatale : il ne retient pas son rire. Au détour d'une conversation, il peut arriver à Mylène d'être féroce, d'assassiner un tiers pour le plaisir d'un bon mot, mais la méchanceté ne fait pas partie de son tempérament. C'est un fardeau nuisible, alors qu'elle doit au contraire sans cesse s'alléger pour aller de l'avant. Ceux qui s'intéressent de près aux paroles de ses chansons savent d'ailleurs que son répertoire n'est pas aussi ténébreux qu'il en a l'air.

En attestent de nombreux titres réjouissants, qui manient parfois le second degré avec brio. « Pour plaire aux jaloux / Il faut être ignorée », lance Mylène dans *Je t'aime mélancolie* en guise de pied de nez à ses détracteurs. Dans *L'Instant X*, raillant la peur millénariste qui s'est emparée de ses contemporains, elle multiplie les images inattendues comme « J'ai un teint de poubelle » ou l'inoubliable « Mon chat qui s'défenestre. » L'album *Avant que l'ombre...* donne aussi la part belle à l'humour, au travers des chansons *Porno Graphique* ou *L'Amour n'est rien...* Dans *Point de suture*, la légèreté gagne encore du terrain. « La cruauté... c'est laid / La calomnie... c'est laid / L'âpreté... c'est laid / L'infamie... c'est laid », lâche la chanteuse d'une voix grave dans *C'est dans l'air*, égrenant avec ironie tous les péchés du monde. « Sculpté de bois / Réjouis-moi », chante Mylène dans *Sextonik*, évoquant ces accessoires du plaisir qui ne connaissent jamais de panne. Il faudrait encore citer l'humour indolent qui traverse *Appelle mon numéro*, un titre musicalement très réussi. « Le second degré est, me semble-t-il, une hygiène de vie [8] », dit-elle.

De même, certains choix scéniques sont manifestement destinés à faire sourire le public. Chanter *Déshabillez-moi* dans une camisole de force, comme elle le fait en 1989, c'est jouer sur le décalage, un ressort comique. L'immense fauteuil en velours de *Libertine*, en 1996, ou la balançoire de *Dessine-moi un mouton*, en 1999, introduisent également une touche de légèreté dans les shows farmeriens. Plus rare dans les clips, l'humour transparaît tout de même nettement dans *Que mon cœur lâche*, réalisé par Luc Besson, au travers notamment des dialogues épiques entre Dieu et le Christ. « Père, pourquoi ne m'envoyez-vous pas sur Terre ? » demande Jésus. « La dernière fois, c'était une catastrophe », répond le Créateur. « C'est un sourire, une légèreté que je n'avais pas dans mes autres clips [9] », dira Mylène. Dans les vidéos, peut-être... Mais dans la vie, il y a longtemps que la chanteuse n'engendre pas que la mélancolie.

36

Peut-être lui

Elle a fait la paix avec les hommes. L'aveu est solennel comme un chant liturgique. Deux notes de piano empreintes de gravité précèdent l'annonce de la bonne nouvelle : « Avant que l'ombre, je sais / Ne s'abatte à mes pieds / Pour voir l'autre côté / Je sais que... je sais que... j'ai aimé. » Tous ceux qui suivent le parcours de la chanteuse depuis ses débuts ont compris, dès la première écoute, que le déclic tant attendu s'est produit : Mylène est amoureuse. Un sentiment qui parcourt tout l'album *Avant que l'ombre...*, lui donnant une coloration intimiste, voire impudique, comme si nous étions les témoins involontaires d'une relation en tout point idyllique.

Que de chemin parcouru pour en arriver là. Que de doutes et d'atermoiements avant d'aboutir à une certitude terrifiante, celle d'un émoi dont il devient impossible de réfuter l'évidence. Souvenons-nous de cette interview accordée à l'émission « Sexy Folies » en 1986. Mylène avait eu recours à la métaphore de la mante religieuse pour expliquer son rapport problématique aux hommes. « Je ne les aime pas », concluait-elle alors avec une moue de dégoût. Une phrase qui résonne, à l'époque, comme une fin de non-recevoir adressée à l'ensemble des représentants du sexe fort.

*

Ce qui frappe, là encore, c'est la lenteur qu'il a fallu à Mylène pour accomplir ce chemin qui va de la haine à l'amour. Elle devra attendre le milieu des années 1990 pour trouver les premières clés lui permettant d'avancer. Avant cela, ses chansons portent la trace d'une impossibilité majeure. « Ainsi moi je / Prie pour que tu / Fuis mon exil » énonce un paradoxe qui résume bien la difficulté de rencontrer l'âme sœur. C'est le *Je t'aime, moi non plus* de Gainsbourg, ce jeu de cache-cache destiné à contourner l'obstacle, éviter le contact qui pourrait faire chavirer les cœurs. Il y a quelque chose de romantique là-dedans : celui qui rêve d'aimer est persuadé de ne pas pouvoir être compris. Une exigence d'absolu aussi, qui fait que l'autre déçoit forcément, quoi qu'il fasse, puisqu'il ne parvient pas à incarner l'idéal. Dans *Beyond My Control*, l'être aimé est puni de mort pour avoir trompé la confiance de l'amoureuse. « Dors en paix je t'assure / Je veillerai ta sépulture / Mon amour », entonne Mylène, qui a trouvé une solution extrême pour que son amour puisse accéder à l'éternité.

Dans *Regrets*, c'est la mort qui sert de subterfuge afin de rendre l'amour impossible. « Debout la tête ivre / Des rêves suspendus / Je bois à nos amours / Infirmes », chante Jean-Louis Murat à la femme aimée disparue trop tôt à laquelle il vient rendre visite au cimetière où elle est enterrée. N'est-il pas plus facile d'idéaliser une morte que de s'éprendre d'une vivante qui, tôt ou tard, montrera le visage de ses défauts ? Car c'est bien la peur du quotidien qui terrifie les tenants de l'amour absolu. Comment la passion pourrait-elle résister à certains instants que nous savons si peu glorieux ?

Prisonnière des paradoxes qui l'empêchent d'avancer, Mylène n'a bientôt plus comme ultime recours que de pousser un immense cri, semblable à une prière adressée à l'infini : « On a besoin d'amour / Besoin d'un amour XXL. » C'est bien le prince charmant qu'elle appelle de ses vœux, celui des contes de fées qui ne souffre d'aucune faille et semble avoir pour seule vocation de combler le cœur des femmes. Il y a quelque chose de simple dans cette requête, qui contraste avec les complications prévalant auparavant. De pur aussi. Une ouverture sincère qui vient percer la « bulle de chagrin ».

*

Ce que les romantiques préfèrent dans l'amour, ce sont les premiers frémissements, l'embrasement des cœurs, la cristallisation des sentiments. C'est pourquoi Mylène ne pouvait que tomber sous le charme du *Choc amoureux* [1], l'essai de Francesco Alberoni, qui décrit le processus à l'œuvre dans l'amour naissant. De ce livre naîtra un album aérien, plein d'espérance : *Innamoramento.* L'illustration figurant sur la pochette, signée Marino Parisotto Vay, traduit bien ce nouvel état d'esprit. Mylène s'en est d'ailleurs expliquée. « On voit une cage, on voit une silhouette au-dessus, on peut penser à l'oiseau. Maintenant, peu m'importe si c'est un oiseau ou non. L'idée est qu'on puisse voir effectivement cette porte entrouverte et cette cage entourée d'eau qui peut être menaçante ou paisible, on ne sait pas bien. Personnellement, j'y vois une sorte d'envol et de chute, comme l'amour, qui peut vous porter vers le haut et vers le bas [2]. »

Ce qui caractérise cet album, c'est sa grande unité, comme s'il avait été écrit dans un seul et même souffle. *Innamoramento* résonne comme un puissant appel à l'amour. Comme le cri déchirant d'une solitude qui veut être brisée. « Trouver enfin peut-être un écho », répète Mylène dans le refrain. Prière qui trouve une expression bouleversante dans cette voix éthérée qui semble résonner à l'infini sur le morceau *Mylenium*, qui achève l'album. Peu prolixe sur sa vie amoureuse, la chanteuse lâche tout de même quelques confidences lors d'une interview au moment de ses concerts en Russie en mars 2000. « Quand on devient une personne publique, il est difficile de trouver l'âme sœur. En général, l'homme a du mal à accepter que sa compagne soit aimée par des millions d'autres personnes. Il souhaite être l'unique[3]. »

*

Il faut croire que le ciel a exaucé son vœu, puisque l'album qui suit, *Avant que l'ombre...*, est placé, quant à lui, sous le signe de la rencontre. Il n'y a plus de solitude, plus de désespoir né d'une incapacité à communiquer avec l'autre, plus de détresse de n'être pas entendue. Juste une « inquiétude d'amour » qui cache « une envie de bonheur », comme Mylène le chante dans *Peut-être toi*. Il y a de la prudence dans la déclaration, une pudeur à dire la passion qui pourrait s'éteindre, soufflée par les mots. Une superstition même, qui pousse la chanteuse à répéter plusieurs fois le fameux *Shut up !* qui ouvrit paradoxalement les concerts de Bercy en 2005. Dire à l'autre qu'on l'aime, n'est-ce pas risquer de briser le charme ? Voilà pourquoi il faut ajouter un « peut-être », s'empêcher de croire au toujours qui déçoit, se rattacher au présent comme à la seule terre possible. « T'aimer parce que c'est aujourd'hui / C'est ce qui compte vraiment », fredonne-t-elle dans *J'attends*.

On le voit, Mylène n'envisage pas l'amour dans sa conception bourgeoise, qui voudrait en garantir la durée par un contrat où la passion n'a plus sa place. Si l'amour scelle un pacte, c'est celui d'une exigence de sincérité absolue. « Si nos matins / Semblent poussière / Alors... renie-moi... là », renonce-t-elle, prête à tout sacrifier quand les sentiments ne sont plus partagés. Pas question que l'habitude s'installe, aucun droit à l'erreur n'est permis de part et d'autre : « Si par mégarde / La faute est mienne / Alors... renie-moi... là. » L'amour romantique n'est pas de tout repos : il exige sans cesse de nouvelles preuves. Dans le clip de *Peut-être toi*, dessin animé réalisé par Naoko Kusumi, les deux amants périssent enlacés, transpercés par une lance mortelle. Un scénario qui rejoue l'histoire de

Roméo et Juliette : seule la mort peut garantir l'éternité des sentiments que la vie malmène.

*

Qui est-il, cet homme qui fait le bonheur de la chanteuse ? Celui qui a pris son cœur en otage ? Son portrait se dessine au détour de plusieurs chansons. « Même si je suis dans son lit / C'est son Q.I. qui me lie / À lui pour la vie entière / Bien que solitaire », dévoile-t-elle dans *Q.I.*, précisant qu'il a « des rondeurs d'un Rodin ». Le clip du single, d'ailleurs, montre une Mylène étonnamment fusionnelle, dont les mains, par la magie d'un trucage, fouillent sous la peau de l'amant. Mais la chanteuse lui donne également la parole dans *J'attends*. « Je t'étreins pour deux, tu es ma vie », explique l'amoureux à la femme adorée, refermant ses bras sur elle sans jamais apaiser ses peurs. Ce qu'elle ressent ? « Un désir d'aimer / Comme un bouclier », dit-elle dans *Tous ces combats*.

L'homme qui partage sa vie a des allures de chevalier des temps modernes. C'est lui, désormais, qui fait barrage entre Mylène et le monde, transmet les messages des fans qui gravitent autour de la star, fait la distribution des autographes. Depuis qu'elle le fréquente, il lui est arrivé de se promener au milieu de la foule, en plein Paris, sans craindre les regards. Ou d'aller dîner à pied, tard le soir, sans autre escorte que son compagnon. En mai 2005, Christophe-Ange Papini raconte comment une fan, ayant réussi à pénétrer dans la résidence où habite la chanteuse, s'est approchée de sa maison. Lorsque l'homme est sorti pour lui demander la raison de sa présence, elle a prétexté que son chien était perdu. Mais aussitôt que Mylène est apparue, la jeune femme s'est précipitée sur elle en lui disant qu'elle l'adorait. La chanteuse aurait alors tourné les talons, se réfugiant chez elle, tandis que son compagnon aurait alerté les vigiles. La veille déjà, cachés derrière les arbres de la résidence, trois fans squatteurs avaient réussi à tromper la vigilance du personnel en charge de la surveillance.

*

Dire le nom de celui qui a inspiré l'album *Avant que l'ombre...* n'a pas grand sens. Le prénom de Benoît, qui est le premier à être remercié dans le livret de *Point de suture*, suffit amplement. Impudique dans ses chansons lorsqu'il s'agit de jouer des rôles, Mylène est restée très secrète sur ses amours dans la vraie vie. Malgré tout, elle a levé un coin du voile, pour la première fois, dans une récente interview à *Paris Match*. « Je cherchais un réalisateur de films d'animation. Il est producteur et réalisateur et il est tout de suite tombé amoureux du petit personnage de *C'est une belle journée*[4]. » C'est donc en 2002, comme la chanteuse le révèle indirectement, que la rencontre a eu lieu. Une collaboration étroite et fructueuse autour d'un clip conçu à deux a fait le reste.

Faire livrer des sushis, visionner des DVD, dessiner sur leur Palm Pilot... Les amoureux ne manquent pas d'occupations lorsqu'ils passent leurs soirées au domicile parisien de la chanteuse[5]. Exceptionnellement, on les croise dans des concerts, comme celui de Radiohead, le 10 juin dernier. Le 1er octobre 2007, ils se sont rendus ensemble à l'Élysée pour la remise de la Légion d'honneur à David Lynch, cinéaste ami de la star. Dès qu'ils en ont l'occasion, ils s'envolent pour la Corse : Mylène, qui a longtemps détesté le soleil, vient souvent se ressourcer sur l'île de Beauté. On l'a même aperçue dans plusieurs magazines en maillot de bain, pas franchement épouvantée par le climat si éloigné de celui de son Québec natal. Preuve que cet homme, sans doute venu au bon moment dans sa vie, après tout ce travail accompli sur elle-même en chansons, continue de la combler. Sans doute n'est-il pas étranger, d'ailleurs, à l'extraordinaire vitalité qu'on ressent à l'écoute de l'album *Point de suture*.

37

Icône gay

Elle porte une chemise blanche recouverte d'un gilet et un nœud papillon négligemment défait afin de dégager le cou. Ses joues sont maculées de mousse. Un rasoir jetable à la main, des têtes de mort plein les phalanges, elle sourit de la farce qu'elle nous joue. L'image est kitsch à souhait. Pour son grand retour en 2008, Mylène fait la couverture de *Têtu*. Tout un symbole. En principe, c'est un torse de garçon qui est photographié en une du mensuel destiné à la communauté gay. Mais pour elle, le rédacteur en chef a fait une exception, à condition qu'elle change de sexe le temps d'une séance photo. Ce qu'elle a accepté avec plaisir, manifestement enjouée lorsqu'elle répond aux questions du journaliste Benoît Cachin. Dans les pages intérieures, elle porte un haut-de-forme et une canne au pommeau d'argent. Sur une autre photographie, elle passe trois doigts à travers la braguette de son pantalon et éclate de rire.

Entre la star et la communauté homosexuelle, il existe une connivence qui relève de l'évidence. Bien sûr, il faut se garder de toute simplification abusive : tous les gays ne sont pas fans de Mylène Farmer et les fans de Mylène Farmer ne sont pas tous gays. Toutefois, même si la chanteuse touche un très large public, ceux qui sont le plus prompts à l'idolâtrer ont souvent le goût d'aimer des êtres du même sexe. Il suffit de flâner dans les forums qui lui sont consacrés pour s'en convaincre : au même titre que certains livres ou certains films, la star fait partie de ces boussoles qui aident les homosexuels à assumer pleinement leurs penchants. Bref, elle jouit du statut d'« icône gay », avec tout ce que cela suppose de vénération, mais aussi d'exigence. Elle le sait, même si elle prend soin de réfuter l'étiquette par une pirouette : « Je me méfie du terme "icône"... Ce sont celles que l'on brûle en premier[1]. »

*

En outre, bénéficier de l'amour de cette communauté est une chance ; mieux encore, un privilège. « C'est un public pointu, sensible et avant-gardiste. Nous nous suivons depuis de nombreuses années, c'est important pour moi[2]. » En matière de tendances, il est vrai, les gays sont souvent à la pointe. Alors tant qu'ils la soutiennent, Mylène est au moins à l'abri du risque de devenir has been. Sans doute parce qu'ils nourrissent le sentiment qu'elle leur appartient un peu, ils attendent beaucoup d'elle en contrepartie, et elle n'a pas d'autre choix que de se montrer à la hauteur de ce désir. Ce degré d'exigence fait partie des moteurs qui la font avancer, la poussent à toujours donner la pleine mesure de son talent. « Vous savez, ce public est unique. J'en suis consciente ! C'est lui qui me donne l'envie de me dépasser à chaque fois[3]. »

On ne devient pas une icône gay par hasard. Il ne suffit pas d'avoir à son répertoire une chanson sur le sujet pour mériter ce label décerné avec parcimonie. Il ne suffit pas non plus de le vouloir, encore faut-il l'incarner avec sincérité, sans trucage. Mylène est entrée dans le métier en interprétant *Maman a tort*, l'histoire d'une jeune fille amoureuse de son infirmière. Pas étonnant que les homosexuels aient immédiatement adhéré à son univers. Avec *Sans contrefaçon*, elle a encore marqué des points. Cet hymne à l'ambiguïté sexuelle est devenu un référent incontournable dans la communauté gay – dans le film *Pédale douce*, le réalisateur Gabriel Aghion l'a d'ailleurs utilisé dès la première séquence. Puis il y a eu le look à la garçonne, façon héros de Dickens, de l'époque *Désenchantée*. Autant de signes de ralliement pour bien des gays. Par la suite, Mylène a conforté sa place dans leurs cœurs en exacerbant, au contraire, sa féminité, comme l'avaient fait avant elle une Dalida ou une Sylvie Vartan.

*

En outre, elle continue à multiplier les œillades dans leur direction. Un exemple ? Le 9 mars 1995, après avoir chanté *L'Instant X* dans une émission de télévision, elle embrasse sur la bouche Valérie Bony, une de ses danseuses. Voilà pour les filles qui aiment les filles. Sur scène, lors de la tournée 1996, ce sont plutôt les garçons qui aiment les garçons auxquels elle adresse des signes de sympathie. Ainsi, pour la scénographie de *Sans contrefaçon*, les quatre danseurs qui l'entourent ont été grimés en *drag queens*. Shorts pailletés, bottes à talons compensés, perruques frisées et boas multicolores, ils en font des tonnes dans le côté maniéré. Et Mylène s'en amuse, riant aux éclats, tandis qu'elle distribue à l'envi d'amicales fessées. Autre clin d'œil appuyé à ses fans homosexuels, les deux militaires qui s'embrassent à bouche que veux-tu dans le clip de *Dégénération*, avant de se déshabiller et de s'enlacer.

*

Parce qu'elle déteste les étiquettes, Mylène refuse toutefois de se laisser enfermer dans une proximité par trop fusionnelle qui pourrait la couper des autres publics qui l'apprécient. « Les homosexuels m'ont toujours porté un grand intérêt et de la chaleur. J'en suis ravie, mais je ne vis pas dans leur monde[4]. » Ailleurs, elle pousse plus loin la confidence : « Ce sont des gens particulièrement sensibles, qui me comprennent et que je comprends. J'aurais certainement pu être homosexuelle mais je ne le suis pas devenue[5]. »

Un propos qui a de quoi interpeller les fans. Est-ce à dire que la chanteuse a elle-même, par le passé, douté de son identité sexuelle, comme cela arrive à nombre d'adolescents ? Possible, même si cela ne signifie nullement qu'elle ait goûté aux plaisirs saphiques. Certes, la rumeur, particulièrement prolixe sur son cas, lui prête des liaisons avec des personnes des deux sexes. Mais elle ne s'est jamais expliqué sur la question, et c'est bien là son droit le plus strict. Portons toutefois une oreille attentive au refrain d'*Eaunanisme*, chanson qui figure sur l'album *Anamorphosée* : « C'est si doux la brûlure / Là où ta main me touche, Eau / Et coule cette écume / De ma bouche. » Si Mylène possède un tempérament pudique, son œuvre l'est souvent beaucoup moins.

« Qu'est-ce qui vous séduirait chez les femmes ? » demande Benoît Cachin à la chanteuse, caressant l'hypothèse, même s'il s'agit d'un jeu, qu'elle pourrait être attirée par des personnes de son sexe. « Leur imprévisibilité, répond-elle. C'est ce qui transforme le quotidien en aventure et la vie en destin[6]. »

*

En réalité, ce que Mylène partage avec les homosexuels, c'est d'abord le sentiment d'une différence. Elle l'éprouve depuis toujours, même s'il lui a fallu du temps pour mettre un nom dessus. Ne pas se sentir comme les autres, au départ, est rarement vécu dans la sérénité. Au contraire, il s'agit souvent d'une épreuve, que bien des homosexuels expérimentent dans la solitude. Face au rouleau compresseur d'une éducation qui tend à normaliser les comportements, renforçant les stéréotypes masculins et féminins, affirmer sa différence demeure problématique. S'opposer à la majorité triomphante n'est pas un combat gagné d'avance. Il faut du courage pour découvrir qui l'on est vraiment et le faire accepter à sa famille, ses proches, ses amis. Même si la société a évolué, même si l'homosexualité n'est plus regardée en France comme un délit ou une perversion, de nombreux témoignages attestent encore de parcours douloureux, voire traumatiques.

Pour être soi-même, on ne devrait pas avoir à souffrir. Or, peu d'homosexuels parviennent à éviter cette souffrance. Faire la paix avec soi ressemble alors à un défi qui peut prendre des années, et même ne jamais être gagné. En comparaison, le chemin de Mylène ne s'est pas fait non plus sans heurt. Faute de trouver une réponse à ses doutes, une décision a tout changé : devenir artiste a permis à son sentiment d'être incomprise de s'exprimer. Mais cette victoire sur elle-même, couronnée par un phénoménal succès public, n'efface rien de son parcours. Un titre sur son dernier album, *C'est dans l'air*, nous le rappelle : Mylène n'oublie pas ceux qui souffrent de ne pas être dans la norme. « Les cabossés vous dérangent / Tous les fêlés sont des anges / Les opprimés vous démangent / les mal-aimés, qui les venge ? » Le temps d'une chanson, elle se fait le porte-parole des « incompris » et des « fous ».

*

Se ranger du côté des minorités, telle est la vocation de ceux qui se sentent différents. Mylène n'échappe pas à la règle. C'est pourquoi elle est si appréciée par les homosexuels des deux sexes. Ce qu'elle reçoit en retour est un amour immense, parfois aussi inconditionnel que celui d'une mère. Être une icône gay, revient aussi à être aimée par des hommes qui ne vous désirent pas. C'est doux et sécurisant à la fois, dénué de tout enjeu sexuel. Au fond, Mylène n'est-elle pas la preuve vivante que les homosexuels aiment aussi les femmes ?

38

La voix d'un ange déchu

Elle a osé. L'exercice n'était pas gagné d'avance. Sur son dernier album, *Point de suture*, elle entonne l'*Ave Maria* de Schubert. Discrètement, plusieurs minutes après la fin du dernier titre, elle reprend sa respiration et rompt le silence. Sacrilège ? On attend la fausse note. Elle ne vient pas. Tout juste entend-on la gorge se serrer sur quelques aiguës difficiles à passer. La voix n'est pas lyrique, mais elle résonne juste, ne cherche pas les effets. L'émotion, sans la prétention. Cet air-là, Mylène l'avait déjà interprété lors des funérailles d'un ami, en juin 2008.

Dès ses débuts, on a beaucoup ironisé sur sa voix, ou plutôt son absence de voix. Sur les plateaux de télévision, elle chante rarement en direct. Sur scène, on l'a parfois soupçonnée de tricher. Certaines mauvaises langues n'ont pas hésité à dire que l'image développée autour d'elle à travers les clips relevait de l'écran de fumée destiné à masquer sa vocation usurpée de chanteuse.

Et pourtant, avec le temps, n'est-ce pas ce filet si singulier, reconnaissable entre tous, qui l'a imposée durablement ? Pas besoin d'avoir du coffre pour transmettre une émotion. « Mylène n'est pas Céline Dion, tout le monde le sait, lâche Thierry Rogen, coréalisateur des albums de la star pendant dix ans. Mais elle est très perfectionniste dans le placement et la justesse des mots, dans le travail d'enregistrement des voix [1]. »

Une exigence qui la pousse à enregistrer ses chansons avec un soin quasi maniaque, chaque mot faisant l'objet d'une prise de voix, afin de parvenir à un résultat optimal. Dans ces moments-là, même Laurent Boutonnat s'efface. C'est l'oreille qui compte, pas la puissance vocale, et celle de Mylène est particulièrement aiguisée. « Mylène a un grand talent pour synchroniser ses voix, explique Rogen. Sans trop entrer dans les secrets de fabrication, le fait de doubler les voix quand on travaille sur un refrain, de faire plusieurs pistes, permet de donner cette couleur spécifique au son Farmer. Mylène est très douée pour ce travail. Arriver à doubler parfaitement ses voix, sans jamais rien qui dépasse, ce n'est pas donné à tout le monde. Elle fait ses propres chœurs et c'est rare qu'elle utilise des choristes[2]. » C'est encore le cas sur l'album *Avant que l'ombre...*, dont elle assure tout l'habillage vocal.

*

Éthérée, aérienne, évanescente. Tels sont les adjectifs qui reviennent le plus souvent dès qu'il s'agit de qualifier cette voix. Mylène minaude, étire les mots comme pour les rendre douloureux, force son timbre grave à escalader les notes les plus hautes, provoquant quelques passages en force qui constituent sa marque de fabrique. C'est dans ces moments, notamment sur scène, que l'émotion est à son comble. Qu'on se souvienne de l'interprétation de *Pas le temps de vivre* durant le « Mylenium Tour » : dans le second couplet, plus la chanteuse monte dans les aiguës, plus la salle retient son souffle. « Sa voix, moitié de ce monde, moitié d'ailleurs, est étonnante. C'est la voix d'un ange déchu », n'hésite pas à dire Salman Rushdie. Un joli compliment qui résume bien l'univers de Mylène, entre désespoir inguérissable et nostalgie de l'innocence perdue.

Si elle n'a rien d'une chanteuse à voix, la star sait moduler ses cordes vocales afin de mieux décliner la palette des émotions. Descente dans les graves lorsqu'il s'agit de manier le second degré comme dans les couplets de *Je t'aime mélancolie*, *Porno Graphique* ou *C'est dans l'air*. Échappée dans les aiguës afin d'exprimer la tristesse, comme dans les refrains de *Ainsi soit je*, *Rêver*, *Redonne-moi* ou *Point de suture*, les ballades historiques du répertoire farmerien. Même s'il arrive à Mylène, aux dires de certains, de trop en faire dans le larmoyant, sa voix possède de fait quelque chose d'envoûtant. Elle semble nous murmurer des confidences à l'oreille, livrer à chacun d'entre nous des secrets que nul autre ne peut entendre. Elle nous parle depuis un ailleurs connue d'elle seule, avec des mots parfois abscons, comme si le message avait besoin d'un décryptage. Oui, Mylène a quelque chose d'une extra-terrestre qui porterait un regard singulier, plein d'étrangeté, sur notre monde.

*

Sa voix est un instrument dont elle joue en virtuose. Sans doute a-t-elle pu davantage la maîtriser grâce aux cours de chant pris dès 1989 et qui lui ont permis, sur scène, de tenir en haleine des dizaines de milliers de spectateurs. Quant aux instruments de musique à proprement parler, Mylène a toujours rêvé d'en jouer sans jamais accepter les contraintes qu'impose leur apprentissage. « J'aimerais beaucoup jouer du piano. Mais je n'ai ni le temps, ni peut-être même l'énergie[3] », avoue-t-elle. Avant d'ajouter : « J'avais essayé de jouer du saxophone, mais c'est très difficile. » Afin d'éviter le découragement, la contribution d'un professeur patient et attentionné n'est pas inutile. Ainsi, au milieu des années 1990, Jeff Dahlgren tente d'initier la chanteuse à la guitare. C'est d'ailleurs en grattant quelques accords que lui vient la mélodie de *Tomber 7 fois...*, qui figure sur l'album *Anamorphosée*.

La musique n'est pas sa culture première. Le fleuve archaïque où elle se baigne, ce sont les livres, ces compagnons d'infortune qui apportent des réponses à vos doutes ou prolongent les questions qui vous taraudent. Malgré tout, et bien qu'elle ne lise pas les partitions, elle possède un sens musical indéniable. Thierry Rogen en atteste. « Il faut quand même savoir que, même pour les albums précédant *Anamorphosée*, certains gimmicks et certaines mélodies venaient d'elle. Elle a un vrai talent pour trouver les mélodies[4]. » On n'en doute pas lorsqu'on écoute les morceaux que Mylène a elle-même composés, soit six titres en tout, dont cinq sur l'album *Innamoramento*. Au fur et à mesure que sa carrière avance, son implication musicale va crescendo. « Je suis très présente en studio. C'est un univers que j'aime bien. Je m'intéresse à tout. J'aime vraiment et profondément la musique[5]. »

Avec une telle évolution, on aurait d'ailleurs pu s'attendre à ce que la star finisse par se passer des musiques de Laurent Boutonnat, mais il n'en est rien : avec *Avant que l'ombre...* puis *Point de suture*, elle se concentre à nouveau exclusivement sur les textes. Et ne semble pas prête à envisager la perspective d'un album « 100 % Farmer », dont elle écrirait paroles et musique : « Je préfère, je crois, partager ces moments avec quelqu'un, rebondir, apporter une mélodie de voix sur un couplet ou un refrain... Je pourrais recommencer l'expérience, mais je n'en ressens pas vraiment la nécessité[6]. » Quant à confier la responsabilité des partitions à un autre musicien que Laurent Boutonnat, cela ne semble pas non plus un projet envisagé avec sérieux. « On peut tout imaginer ! Mais ce n'est d'actualité », dit-elle, laissant la porte ouverte à tous les possibles.

En 2007, une rumeur avait enflammé la Toile : Mylène aurait chargé le groupe Air de réaliser son prochain album. Après le succès de l'opus composé pour Charlotte Gainsbourg, *5 :55*, l'un des membres du groupe aurait lancé, au détour d'un entretien, son rêve de travailler avec Mylène Farmer. Simple boutade ? Pas sûr. Et même si la rumeur a été ensuite démentie, c'est sur le créneau électro que la chanteuse a opéré un retour en force dans les bacs.

Preuve que la voix de la star flottant sur le son du groupe Air aurait pu s'avérer une expérience passionnante.

*

Aux dires de certains collaborateurs, Mylène aborde la musique avec une oreille dépourvue de préjugés – ce qui est rare dans le métier. Ses goûts musicaux sont éclectiques. « J'ai une attirance pour les musiques de films[7] », avoue-t-elle dans les années 1980. À l'époque, comme tant d'anonymes, elle écoute en boucle la bande originale de *Mission.* Ce qui ne l'empêche pas d'apprécier Peter Gabriel, Kate Bush, Laurie Anderson, mais aussi la musique classique. En 1988, son frère Michel lui fait découvrir Depeche Mode, qu'elle va adorer. Vingt ans plus tard, sa nièce Lisa lui fait connaître Sigur Ros, un groupe de rock islandais. Entre-temps, elle a eu un coup de cœur pour Radiohead. « Elle est très ouverte musicalement, elle écoute de tout, confirme Thierry Rogen. Elle adore tout ce qui est pop anglaise, elle aime le funk, elle a les oreilles partout[8]. »

Accusée par certains de ronronner sur le plan musical, comme si elle était abonnée à un son années 80 obsolète, la chanteuse a donc misé, pour son come-back, sur des rythmes électroniques très dansants. Un choix judicieux qui, bien que décalé par rapport à l'air du temps, colle parfaitement à son imaginaire. Elle aurait pu se perdre, comme Madonna avec son album *Hard Candy*, dans un univers R&B qui ne lui ressemble pas, pourvoyeur de clichés où les femmes sont souvent réduites à de purs objets de désir. Elle a choisi des arrangements aériens et métalliques, qui mettent en valeur son goût de la perfection léchée. Et Laurent Boutonnat, qu'on accusait d'enfermer la chanteuse dans un style musical étriqué, proche d'un lyrisme cinématographique vieillot, s'est adapté avec talent à ce nouveau défi. Que la presse n'ait pas été emballée ne change rien à l'affaire : le single *Dégénération* ne ressemble à rien de ce que Mylène a produit auparavant. Preuve que la chanteuse n'a pas fini de nous étonner. Pourvu qu'elle continue à nous hypnotiser avec cette voix qui touche le cœur.

39

Tourner la page

Tout commence comme dans un rêve. Ce matin-là de l'année 1996, Amélie Nothomb reçoit l'appel d'une journaliste de *Vogue* qui souhaite organiser des interviews croisées de personnalités. « Choisissez n'importe quelle vedette qui soit située soit à Paris, soit à Londres », précise son interlocutrice. « La première personne à qui j'ai pensé était Mylène, explique la romancière, parce que depuis plusieurs années j'aimais beaucoup ce qu'elle faisait, notamment l'album *Ainsi soit je*, qui est à mon goût le plus beau et dans lequel j'adore tout. J'ai donc donné une liste au *Vogue* allemand avec Mylène Farmer au sommet, me disant : "Mylène est inaccessible mais on peut toujours rêver." Une semaine après, à ma grande surprise, *Vogue* m'a rappelée en me disant : "Mylène Farmer est OK pour l'interview. Elle a lu vos livres et aime beaucoup ce que vous écrivez..." Je tombe par terre : elle a lu mes livres, c'est le comble [1] ! »

Rendez-vous est pris à l'hôtel de Crillon, le 22 décembre 1995. C'est Mylène qui organise tout, choisit son photographe, Marianne Rosenstiehl. « Je suis arrivée en métro, poursuit Amélie, et j'ai été accueillie comme une reine. On m'a dit : "Attendez, mademoiselle Farmer va venir." Elle est enfin arrivée, maquillage télé, coiffure, habillement incroyable et tout et tout... J'étais très impressionnée, mais le contact s'est très bien passé. Mylène a été charmante. Je ne m'attendais pas à ce qu'elle soit comme cela. Je m'attendais en fait à quelque chose de beaucoup plus distant. Elle était extrêmement disponible, réservée c'est vrai, mais ouverte. Elle parle avec beaucoup d'intelligence. Elle réfléchit beaucoup à ce qu'elle dit et ce qu'elle dit n'est jamais banal. »

Pour la séance de photos, c'est le staff de Mylène qui prend Amélie sous son aile. « Sa coiffeuse et son habilleuse sont venues s'occuper de moi pour que je n'aie pas l'air trop ridicule à côté de la star. On s'est beaucoup amusées pendant cette séance, Mylène y étant beaucoup plus hardie. Ceci a duré environ cinq heures. » La belle entente se poursuit au-delà du travail. « Après, visiblement, le courant était passé, puisque Mylène m'a demandé si j'étais libre le soir. Nous sommes donc allées dans un restaurant japonais en compagnie de Jeff Dahlgren, Thierry Suc et Marianne Rosenstiehl. »

*

Un contact qui passe aussi bien entre deux personnalités aussi atypiques, et l'on se dit que peut-être se noue le début d'une amitié... C'est ensuite que le rêve d'un jour va déboucher sur un grand vide. Quelques semaines plus tard, pourtant, Mylène laisse un message sur le répondeur d'Amélie. Elle ne semble pas au mieux de sa forme et exhorte la romancière à la rappeler. Ce que fait Amélie aussi sec, sans réussir à parler à l'idole de vive voix. Par la suite, elle reçoit un appel de Thierry Suc. Il lui explique que Mylène serait très honorée de pouvoir inclure un texte signé d'elle dans le programme de sa tournée. Flattée, Amélie se met au travail avec sa passion habituelle. Et faxe quelques pages dans la foulée. Hélas ! il sera jugé « trop long » par la star, qui le fait dire à Amélie par le biais de Thierry Suc. Pas de problème, Amélie rédige en un quart d'heure l'article qui sera finalement retenu, où elle cite le fameux mot de Baudelaire, « Le beau est toujours bizarre », pour dépeindre la chanteuse.

Plusieurs mois se passent. Toujours aucune nouvelle de Mylène. Par chance, le « Tour 96 » passe par Bruxelles, où vit Amélie Nothomb. La romancière, qui ne veut rater l'événement pour rien au monde, achète deux places. Le jour du spectacle, elle reçoit un appel du staff de la star : « Naturellement, Amélie, vous êtes invitée. » Un geste qui n'efface pas l'amertume. Même si, avec le recul, l'auteur de *Hygiène de l'assassin* estime que Mylène lui a fait « un très beau cadeau » en partageant une journée entière avec elle, les rendez-vous manqués qui ont suivi lui laissent un goût d'inachevé. Dans la préface de *La Part d'ombre*, une analyse très fouillée de l'univers farmerien, Nothomb évoque d'ailleurs une « muraille de glace » que la chanteuse dresse entre elle et les autres et qui la rend « prisonnière »[2].

*

Pour croiser la route de Mylène, sans doute faut-il accepter d'être uniquement de passage. Ce qu'elle peut offrir à cet instant-là, ce don de sa personne qui semble entier, et même chaleureux, rien ne garantit qu'il se reproduira. Pour cette adepte du « Nevermore » cher aux romantiques, l'existence doit ressembler à une quête insatiable de sensations inédites. Afin de fuir la tiédeur, il faut éviter tout risque de bégaiement. Lorsque Mylène pressent qu'une seconde entrevue sera moins intense que la première, elle préfère ne pas donner suite. C'est ainsi. Se forcer ne servirait à rien. D'ailleurs, elle ne se force en rien.

*

Si l'on devait établir la liste de ceux qui ont attendu en vain un coup de fil de Mylène, sans doute serait-elle longue. Mais, davantage encore que ces rencontres furtives qui ont pu faire naître des espoirs déçus, égratignures vite pansées, certains collaborateurs historiques, écartés de la route de la chanteuse, en ont gardé une forme d'aigreur. Jean-Claude Dequéant, le compositeur de *Libertine*, est de ceux-là. Dès 1987, alors que son tube a fait basculer le destin de la chanteuse, le duo Boutonnat/Farmer prend ses distances. « Ce sont eux qui se séparent de moi. Je suis assez contrarié : mon nom n'est jamais cité nulle part, même pas dans les propos de Mylène – une évocation de temps en temps, ça fait toujours plaisir. Je l'exprime avec un peu de véhémence et l'on finit par se quitter[3]. »

Avec le recul, Dequéant comprend mieux les motivations de cette rupture artistique : la chanteuse et son mentor fonctionnent en circuit fermé et veulent le moins possible dépendre des autres. Elle va écrire les paroles, lui les partitions : ainsi, ils seront les seuls artisans de leur succès. « Laurent devait prouver qu'il était capable lui-même de fabriquer des tubes aussi forts que *Libertine* [...] La suite lui a donné raison puisqu'il y a eu d'autres chansons formidables nées de son cerveau et de celui de Mylène. J'ai par exemple une grande admiration pour *Désenchantée* ou *C'est une belle journée*[4]. »

À deux, ils se créent une bulle où, finalement, les autres ne seront jamais que de simples figurants. Et malheur à ceux qui voudraient s'octroyer un premier rôle : à se croire indispensable, on s'attire une sanction d'autant plus implacable. Bertrand Le Page, dont le comportement devenait ingérable, en a fait les frais. Mais d'autres se sont vus remerciés sans avoir pour autant commis la moindre faute. Le cas de Christophe Mourthé est sans doute différent, puisque c'est lui qui coupe les ponts avec la chanteuse. Jugeant que ses talents ne sont pas reconnus à leur juste valeur, il décide de mettre fin à leur collaboration en 1987, après des vacances particulièrement tendues. Pour que la star comprenne sa décision, il boycotte le rendez-vous qu'elle lui a fixé. Un geste ensuite lourd à assumer. Car Mylène ne le contactera plus. Et il faudra dix ans au jeune photographe pour faire son deuil. « Quand vous entendez ses chansons à la radio et que vous la voyez à la une des magazines, les blessures ont du mal à se refermer[5] », dit-il.

*

Une fois la page tournée, difficile de revenir en arrière. Elsa Trillat le sait. Pour elle aussi, la porte s'est soudain fermée à double tour, avec tout ce que cela suppose d'amertume. Des années plus tard, elle croise la chanteuse dans un aéroport. Toutes deux avaient été si complices par le passé que la photographe, intriguée par cet heureux hasard, tente de renouer le contact. En vain. « Derrière ses lunettes de soleil, Mylène est restée distante. Elle m'a dit avoir trop souffert pour envisager de me revoir. C'était une fin de non-recevoir, polie mais ferme[6]. »

Pour Sophie Tellier aussi, la coupure est douloureuse. Au début des années 1990, la chorégraphe souhaite travailler davantage « pour elle » et moins « dans l'ombre des artistes ». Au moment de *Giorgino*, elle espère tout de même décrocher un rôle, comme Laurent Boutonnat le lui aurait laissé entendre des années auparavant. Mais quand elle en parle à Mylène, elle s'entend répondre : « C'est un film international, donc le casting est international[7]. » Une douche froide. Sans doute, d'ailleurs, la star n'imagine-t-elle pas à quel point Sophie se sent blessée. Ainsi, lorsque la chanteuse l'appelle à la rescousse, depuis New York, pour l'aider à choisir ses danseurs pour la tournée de 1996, la chorégraphe dit non. « Toutefois, je lui laisse mon assistant, l'un des danseurs, Christophe Danchaud, ainsi que Valérie Bony – des gens en qui elle a confiance[8]. » Depuis, plus aucune nouvelle. Et pourtant, malgré une cassure professionnelle qu'elle reconnaît avoir provoquée, Sophie Tellier aurait aimé revoir Mylène. Il faut croire que, lorsque vous lui dites non une fois, les ponts sont coupés à jamais...

*

Faut-il en déduire que la star serait une manipulatrice prompte à exploiter le talent des autres avant de les jeter aux orties lorsqu'elle n'a plus besoin d'eux ? Certains ne sont pas loin de le penser. Pour Christian Padovan, musicien de la première heure, la chanteuse sait jouer de sa timidité afin d'obtenir ce qu'elle veut de ses collaborateurs. « C'est sa séduction. Personne n'est dupe, mais on préfère ne pas savoir si c'est de la manipulation ou pas[9]. » Toutefois, dans ce débat, il convient de distinguer le ressenti de la réalité. Car s'il est désagréable d'avoir le sentiment qu'on s'est servi de vous, peut-on reprocher à une artiste de chercher à obtenir le meilleur de ceux qui l'entourent ? Philippe Séguy pousse le raisonnement plus loin : « Toute création se nourrit de la sève des autres, me dit-il. C'est le principe de tous les grands artistes. Dès que l'autre est dépulpé, il n'a plus de raison d'être[10]. »

Certes. Mais l'art d'utiliser le talent des autres peut aussi s'exercer sans cynisme, avec respect. C'est ce que fait Mylène, y compris dans sa manière de rompre. Dès qu'elle décèle chez ses collaborateurs des frustrations ou des velléités d'indépendance, elle ne cherche pas à les retenir. Pourquoi leur compliquerait-elle la tâche ? La vraie question serait plutôt : pourquoi diable s'acharnent-ils à vouloir revenir après avoir tenté de partir ? Certes, travailler avec elle est toujours un choix. Il suppose une part d'abnégation, de soumission aussi, non à sa personne mais aux choix artistiques qu'elle a décidés. « Qui m'aime me suive », fredonne-t-elle dans *L'Amour n'est rien...* Mais elle n'oblige personne à l'aimer.

*

Mylène n'est pas de ceux qui s'encombrent du passé. Survivre dans ce milieu si dur, c'est se projeter sans cesse dans le futur. Quitte à réécrire l'histoire, du moins à effacer les souvenirs qui ne font pas sens dans son parcours.

François, qui partagea un stage d'équitation avec Mylène à Conches en 1979, l'a appris à ses dépens.

Un soir de 1988, il aperçoit l'ex-cavalière à la télévision dans « Lahaye d'honneur », une émission en direct sur TF1. Ni une ni deux, il grimpe sur sa moto et fonce dans les studios de La Plaine-Saint-Denis pour des retrouvailles qu'il espère chaleureuses. La chanteuse se trouve à l'arrière d'une voiture, sur le point de quitter les lieux. Autorisé à s'approcher d'elle par Bertrand Le Page, il se présente. Mais bientôt, son enthousiasme retombe. « Elle ne me reconnaît pas. Ai-je changé à ce point ? Lorsque je lui rappelle les stages d'été, elle me répond simplement : "Écoutez, j'ai la mémoire qui flanche." Alors, j'essaie d'évoquer un maximum de souvenirs, en un temps record, mais rien n'y fait. Elle a déjà un statut de star. On ne se reverra jamais, malheureusement [11]. »

La chanteuse aurait-elle menti ce jour-là ? Rien ne permet de l'affirmer. Pour elle, qui a le sentiment d'avoir commencé à exister avec la chanson, il est naturel que ce qui relève de sa préhistoire se soit en partie évaporé. La fameuse phrase de Nietzsche, « l'oubli est la manifestation d'une santé robuste », s'applique à merveille dans le cas de Mylène. Pour affronter le présent avec l'énergie nécessaire, encore faut-il ne pas être encombré de scories du passé ; à plus forte raison quand ce passé vous rappelle que vous n'avez pas toujours été une star reconnue et adulée. C'est l'hypothèse, en tout cas, que forge Sophie Tellier lorsqu'elle réfléchit sur la question. « Le passage de la petite Mylène toute timide à ce qu'elle est devenue maintenant me fascine. C'est plutôt cette mutation, la construction du personnage, que je trouve incroyable. Elle a su retenir les conseils de Bertrand Le Page, c'est l'une de ses qualités : elle emmagasine très vite et elle est très bosseuse. Elle a appris le chant sur le tas, puisqu'au départ elle ne chantait pas du tout. La danse également, elle a gardé tout ça, on ne peut pas le lui enlever. Peut-être qu'elle ne désirait plus vraiment me voir parce que je suis "un témoin" de tout ce travail et de toute cette transformation [12]. »

*

Là encore, n'allons pas prêter à la chanteuse une dureté qui la rendrait insensible à la souffrance d'autrui. Même dans une histoire d'amour, rien n'est simple : celui qui rompt n'est pas forcément le bourreau, face à une innocente victime. Que Mylène soit capable de se détourner de personnes qui lui ont beaucoup apporté, c'est un fait. Qu'elle le fasse, aux dires de certains, avec indifférence, ce n'est, en revanche, absolument pas avéré. Au contraire, tout porte à croire qu'à chaque fois se produit un déchirement, un sacrifice nécessaire mais coûteux.

C'est sans doute le sens de sa reprise, lors de la tournée 1989, de la chanson de Marie Laforêt, *Je voudrais tant que tu comprennes*. À qui songe-t-elle en l'interprétant ? Quel souvenir peut provoquer un tel torrent de larmes ? La réponse n'appartient qu'à Mylène. Pourtant, une chose est sûre : les paroles lui vont comme un gant. « Je voudrais tant que tu comprennes / Toi que je vais quitter ce soir / Que l'on peut avoir de la peine / Et sembler ne pas en avoir. » C'est le thème de la rupture qui est clairement évoqué ici. Une séparation froide et irréversible, mais qui cache en réalité une souffrance. « Le cœur blessé on peut sourire / Indifférente apparemment », chante-t-elle. Combien de collaborateurs, d'amis, d'amants peut-être, ont-ils ressenti cette cruelle absence quand la chanteuse s'est détournée d'eux ? Sans doute faut-il voir cette chanson comme une lettre d'adieu qu'elle aurait pu adresser à chacun d'eux.

Oui, on peut tourner des pages qui sont autant de visages sans être un monstre. Que celui qui voudrait jeter la pierre à Mylène s'interroge sur son propre passé. Qui pourrait se targuer d'avoir cheminé sans laisser personne sur le bas-côté ?

40

Un mythe de son vivant

« Elle venait et s'en allait comme une ombre », « la peau rivalisant avec le plus pur ivoire ». « L'étrangeté que je trouvais dans les yeux était indépendante de leur forme, de leur couleur et de leur éclat, et devait décidément être attribuée à l'expression. » On jurerait une évocation de Mylène, du moins de l'héroïne diaphane et romantique, incarnée dans certains de ses clips. Mais non, ces mots d'Edgar Poe dressent le portrait de Ligeia, l'un des fascinants personnages de ses *Histoires extraordinaires* [1]. Une femme qu'on croit morte, mais qui renaît à la vie sous les traits d'une autre. Tout un symbole pour la chanteuse, qui s'est inspirée de cette nouvelle pour écrire la chanson *Allan*.

« De tout mon être je viens vers toi », entonne-t-elle, s'adressant à cette morte vivante comme à une sœur de sang. Autre lien troublant entre les deux femmes : « la pénétrante et subjuguante éloquence de sa profonde parole musicale ». Dans la préface du livre, Baudelaire, le poète traducteur, en qualifiant les femmes qui peuplent les *Histoires extraordinaires*, décrit « une voix qui ressemble à une musique » ainsi qu'une « mélancolie inguérissable ». Encore une fois, on pourrait utiliser ces mots sans en changer aucun pour qualifier Mylène. Dans certains passages de la nouvelle, alors que le narrateur ressent une relation de forte dépendance avec son personnage, il serait presque possible d'entendre le mentor Boutonnat parler de sa muse : « Sans Ligeia, je n'étais qu'un enfant tâtonnant dans la nuit. »

*

Si Mylène est parvenue à se hisser au rang de mythe de son vivant, c'est d'abord parce qu'elle a su incarner une héroïne, transcender la banalité du quotidien afin de porter des valeurs universelles. Là où seules des comédiennes avaient réussi cet exploit, parce que des metteurs en scène les ont sublimées à l'écran, elle a bénéficié du talent de Laurent Boutonnat sans lequel rien n'aurait été envisageable. Ce n'est pas une chanteuse qui regarde l'objectif en suppliant qu'on l'aime, mais une actrice engagée dans une action, un personnage auquel on s'identifie, un support pour toutes nos projections.

Dans un entretien publié dans le magazine *Lire*, l'écrivain Linda Lê décrit le processus qui aboutit au mythe. « C'est seulement par la connaissance des gouffres que l'on peut atteindre la vérité et par l'exploration des marges et de la nuit que l'on peut atteindre le mythe[2]. » Sans doute parce qu'elle s'est risquée à descendre dans les zones les plus ténébreuses de l'inconscient, Mylène a conquis cette dimension unique dans le paysage musical français. Ce voyage intérieur jusqu'à la racine de nos pulsions les plus archaïques confère un relief inédit à son œuvre. Jeux visant à défier la mort, découverte d'une nature humaine où la cruauté n'est jamais absente, revendication d'une liberté sexuelle totale... Il y a quelque chose de subversif dans les messages délivrés, un goût de faire la nique à l'ordre social. Même une chanson aussi entraînante que *C'est dans l'air*, sur l'album *Point de suture*, paraît une forme d'apologie du péché. « Les bons apôtres je les mange », fredonne une Mylène qui n'hésite pas à « parfois piquer la poupée ».

Rien de satanique là-dedans, juste une profondeur inhabituelle dans le répertoire d'une chanteuse populaire. Dire la banalité ne rime à rien. Tous ceux qui ont approché Mylène lui reconnaissent une conversation qui n'est jamais ordinaire. Elle pèse chaque mot, préfère de loin le silence aux formules attendues. Pourquoi parler si c'est pour combler un vide qui, de toute façon, ne l'effraie pas ? De même, pourquoi chanter si c'est pour enfiler des perles ? D'autres, les plus nombreux, le font à sa place... « Tout ce qui est tiède m'ennuie, le politiquement correct, l'uniformité de pensée et d'expression[3]. » On ne le dit pas assez : derrière l'imaginaire farmerien, se trouve une pensée en mouvement, une préoccupation quasi philosophique, une quête de vérité. Des reniements, parfois, ou des contradictions patentes, mais toujours une exploration sincère, le goût de tordre le cou aux idées reçues. « Il y a de l'uniformité partout / De la pensée en boîte et c'est bien tout ! » murmure-t-elle dans *Porno Graphique*.

*

Savoir ce qu'il y a derrière, décortiquer, ouvrir, inciser, et dire ce que les autres n'osent voir par peur ou manque de curiosité : voilà le projet de tout artiste digne de ce nom. Il y a deux types d'enfants : ceux qui s'amusent avec les jouets qu'on leur offre et ceux qui préfèrent les déconstruire, comprendre comment ils fonctionnent. Mylène se situe dans le second camp, minoritaire. De ce point de vue, le choix des photographies du Japonais Alsuiki Tumi pour illustrer la pochette et le livret de *Point de suture* n'est pas anodin. Cette poupée recousue au milieu des instruments chirurgicaux, qui n'aurait pas déplu à Marilyn Manson, constitue une réponse forte au titre de l'album. La star s'en est expliqué. « Dans le livret de cet album, il y a une réplique d'Al Pacino, qui incarne Carlito dans le film *L'Impasse*. Avant de mourir, en voix off, il dit : “Tous les points de suture ne pourront me recoudre.” C'est aussi ce que je ressens. J'ai pour ma part choisi l'ambiguïté... *Point de suture*, ici au singulier, évoque aussi bien qu'il n'y a aucune possibilité de suturer les plaies que l'espoir de guérison[4]. »

Entre les deux hypothèses, optimiste ou pessimiste, c'est l'histoire du verre à demi plein ou à demi vide qui se rejoue sans cesse. On le sait depuis longtemps, la chanteuse a clairement choisi son camp, même si elle s'efforce de « voir le soleil quand la nuit nous accable », selon ses propres mots dans *Slipping Away*, le duo avec Moby. « L'optimisme me fait peur, il est toujours en décalage avec la réalité des choses. Je préfère une onde de pessimisme. Mais un pessimisme qui va quand même de l'avant. J'ai malgré tout un côté très bagarreur en moi, que l'on retrouve dans mes textes[5]. »

*

Dans un tel écart, en tout cas, existe une possibilité, pour celui qui écoute, d'échafauder ses propres réponses. Ne jamais verrouiller le message, laisser une place au doute, tel semble être une des constantes de l'imaginaire farmerien. Ainsi, bien malin qui pourrait dire ce que la chanson *Derrière les fenêtres*, présente sur l'album *Avant que l'ombre...*, évoque avec précision. Au-delà de la curiosité sincère d'une star pour les destins ordinaires, le sens demeure comme suspendu, ce qui participe de l'envoûtement.

De même, le titre *Point de suture* est une petite merveille d'ambiguïté. On croit d'abord qu'il s'agit d'un clone de *Pas le temps de vivre*, mais on découvre des paroles aériennes qui défient la logique. « Prends-moi dans tes bras / Donne-moi la main / Ne viens plus ce soir / Dis, je m'égare », répète Mylène dans le refrain. Là encore, la chanteuse touche du doigt une réalité psychologique subtile, cet état d'indécision où l'être peut basculer en un quart de seconde de l'équilibre au déséquilibre, ces moments où l'autre est suspendu à nos atermoiements. Le résultat est éblouissant.

*

Il y a dans ces points de suspension-là quelque chose qui entretient aussi le mythe. Depuis ses débuts, Mylène se caractérise par une approche singulière de la temporalité. Son exploit ? Se situer toujours en dehors des modes, afin de se préserver du risque d'être démodée un jour. « J'ai tendance à me situer hors de l'Histoire, dit-elle. Pas hors du temps, mais hors de l'Histoire[6]. » Bien sûr, nul ne peut sauter par-dessus son époque, mais force est de constater que la chanteuse, en se forgeant une image intemporelle, a échappé à l'étiquette étriquée qui colle à la peau de ceux qui ont débuté, comme elle, dans les années 1980. Qu'on visionne à nouveau ses premiers clips : on constatera qu'ils n'ont pas pris une ride.

Le fait que certaines vidéos soient de libres adaptations de contes de l'enfance, en particulier *Tristana* et *Sans contrefaçon*, n'est pas étranger à ce sentiment. Dans *Les Contes et leurs fantasmes*[7], l'écrivain Jean Bellemin-Noël opère un rapprochement passionnant entre le conte et le rêve. Freud voyait dans le rêve « des accomplissements de désir [...] reposant pour une bonne part sur les impressions laissées par des événements infantiles [...] et bénéficiant pour leurs créations d'une certaine indulgence de la part de la censure[8] ». Prolongeant cette réflexion, Bellemin-Noël définit les contes comme « des rêves qu'on partage au lieu de les inventer chacun pour soi [...] en restant éveillé... » À partir de la phrase magique « il était une fois », tous les scénarios sont placés sous le signe de l'évidence. Rien ne peut plus étonner celui qui se laisse embarquer dans l'histoire. Pour résumer sa pensée, le psychanalyste lâche cette formule : « Le conte merveilleux est le prêt-à-porter du fantasme. »

*

C'est à un périple de ce type dans l'inconscient que nous convie Mylène. Dans la plupart de ses clips, il existe bien un « il était une fois », formule qui permet d'adhérer à tous les possibles, aussi abracadabrants soient-ils. Peu d'observateurs ont compris la place de la sorcellerie dans cet univers. Être un mythe, c'est dépasser la simple condition de mortel. Pour preuve, la star réapparaît en magicienne, en 2008, dans le clip de *Dégénération*, clin d'œil au *Cinquième Élément* de son ami Luc Besson. Créature douée de pouvoirs magiques, l'héroïne de la vidéo est tout un symbole. Car derrière les pouvoirs surnaturels lui permettant de répandre l'harmonie et l'amour, les images bleutées du réalisateur Bruno Aveillan réveillent la toute-puissance propre à l'enfance.

Au fond, si Mylène est devenue un mythe, c'est parce que son répertoire est une histoire sans fin, un conte inachevé qui nous replonge dans le bain des premières années. Un monde où la douceur côtoie la terreur, mais surtout où l'imagination nous permet sans cesse de réinventer notre vie, sans nous soucier des contraintes de la réalité. Qui pourrait vouloir renoncer à ce voyage-là ?

41

Le risque de l'absence

Au piano, les premières notes d'*Avant que l'ombre...* résonnent comme un chant du cygne. Le public de Bercy sait qu'elle va disparaître. Et pour longtemps. Nous sommes le 29 janvier 2006. C'est le tableau final de la dernière date de cette série exceptionnelle de treize spectacles. Mylène est immobile, le regard dirigé vers le ciel, vêtue d'un manteau rouge sang brodé d'or et de pierres dessiné par Franck Sorbier. Au bout de quelques minutes, elle tourne le dos au public et se dirige lentement vers l'escalier, installé dans les coulisses de la scène afin de dégager une perspective – un horizon pour l'imaginaire. De chaque côté, des torches suspendues évoquent le décor conçu par Jean Cocteau pour *La Belle et la Bête*.

Un rideau d'eau, comme une pluie scintillante, sépare désormais la scène du public. Un souffle de fraîcheur se répand dans la salle. Elle gravit les marches une à une, dans un mouvement au ralenti, laissant la traîne de son manteau glisser sur le sol. Une reine en son palais. Puis, imperceptiblement, sans cesser de cheminer, elle se débarrasse de cette étoffe lourde comme un serpent le ferait d'une peau morte. Vêtue de sous-vêtements couleur chair, elle semble nue aux regards qui la fixent de loin. Et soudain, alors que le mot « passé » tombe en lettres d'eau, suscitant un formidable enthousiasme, elle se retourne vers la salle. Silhouette qui se découpe en ombre chinoise devant un nuage de fumée blanche, elle lève doucement la main et se fige dans cette position. Un dernier au revoir adressé au public, tandis que les deux immenses portes sculptées du décor se referment inexorablement sur elle.

Un immense vide. Dans la salle, des centaines de visages semblent perdus. Elle a été là, si proche et si lointaine, suspendue dans les airs, dansant ou pleurant au milieu de la fosse, traversant un pont suspendu, ne ménageant pas ses efforts pour que les spectateurs, de tous les côtés, savourent sa présence. Et puis, plus rien. Rarement sortie de scène aura été aussi époustouflante. Toute la presse s'est d'ailleurs accordée à le reconnaître. Et le public ne s'y est pas trompé : il s'est rué sur le DVD du concert, commercialisé en novembre 2007 et vendu à près de cinq cent mille exemplaires. Encore un nouveau record.

*

Une sortie de scène qui en dit long, aussi, sur le souci qui anime Mylène de soigner le moment délicat où elle prend congé de ceux qui l'aiment. Accusée par ses détracteurs de théâtraliser ses départs pour susciter un manque chez ses fans, la star s'en est expliquée avec simplicité. « J'entretiens avec le public un rapport d'exigence, dit-elle. Je lui demande beaucoup et il me demande beaucoup. Cette relation exige la sincérité. C'est un peu comme un ami à qui vous ne donneriez pas de vos nouvelles et qui respecte ce silence parce que, précisément, il vous connaît bien. Ce silence annonce des retrouvailles encore plus belles [1]. »

En même temps, il faut reconnaître que Mylène excelle dans ce jeu de cache-cache où la séduction n'est pas absente. Elle s'en amuse d'ailleurs elle-même en écrivant la chanson *L'Histoire d'une fée, c'est...*, qui figure sur la bande originale du film *Les Razmoket à Paris*. Une commande, apparemment suggérée par Madonna – l'album est produit par Maverick, la société appartenant à la

Ciccone –, que Mylène va détourner à son seul profit. Sans jamais évoquer les personnages du dessin animé, elle livre une clé aidant à comprendre sa personnalité. « Avant que minuit ne vienne / Attrapez-moi / Jeux de mains, jeux de M / Émoi », chante-t-elle avec malice, laissant entendre « aimez-moi ».

*

Se faire rare pour maintenir le désir intact... La recette a longtemps fait ses preuves. Pourtant, elle porte en germe un risque que Mylène n'ignore pas : celui de lasser. Ainsi, en 2004, au moment de la sortie d'*Avant que l'ombre...*, son sixième album studio, le refus de la chanteuse d'en assurer la promotion va fragiliser son empire. À l'heure critique où le marché du disque s'est effondré de moitié, en partie à cause du développement des téléchargements illégaux via Internet, cette position intransigeante n'a rien arrangé. Lassés de voir leurs demandes d'interviews systématiquement rejetées, les médias ont boudé la chanteuse. Par un phénomène de contagion, sans doute, les radios ont moins diffusé les extraits de l'album, si l'on excepte *Fuck Them All*. Ainsi, la ballade *Redonne-moi*, jugée trop lente par les programmateurs, est-elle carrément passée à la trappe. Quant aux clips ayant illustré les singles de l'album, ils n'ont pas créé le choc attendu. Noyés dans la masse, ils n'ont pas laissé un souvenir aussi fort que nombre de vidéos précédentes.

Certes, le succès éclatant des concerts de Bercy, ainsi que le joli retentissement du duo avec Moby, *Slipping Away* – qui s'est hissé à la première place du Top 50 – ont tempéré ce sentiment. Mais les « ennemis mortels » évoqués par Mylène lors de son interview avec Thierry Demaizière sont déjà à l'affût, alléchés par l'odeur du sang, prêts à donner l'estocade finale au cas où ils sentiraient la belle flancher. Pensez donc ! Plus de vingt ans qu'ils attendent ça. Vingt ans que certains de ces artistes frustrés, chroniqueurs dans les médias ou programmateurs dans les radios, souhaitent déboulonner la statue de l'idole. Vingt ans qu'elle résiste sans pratiquer l'art des courbettes, dans une forme d'indifférence souveraine. Bras d'honneur insupportable qui alimente le ressentiment, forcément. Au début, bien sûr, les critiques l'ont affectée. Un article de *Libération* commentant un de ses passages sur scène a titré : « Mylène Farmer n'existe pas[2]. » Il faut avoir la tête solide pour encaisser. À force d'être dénigrée par la presse, la chanteuse a fini par se bâtir une carapace.

Alors pas de quoi s'alarmer si les médias accueillent son nouvel album avec réserve. Une fois de plus, ils finiront par s'incliner devant la ferveur populaire. Car la star peut compter sur une armée de dizaines de milliers d'inconditionnels capables d'aller au combat pour elle. En août 2008, dès la première semaine de sortie du single *Dégénération*, ils ont été vingt-sept mille à se procurer le disque, propulsant la chanson au sommet du Top 50. Une première réponse cinglante à ceux qui ont trouvé *Point de suture* « sans surprise » ou « peu inspiré ».

*

Parce qu'elle n'est jamais aussi guerrière que dans l'adversité, Mylène a décidé de frapper fort pour son retour. Pas question de se répandre en interviews, mais pas question non plus de briller par son absence, ce qui signifie bien cibler sa promotion. Un plan imparable en trois étapes.

Une interview dans *Paris Match* en mars 2008 pour annoncer son retour sur scène. Une interview dans *Têtu* en septembre 2008, en direction du noyau dur de ses fans, avec une couverture qui frappe les esprits. Une apparition remarquée, vêtue d'un blouson de cuir noir, sur le plateau du journal de 20 heures de Claire Chazal le 31 août, sur fond de polémique avec Laurence Ferrari, à qui elle aurait refusé, quelques jours plus tôt, une interview en duplex.

Il n'en fallait pas davantage pour que la belle, sans déroger à sa ligne de conduite, semble soudain omniprésente.

Son album, ses concerts, les nouveaux records, toute la presse en parle, et la Toile s'enflamme. Une fois de plus, elle a réussi à forcer ses détracteurs, qui rêvaient tant de la bouder pour que le public l'oublie, à parler d'elle sans pour autant condescendre à leur adresser la parole.

*

Parviendra-t-elle à réaliser son rêve de disparaître totalement tout en continuant à publier des albums ? Désormais, ce défi ne lui semble plus hors de portée. La preuve ? Alors que la plupart des journalistes ont largement commenté la photographie trash de la poupée recousue, aucun n'a souligné que, pour la première fois de sa carrière, la chanteuse était absente de la pochette. Tout juste trouve-t-on un portrait d'elle, de profil, à l'intérieur du livret – avec, sur l'épaule, une cicatrice composée de trois lettres qui semblent signifier, dans la langue hébraïque : « Avec la volonté de Dieu ». Ce qui confirme l'impression d'un effacement progressif : si l'on regarde les clips de ces dernières années, on constatera que la chanteuse est invisible dans trois d'entre eux, *C'est une belle journée*, *Peut-être toi* et *Slipping Away*.

Malgré tout, conjurer le risque de l'absence, elle le sait, demeure un exercice périlleux, surtout dans le monde contemporain. Se situer en marge de la société des people, qui repose sur un brouillage des lignes entre vie privée et vie publique, revient, bien sûr, à demeurer l'exception. Mais c'est aussi refuser de jouer le jeu, être menacée de disqualification. Contrairement à une Isabelle Adjani qui, après avoir préservé son mystère durant plus de vingt ans, est descendue dans l'arène people, durant l'été 2004, pour évoquer sa rupture avec Jean-Michel Jarre, Mylène tient bon. Dans l'Hexagone, elle demeure l'ultime figure d'un star-system finissant, désormais remplacé par l'avènement des people[3]. « Vous savez, si on y réfléchit bien, dit-elle, les conséquences de ce silence dont vous parlez auraient pu être un handicap à toute idée de succès. J'ai pris ce risque parce que je n'avais pas le choix[4]. »

*

Combien de temps tiendra-t-elle encore ? Ne cédera-t-elle pas un jour au chant des sirènes, pour qu'on parle d'elle, à cette forme de troc par lequel, en échange de révélations intimes, un magazine est prêt à évoquer votre album ou le film dont vous faites la promotion ? Ce serait mal connaître Mylène. Qu'on ne compte pas sur elle pour démolir par un faux pas funeste la forteresse qu'elle a mis tant d'énergie à construire. Bien que de tempérament mélancolique, elle n'a aucun goût pour l'autodestruction.

42

Si vieillir lui était compté

Pour la première fois, le visage n'est pas lisse. Le front est strié de rides d'expression. Les yeux sont creusés de cernes que le maquillage accentue. Les cheveux sont plaqués à l'arrière. Sur certains clichés, elle nous fixe avec gravité. Sur d'autres, elle semble perdue, le regard fuyant. Devant l'objectif de Peter Lindbergh, Mylène a accepté de se montrer telle qu'elle est, loin de l'imagerie diaphane véhiculée depuis ses débuts. Une femme à la quarantaine épanouie. Et ces petits défauts n'enlèvent rien à sa beauté. Au contraire, le photographe a réussi à faire affleurer sur son visage la sourde inquiétude qui nourrit l'artiste. Publiés dans la version française du magazine *Vogue*, ces clichés en noir et blanc ont créé un réel émoi parmi ses inconditionnels.

« Beaucoup de gens m'ont avoué que cette série leur avait montré une Mylène Farmer plus "vraie" », a confié Peter Lindbergh après la séance. Lors de la première rencontre entre le photographe et la star, en 1999, son intention avouée était précisément de « casser son image glamour cheveux roux et bouclés ». Pour parvenir à un tel résultat, le maquillage a été déterminant. S'il sert, d'ordinaire, à masquer les défauts, « nous avons choisi, pour cette séance, de renforcer au contraire ces imperfections ». Et, si l'on en croit Lindbergh, la star se serait montrée très satisfaite des clichés. « Cette série a été une sorte d'expérimentation pour Mylène, qui était curieuse de savoir ce qui pourrait en ressortir. Alors que, souvent, les acteurs et les musiciens que je photographie imposent des conditions précises, elle s'est montrée au contraire totalement ouverte à mes propositions. Je crois qu'elle a apprécié la complexité qui se dégageait de ces portraits [1]. »

*

Une Mylène sans artifices, rattrapée par les marques du temps... Sans le défi artistique de confier son visage à l'une des plus prestigieuses signatures de la photographie, la chanteuse aurait-elle accepté d'écorner la belle image ? Peut-être que non. Pour l'esthète qu'elle est, voir sa jeunesse s'enfuir n'est absolument pas un sujet de réjouissance. Dès 1998, elle le dit dans une chanson de l'album *Innamoramento*, dont le titre *Et si vieillir m'était conté*, renvoie à un film illustre de Sacha Guitry : « La nuit de ses doigts de fer / A abîmé la chair / De sa rouille cruelle. » Mais pourquoi donc la vie, après avoir donné la beauté, s'acharne-t-elle à la reprendre ? La question ne cesse de hanter le poète depuis l'aube de l'humanité. Il est si cruel, en effet, de voir se faner la beauté des femmes que le XXIe siècle semble livrer une guerre sans merci contre cette infamie.

Anticiper, n'est-ce pas la seule manière d'accepter l'inacceptable ? Sans doute, mais cela n'empêche pas de se battre pour freiner la course du temps. Interrogée par un journaliste russe en 2000, qui lui demande si elle songe avoir recours, un jour prochain, à la chirurgie esthétique, Mylène répond sans détour. « Je ne crois pas. Beaucoup de femmes avec le temps deviennent plus belles qu'elles n'étaient. Ceci dit, je souhaite rester attrayante longtemps encore [2] ! »

Pour continuer à séduire son public, elle le sait, préserver la fraîcheur de ses traits est essentiel. Et la chanteuse relève le défi haut la main, comme le confirment tous ceux qui l'approchent. Daniela Lombroso, qui la reçoit en 2005 dans une émission de France 2, parle même d'un « teint de jeune fille ». En même temps, assumer son âge, pour Mylène, c'est aussi accepter de se montrer plus pulpeuse, avec ces formes plus féminines dont elle rêvait adolescente, lorsqu'elle se trouvait trop fluette.

*

Quand elle arpentera la scène du Stade de France, le 12 septembre 2009, la star fêtera en public ses quarante-huit ans. « C'est un pur hasard, jure-t-elle. Il y a longtemps que je ne fête plus mon anniversaire. L'idée de réunir des personnes pour le célébrer me tétanise [3] ! » Quelle sera alors sa réaction devant des dizaines de milliers de fans hystériques ? Une immense émotion, sans aucun doute, provoquant un torrent de larmes, c'est inévitable. Chaque année, la chanteuse reçoit des centaines de cadeaux de ses admirateurs, envoyés à sa maison de disques ou à son domicile parisien. Impossible pour elle d'oublier la date de son anniversaire : ses fans ne manquent jamais de la lui rappeler.

À quarante-huit ans, bien des chanteuses ont pris leur retraite. Mylène est l'exception. Et il y a fort à parier que Jean Paul Gaultier, responsable des costumes de la prochaine tournée, s'apprête à dessiner des tenues de scène sexy en diable. S'exhiber en cuissardes, à la ville comme à la scène, ne lui fait pas peur. « Vieillir, je l'accepte parce que c'est une fatalité. Mais grandir, non [4] ! » La raison raisonnable, elle laisse ça à d'autres : quand il s'agit de s'habiller, seul compte le plaisir de se sentir désirable, pour soi et pour les autres.

*

Une sorte de fuite en avant ? Certains n'hésitent pas à le penser. « Vieillir devant son public est un risque énorme pour elle, un danger de voir s'écrouler le mythe qu'elle a échafaudé[5] », me dit Christophe Mourthé. Il y aura donc fatalement un cap difficile. Pas facile, en effet, de se projeter dans un futur lointain quand on a bâti sa carrière sur une image érotique. On le voit bien avec Madonna qui, à cinquante ans, en fait trop dans le côté exhibitionniste.

Certes, comparer les deux chanteuses est une entreprise contestable, un poncif auquel il faut s'empresser de tordre le cou. « Je pense que Mylène a une vision artistique plus profonde et plus riche que celle de Madonna, confie Mark Fischer. Peut-être est-elle moins fashion, mais à travers son travail, elle essaie de nous dire quelque chose au sujet de l'existence[6]. »

C'est justement pour cette raison que la star française est à l'abri d'un tel écueil : son répertoire ne repose pas tout entier sur une image érotique. Il y a dans les paroles de ses chansons un regard posé sur l'existence, des messages d'une teneur universelle qui s'adressent à l'esprit et ne se fondent pas exclusivement sur le désir. Et puis, elle a prévenu : « Je sais que viendra le moment où je ressentirai la nécessité de me retirer[7]. » Pas question, donc, pour elle de livrer le combat de trop, celui qui réduirait à néant vingt-quatre ans de carrière. A-t-elle pour autant l'intention de faire ses adieux dans les années à venir ? « Par respect pour le public, je n'utiliserai jamais cela comme un argument promotionnel[8] », répond-elle à Jérôme Béglé, qui lui demande si le Stade de France sera son ultime concert.

*

Partir comme Greta Garbo, demeurer mythique en gardant l'image intacte... C'est une hypothèse qui n'est pas exclue, mais pas totalement séduisante non plus, tant elle exige de renoncer à un métier qui agit comme une drogue puissante, et surtout de ne plus répondre à la vague d'amour qui s'est abattue sur elle. Le retrait de la Divine, aussi bénéfique fût-il pour sa postérité, pourrait bien avoir en même temps gâché sa vie.

Mylène est-elle prête à un tel sacrifice ? Rien n'est moins sûr, d'autant qu'elle semble désormais comblée sur tous les plans. « Je souhaite faire ce métier le plus longtemps possible[9] », confiait-elle en 2004.

Dès lors, on peut donc très bien imaginer qu'elle continue à publier des albums durant encore dix ou quinze ans – à condition, bien sûr, qu'un tel format musical continue d'exister. Si elle persévère dans cette voie, sans doute peut-elle aspirer à un destin à la Barbara, faire vivre le culte dans le cadre de salles intimistes, accompagnée par un seul piano. Une seconde carrière qui ne manquerait pas de panache. Certes, pour l'heure, elle clame encore son goût de la démesure, mais elle conçoit déjà l'instant où cet appétit aura disparu : « Je saurai quand viendra le moment où il faudra que je change. Non pas le fond de mon expression, mais la forme[10]. »

*

Pour tous ceux qui imaginent Mylène comme une femme conduisant sa carrière d'une main ferme sans jamais trembler, le témoignage de Marie de Hennezel, qui a rencontré la star à plusieurs reprises, permet de nuancer le propos. Quelques mois après l'entrevue sur un plateau de télévision organisée par Jean-Luc Delarue, en 1996, la psychologue répond favorablement à une invitation à déjeuner. « C'est un moment qui m'a beaucoup marquée. C'était chez elle, dans un grand appartement. J'étais touchée qu'elle me fasse ainsi entrer dans son intimité. J'ai pu y voir toute la fragilité et la vulnérabilité de cette jeune femme. La solitude aussi. Car elle est l'objet de tant de projections que cela en devient comme une forme de prison. [...] On sent qu'elle est perméable, qu'elle capte les choses et je pense que c'est au prix d'une certaine solitude. Elle m'a vraiment beaucoup touchée[11]. »

*

Une chanteuse prisonnière de l'image qu'elle s'est construite, condamnée à répondre au désir de ceux qui l'aiment : telle est l'équation difficile que Mylène doit résoudre en permanence. Certes, son devoir d'artiste est d'exprimer ses émotions, mais elle ne peut que s'inscrire dans la continuité du fil qui la relie au public depuis toutes ces années. Elle l'avoue au détour de la chanson *Si j'avais au moins...* : « Et moi l'étrange paumée / Fiancée à l'enténèbrement. » Bien qu'elle ait terrassé ses fantômes intérieurs, ils continuent de la poursuivre, comme si elle ne pouvait leur échapper. Sur le plateau du 20 heures de TF1, face à Claire Chazal, elle avoue ainsi s'être amusée avec le mot *Dégénération*, comme pour adresser un clin d'œil à une autre de ses chansons, *Désenchantée.*

Pour demeurer à la hauteur de sa légende, Mylène n'est-elle pas condamnée à ressasser inlassablement les mêmes thèmes, à jongler avec les mêmes états d'âme ? « Tout créateur se répète inlassablement et inexorablement [12] », dit-elle. Elle n'a pas tort. Et c'est même ce qui la différencie d'une Madonna, caméléon qui s'épuise à épouser sans cesse les dernières tendances. La star française possède a contrario une extraordinaire constance. Son entêtement à toujours creuser le même sillon, sans tenir compte des modes, signe sa condition d'artiste véritable.

*

« Le sentiment d'abandon est quelque chose qui me hante [13] », dit-elle. N'est-elle pas, au fond, dans la position de la femme aimée qui, par peur de décevoir son amoureux, se force à incarner son fantasme afin de rester désirable à ses yeux ? « Elle ne cesse de chanter son mystère sans jamais dire son secret », a dit Thierry Demazière à propos de Mylène. Il y a quelque chose de juste et de profond dans cette phrase. Et l'erreur de bien des biographes est sans doute d'avoir cru qu'un tel secret pouvait être exhumé. Mieux, que sa révélation pouvait expliquer l'œuvre comme une évidence. Et si cette part de mystère irrésolue ne constituait-elle pas, au fond, la clé d'un succès nourri par les seules projections du public ? C'est bien connu, le secret est le meilleur terreau pour l'imaginaire.

Dire cela ne retire rien à l'exception de ce parcours, ni même à la singularité de l'œuvre. Car quoi qu'on écrive sur elle, Mylène Farmer restera, dans l'Hexagone, la chanteuse phare du dernier quart de siècle. Aussi inspirés que soient les mots employés pour la dépeindre, aucun n'atteindra jamais la puissance lumineuse d'une de ses chansons.

Remerciements

Écrire un livre sur Mylène Farmer n'est pas un plaisir solitaire. C'est pourquoi je voudrais remercier tous ceux qui l'ont partagé avec moi.

En premier lieu, Claude Gassian, pour avoir réalisé la photo inédite qui figure sur la couverture.

Philippe Séguy, pour la qualité de son témoignage et cette indéfectible amitié qui nous lie à jamais grâce à Mylène.

Bertrand Le Page, qui m'a si souvent appelé, tard dans la nuit, pour me parler d'elle – et à qui je veux rendre hommage ici.

Elsa Trillat, qui m'a touché par sa sensibilité et la relation si tendre qui l'a unie à Mylène.

Christophe Mourthé, pour m'avoir ouvert un coin de son cœur et de son atelier.

Caroline Bee, pour sa fidélité, son humour et le travail, exemplaire de précision, accompli autour de l'idole.

Jean-Rémy Gaudin-Bridet, dont le regard m'a été précieux.

Pierre Fageolle, pour m'avoir confié les cassettes de ses entretiens avec Bertrand Le Page.

Stéphane Singlard, pour son éclairage astrologique.

Olivier Bouchara, pour ses talents de coach.

Merci à Michel Drucker pour le temps précieux qu'il m'a accordé et la pertinence de ses analyses.

Merci à tous ceux qui n'ont pas souhaité être cités.

Aux auteurs qui, avant moi, se sont penchés sur le cas Farmer : Benoît Cachin, Annie et Bernard Réval, Bernard Violet.

À Thierry Suc pour sa courtoisie.

Nathalie Reims pour ses mots et sa loyauté.

Jérôme Béglé pour sa fidélité à la mémoire de notre ami Pascal Sevran.

Merci à tous ceux qui, parfois sans le savoir, m'ont encouragé : Dominique et Sophie, Patrick, Cédrick, Arnaud, Henry, mes parents, mon frère Loïc.

Un immense merci à Pascale, pour avoir toléré ces centaines d'heures passées avec Mylène.

À Solenn et Mathilde qui, à quatre ans à peine, connaissent par cœur les paroles de *L'Instant X* et écoutent en boucle *C'est dans l'air.*

Loin de moi, je voudrais envoyer une pensée amicale à Michelle Bribet, qui m'a entraîné, il y a longtemps déjà, dans sa passion pour Mylène.

Merci également à Thierry Billard, pour la confiance si spontanée qu'il m'a accordée.

Et, bien sûr, merci à Mylène elle-même. Si elle n'existait pas, je ne l'aurais pas inventée autrement.

Les records

— Chanteuse dont le plus de singles ont été classés dans le top 10 :
34 titres, dont 19 consécutifs de *L'Âme-Stram-Gram* (mars 1999) à *Dégénération* (août 2008).

— Records de vente :
– DVD musicaux pour une artiste
Avant que l'ombre... à Bercy : 500 000 exemplaires.
– Best-of
Les Mots : 1 500 000 exemplaires en France.
– Double album live
Live à Bercy : 900 000 exemplaires.

— Record du nombre de disques de diamant :
5 albums consécutifs ont dépassé le million d'exemplaires vendus

— Record de gains pour une chanteuse française : 2001, 2002, 2005 et 2006

— Record de budget pour des clips français :
L'Âme-Stram-Gram : 900 000 euros
California : 600 000 euros
Pourvu qu'elles soient douces : 450 000 euros

— Record de budget pour une tournée française :
Mylenium Tour : 20 millions d'euros

— Record de durée pour un clip français :
Pourvu qu'elles soient douces : 17 minutes

— Record de trophées NRJ Music Awars : 7 à ce jour

— Artiste française la plus exportée en 2002-2003 avec *Moi... Lolita* (interprétée par Alizée) et *Désenchantée* en 2001-2002

— Record du titre le plus diffusé sur les radios russes en 2007, toutes stations confondues, avec *L'amour n'est rien.*

— Record de rapidité pour la vente de deux concerts :
160 000 places vendues en trois heures pour deux dates au Stade de France en septembre 2009.

Discographie sélective

Cette discographie recense la totalité des albums enregistrés en studio ou en public par l'artiste. Tous les singles sont répertoriés, mais j'ai délibérément laissé de côté les différents supports (maxi, vinyles, etc.) déclinés autour d'un même titre. Pour en obtenir la liste exhaustive, les collectionneurs pourront consulter les nombreux sites Internet existant sur le sujet.

CENDRES DE LUNE

Date de sortie : 01 avril 1986 (seconde version en avril 1987).

Ventes France : environ 600 000 exemplaires

— Tracklisting :
Libertine
Au bout de la nuit
Vieux bouc
Tristana
Chloé
Maman a tort
We'll Never Die
Greta
Plus grandir
Libertine (Remix Special Club)
Tristana (Remix Club)
Cendres de lune

— Commentaire :

Laurent Boutonnat est omniprésent sur l'album qui fait connaître sa muse : non seulement il signe la plupart des musiques et des paroles, mais il réalise la photographie retenue pour la pochette du disque. Encore discrète, Mylène n'est créditée que de trois textes, mais nul n'ignore qu'elle a contribué à la genèse de *Libertine*, le fleuron de l'album. Parmi les curiosités de l'opus, *Chloé*, une comptine perverse, et *Greta*, un hommage appuyé à Garbo, un modèle dans l'art du mystère qui va inspirer la chanteuse.

— Singles extraits :

Maman a tort
Date de sortie : mars 1984
Paroles : Jérôme Dahan et Laurent Boutonnat
Musique : Jérôme Dahan et Laurent Boutonnat
Ventes France : environ 100 000 exemplaires
Clip réalisé par Laurent Boutonnat

Plus grandir
Date de sortie : 25 septembre 1985
Paroles : Mylène Farmer
Musique : Laurent Boutonnat
Ventes France : environ 80 000 exemplaires
Clip réalisé par Laurent Boutonnat

Libertine
Date de sortie : février 1987
Paroles : Laurent Boutonnat
Musique : Jean-Claude Dequéant
Ventes France : environ 600 000 exemplaires
Clip réalisé par Laurent Boutonnat

Tristana
Date de sortie : mars 1984
Paroles : Mylène Farmer
Musique : Laurent Boutonnat

Ventes France : environ 300 000 exemplaires
Clip réalisé par Laurent Boutonnat

— 45 tours ne figurant pas sur l'album :
On est tous des imbéciles
Paroles : Mylène Farmer
Musique : Laurent Boutonnat
Date de sortie : février 1985
Ventes France : 40 000 exemplaires
Pas de clip tourné

AINSI SOIT JE
Date de sortie : 14 mars 1988
Ventes France : environ 1 400 000 exemplaires

— Tracklisting :
L'horloge
Sans contrefaçon
Allan
Pourvu qu'elles soient douces
La ronde triste
Ainsi soit je...
Sans logique
Jardin de vienne
Déshabillez-moi
The Farmer's conclusion

— Commentaire :
C'est l'album référence, celui qui fait l'unanimité, aussi bien pour les fans que pour le grand public. Les quatre singles extraits, agrémentés de clips spectaculaires, dont le troublant *Sans contrefaçon*, qui accroche la communauté gay, ou le démesuré *Pourvu qu'elles soient douces*, resteront des chansons cultes du répertoire farmerien. Une intro qui reprend *L'Horloge* de Baudelaire, une variété pop gothique oscillant entre érotisme et désespoir : le duo

Farmer/Boutonnat impose son univers singulier. Et Mylène confirme sa jolie plume.

— Singles extraits :
Sans contrefaçon
Date de sortie : 16 octobre 1987
Paroles : Mylène Farmer
Musique : Laurent Boutonnat
Ventes France : environ 500 000 exemplaires
Clip réalisé par Laurent Boutonnat

Ainsi soit je
Date de sortie : avril 1988
Paroles : Mylène Farmer
Musique : Laurent Boutonnat
Ventes France : environ 150 000 exemplaires
Clip réalisé par Laurent Boutonnat

Pourvu qu'elles soient douces
Date de sortie : 12 octobre 1988
Paroles : Mylène Farmer
Musique : Laurent Boutonnat
Ventes France : environ 700 000 exemplaires
Meilleur classement : 1er au Top 50 durant 5 semaines
Clip réalisé par Laurent Boutonnat

Sans logique
Date de sortie : février 1989
Paroles : Mylène Farmer
Musique : Laurent Boutonnat
Ventes France : environ 250 000 exemplaires
Clip réalisé par Laurent Boutonnat

EN CONCERT
Date de sortie : décembre 1989
Ventes France : environ 300 000 exemplaires

— Tracklisting :
CD1
Prologue
L'horloge
Plus grandir
Sans logique
Maman a tort
Déshabillez-moi
Puisque
Pourvu qu'elles soient douces
Allan

CD2
À quoi je sers...
Sans contrefaçon
Jardin de Vienne
Tristana
Ainsi soit je...
Libertine
Mouvements de lune (Part I)
Je voudrais tant que tu comprennes
Mouvements de lune (Part II)

— Singles extraits :
À quoi je sers
Date de sortie : juillet 1989
Paroles : Mylène Farmer
Musique : Laurent Boutonnat
Ventes France : environ 120 000 exemplaires
Clip réalisé par Laurent Boutonnat

Allan live
Date de sortie : janvier 1990
Paroles : Mylène Farmer
Musique : Laurent Boutonnat
Ventes France : environ 60 000 exemplaires
Clip réalisé par Laurent Boutonnat

Plus grandir live
Date de sortie : mai 1990
Paroles : Mylène Farmer
Musique : Laurent Boutonnat
Ventes France : environ 60 000 exemplaires
Clip réalisé par Laurent Boutonnat

L'AUTRE
Date de sortie : 09 avril 1991
Ventes France : environ 1 800 000 exemplaires

— Tracklisting :
Agnus Dei
Désenchantée
L'Autre
Je t'aime mélancolie
Psychiatric
Regrets (en duo avec Jean-Louis Murat)
Pas de doute
Il n'y a pas d'ailleurs
Beyond My Control
Nous souviendrons-nous

— Commentaire :
Grâce à *Désenchantée*, qui reste le plus grand tube de Mylène à ce jour, l'album atteint des records de ventes. Peut-être moins inspiré que l'opus précédent, même s'il contient quelques perles, notamment le savoureux *Je t'aime mélancolie* ou le déroutant *Psychiatric*, *L'Autre* permet à Mylène, qui a opté pour une coupe à la garçonne, de quitter son personnage historique de *Libertine* pour entrer dans la modernité. Boutonnat, qui réalise tous les clips, cherche, cette fois, l'inspiration en dehors des contes de l'enfance. Ne pas se fier à la pochette blanche : à l'image du titre *Il n'y a pas d'ailleurs*, la tonalité de l'ensemble demeure sombre.

— Singles extraits :
Désenchantée
Date de sortie : 18 mars 1991
Paroles : Mylène Farmer
Musique : Laurent Boutonnat
Ventes France : environ 800 000 exemplaires
Meilleur classement : 1er du Top 50 durant 9 semaines
Clip réalisé par Laurent Boutonnat

Regrets (en duo avec Jean-Louis Murat)
Date de sortie : fin juillet 1991
Paroles : Mylène Farmer
Musique : Laurent Boutonnat
Ventes France : environ 250 000 exemplaires
Clip réalisé par Laurent Boutonnat

Je t'aime mélancolie
Date de sortie : 21 décembre 1991
Paroles : Mylène Farmer
Musique : Laurent Boutonnat
Ventes France : environ 250 000 exemplaires
Clip réalisé par Laurent Boutonnat

Beyond My Control
Date de sortie : mai 1992
Paroles : Mylène Farmer
Musique : Laurent Boutonnat
Ventes France : environ 130 000 exemplaires
Clip réalisé par Laurent Boutonnat

DANCE REMIXES
Date de sortie : décembre 1992
Ventes France : environ 200 000 exemplaires

— Tracklisting :
CD1
We'll Never Die (Techno Remix)

Sans contrefaçon (Boy Remix)
Tristana (Remix Club)
Sans logique (Illogical Club Remix)
Allan (Extended Mix)
Ainsi soit je (Maxi Remix)
Plus grandir (Mother's Live Remix)
À quoi je sers (Club Remix)

CD2
Que mon cœur lâche (Extended Dance Remix)
Pourvu qu'elles soient douces (Remix Club)
Libertine (Carnal Sins Remix)
Je t'aime mélancolie (Extended Club Remix)
Regrets (Extended Club Remix)
Beyond My Control (Godforsaken Mix)
Désenchantée (Remix Club)

— Singles extraits :
Que mon cœur lâche
Date de sortie : 23 novembre 1992
(mai 1993 pour « My soul is slashed »)
Paroles : Mylène Farmer
Musique : Laurent Boutonnat
Ventes France : environ 120 000 exemplaires
Clip réalisé par Luc Besson

ANAMORPHOSÉE
Date de sortie : 17 octobre 1995
Ventes France : environ 1 200 000 exemplaires

— Tracklisting :
California
Vertige
Mylène s'en fout
L'Instant X
Eaunanisme
Et tournoie...

XXL
Rêver
Alice
Comme j'ai mal
Tomber 7 fois...
Laisse le vent emporter tout

— Commentaire :
Un vrai tournant musical, consécutif à l'exil américain de la star après l'échec du film *Giorgino* : sur la consigne de sa muse, Laurent Boutonnat, qui ne signera aucun clip, donne la part belle aux guitares électriques. D'où un son résolument rock, qui commence par dérouter les fans. Les textes, quant à eux, sont largement inspirés des lectures bouddhistes de Mylène. Loin de sa noirceur habituelle, elle renaît en icône lumineuse. Pourtant, à part *L'Instant X*, *Anamorphosée* n'est pas le réservoir à tubes habituel. Véritable pépite d'un album qui va s'imposer sur la durée, le titre *California*, clipé par Abel Ferrara, est devenu un incontournable, joué dans tous les concerts.

— Singles extraits :
XXL
Date de sortie : 19 octobre 1995
Paroles : Mylène Farmer
Musique : Laurent Boutonnat
Ventes France : environ 120 000 exemplaires
Meilleur classement : 1er au Top 50 durant 1 semaine
Clip réalisé par Marcus Nispel

L'Instant X
Date de sortie : 13 décembre 1995
Paroles : Mylène Farmer
Musique : Laurent Boutonnat
Ventes France : environ 220 000 exemplaires
Clip réalisé par Marcus Nispel

California
Date de sortie : 26 mars 1996
Paroles : Mylène Farmer
Musique : Laurent Boutonnat
Ventes France : environ 110 000 exemplaires
Clip réalisé par Abel Ferrara

Comme j'ai mal
Date de sortie : début août 1996
Paroles : Mylène Farmer
Musique : Laurent Boutonnat
Ventes France : environ 80 000 exemplaires
Clip réalisé par Marcus Nispel

Rêver
Date de sortie : 16 novembre 1996
Paroles : Mylène Farmer
Musique : Laurent Boutonnat
Ventes France : environ 110 000 exemplaires
Clip réalisé par François Hanss

LIVE À BERCY
Date de sortie : août 1997
Ventes France : environ 900 000 exemplaires

— Tracklisting
CD1
Ouverture
Vertige
California
Que mon cœur lâche
Et tournoie...
Je t'aime mélancolie
L'Autre...
Libertine
L'Instant X
Alice

CD2
Comme j'ai mal
Sans contrefaçon
Mylène s'en fout
Désenchantée
Rêver
Laisse le vent emporter tout
Tomber 7 fois...
Ainsi soit je...
La poupée qui fait non
XXL

— Singles extraits :
La poupée qui fait non
Date de sortie : 29 avril 1997
Paroles : Franck Gérald
Musique : Michel Polnareff
Arrangements : Yvan Cassar
Ventes France : environ 90 000 exemplaires

Ainsi soit je live
Date de sortie : 20 août 1997
Paroles : Mylène Farmer
Musique : Laurent Boutonnat
Ventes France : environ 70 000 exemplaires

INNAMORAMENTO
Date de sortie : 7 avril 1999
Ventes France : environ 1 200 000 exemplaires

— Tracklisting :
L'Amour naissant
L'Âme-Stram-Gram
Pas le temps de vivre
Dessine-moi un mouton
Je te rends ton amour
Méfie-toi

Innamoramento
Optimistique-moi
Serais-tu là ?
Consentement
Et si vieillir m'était conté...
Souviens-toi du jour
Mylenium

— Commentaire :

Avec le clip de *L'Âme-Stram-Gram*, Mylène renoue avec le grand spectacle qui a fait sa légende. Musicalement, c'est un retour aux sources : les guitares s'effacent devant les claviers. Quant à la thématique d'ensemble, elle s'inspire d'un essai d'Alberoni, décliné dans plusieurs chansons, *L'Amour naissant*, *Innamoramento* et *Mylenium*. Nourri de multiples références littéraires, l'album ressemble à un vibrant appel à l'amour. Les clips des singles extraits vont marquer les esprits, notamment celui de *Je te rends ton amour*, qui s'attire les foudres des censeurs. Une fois n'est pas coutume, la chanteuse signe les partitions de cinq titres.

— Singles extraits :
L'Âme-Stram-Gram
Date de sortie : 09 mars 1999
Paroles : Mylène Farmer
Musique : Laurent Boutonnat
Ventes France : environ 150 000 exemplaires
Clip réalisé par Ching siu-Tung

Je te rends ton amour
Date de sortie : 08 juin 1999
Paroles : Mylène Farmer
Musique : Laurent Boutonnat
Ventes France : environ 100 000 exemplaires
Clip réalisé par François Hanss

Souviens-toi du jour
Date de sortie : 28 septembre 1999
Paroles : Mylène Farmer
Musique : Laurent Boutonnat
Ventes France : environ 130 000 exemplaires
Clip réalisé par Marcus Nispel

Optimistique-moi
Date de sortie : 22 février 2000
Paroles : Mylène Farmer
Musique : Mylène Farmer
Ventes France : environ 125 000 exemplaires
Clip réalisé par Michael Haussman

Innamoramento
Date de sortie : 18 juillet 2000
Paroles : Mylène Farmer
Musique : Laurent Boutonnat
Ventes France : environ 100 000 exemplaires
Clip réalisé par François Hanss

MYLENIUM TOUR
Date de sortie : décembre 2000
Ventes France : environ 650 000 exemplaires

— Tracklisting :
CD1
Mylenium
L'Amour naissant
L'Âme-Stram-Gram
Beyond my control
Rêver
Il n'y a pas d'ailleurs
Mylène Is Calling
Optimistique-moi
Medley (Pourvu qu'elles soient douces, Maman a tort, Libertine, Sans contrefaçon)
Regrets

CD2
Désenchantée
Méfie-toi
Dessine-moi un mouton
California
Pas le temps de vivre
Je te rends ton amour
Souviens-toi du jour
Dernier sourire
Innamoramento

— Single extrait :
Dessine-moi un mouton live
Date de sortie : 5 décembre 2000
Paroles : Mylène Farmer
Musique : Laurent Boutonnat
Ventes France : environ 80 000 exemplaires
Clip réalisé par François Hanss

— Single extrait de la bande originale de film *Les Razmoket à Paris*
L'histoire d'une fée, c'est...
Date de sortie : 27 février 2001
Paroles : Mylène Farmer
Musique : Laurent Boutonnat
Ventes France : environ 70 000 exemplaires

LES MOTS
Date de sortie : 26 novembre 2001
Ventes France : environ 1 500 000 exemplaires

— Tracklisting :
CD 1
Maman a tort
Plus grandir
Libertine
Tristana

Sans contrefaçon
Ainsi soit je
Pourvu qu'elles soient douces
Sans logique
À quoi je sers
La veuve noire
Désenchantée
Regrets
Je t'aime mélancolie
Beyond My Control
Que mon cœur lâche

CD 2
Les Mots
California
XXL
L'Instant X
Comme j'ai mal
Rêver
C'est une belle journée
L'Âme-Stram-Gram
Je te rends ton amour
Effets secondaires
Souviens-toi du jour
Optimistique-moi
Innamoramento
L'Histoire d'une fée, c'est...
Pardonne-moi

— Singles extraits :
Les mots (en duo avec Seal)
Date de sortie : 13 novembre 2001
Paroles : Mylène Farmer
Musique : Laurent Boutonnat
Ventes France : environ 500 000 exemplaires
Clip réalisé par Laurent Boutonnat

C'est une belle journée
Date de sortie : 16 avril 2002
Paroles : Mylène Farmer
Musique : Laurent Boutonnat
Ventes France : environ 250 000 exemplaires
Clip réalisé par Benoît Di Sabatino

Pardonne-moi
Date de sortie : 21 octobre 2002
Paroles : Mylène Farmer
Musique : Laurent Boutonnat
Ventes France : environ 80 000 exemplaires
Clip réalisé par Laurent Boutonnat

REMIXES
Date de sortie : décembre 2003
Ventes France : environ 100 000 exemplaires

— Tracklisting :
Sans contrefaçon – J.C.A. remix – remixed by J.C.A.
L'Instant X – The X key mix by One-T – remixed by One-T
L'Âme-Stram-Gram – Full Intention Sultra Mix
C'est une belle journée – Devil Head remix – remixed by Devil Head
XXL – JXL remix remixed by Junkie XL in the Computer Hell Cabin
Je t'aime mélancolie – Felix Da Housecat remix – remixed by Felix Da Housecat
Pourvu qu'elles soient douces – Paul Oakenfold remix – remixed by Paul Oakenfold
California – Romain Tranchart & Rawman remix – remix ans additional production by Romain Tranchart et Rawman
Libertine – Y-Front remix – remixed by Y-Front (Volvox Music)

Optimisque-moi – Junior Jack psycho vocal mix – remix produced by Junior jack for Eye Industries

Désenchantée – Thunderpuss club anthem – remix produced by Thunderpuss

— Singles extraits
Sans contrefaçon (Remix)
Date de sortie : 05/08/2003

L'Instant X (Remix)
Date de sortie : 21/01/2004

AVANT QUE L'OMBRE...
Date de sortie : 04 avril 2005
Ventes France : environ 470 000 exemplaires

— Tracklisting :
Avant que l'ombre...
Fuck Them All
Dans les rues de Londres
Q.I.
Redonne-moi
Porno Graphique
Derrière les fenêtres
Aime
Tous ces combats
Ange, parle-moi
L'amour n'est rien
J'attends
Peut-être toi
Et pourtant...
Nobody knows (titre caché)

— Commentaire :
La chanteuse, qui appelait l'amour de ses vœux, a fini par être exaucée. C'est la grande nouvelle de l'album, claironnée sur tous les tons, dans *Q.I.*, *Peut-être toi* ou encore

J'attends. Avec le clip très abouti de *Fuck Them All*, Mylène change de peau, laissant derrière elle les fantômes du passé. Une mue qui laisse toutefois le public sur sa faim. Musicalement, l'album résonne comme du déjà entendu. Et malgré la virtuosité de certains textes, dont celui de *L'Amour n'est rien*, single qui cartonne en Russie, *Avant que l'ombre...* ne parvient pas à égaler les records de ventes des albums précédents – la crise du marché du disque est passée par là. Sans doute les fans se sentent-ils un peu exclus de la romance qui réjouit leur idole.

— Singles extraits :
Fuck Them All
Date de sortie : 16 avril 2005
Paroles : Mylène Farmer
Musique : Laurent Boutonnat
Ventes France : environ 120 000 exemplaires
Clip réalisé par Agustin Villaronga

Q.I.
Date de sortie : 04 juillet 2005
Paroles : Mylène Farmer
Musique : Laurent Boutonnat
Ventes France : environ 80 000 exemplaires
Clip réalisé par Benoît Lestang

Redonne-moi
Date de sortie : 02 janvier 2006
Paroles : Mylène Farmer
Musique : Laurent Boutonnat
Ventes France : environ 35 000 exemplaires
Clip réalisé par François Hanss

L'Amour n'est rien
Date de sortie : 27 mars 2006
Paroles : Mylène Farmer
Musique : Laurent Boutonnat

Ventes France : environ 60 000 exemplaires
Clip réalisé par S.Liberatore

Peut-être toi
Date de sortie : 21 août 2006
Paroles : Mylène Farmer
Musique : Laurent Boutonnat
Ventes France : environ 50 000 exemplaires
Clip réalisé par Kusumi Naoko

— Single extrait de *Go*, le best-of de Moby :
Slipping Away (Crier la vie)
Date de sortie : 25 septembre 2006
Paroles : Moby et Mylène Farmer
Musique : Moby
Ventes France : environ 250 000 exemplaires
Clip réalisé par Hugo Ramirez
Meilleur classement : n° 1 au Top 50

AVANT QUE L'OMBRE... À BERCY
Date de sortie : décembre 2006
Ventes France : environ 250 000 exemplaires

— Tracklisting :
CD 1
Introduction
Peut-être toi
XXL
Dans les rues de Londres
California
Porno Graphique
Sans contrefaçon
Q.I.
C'est une belle journée
Ange, parle-moi
Redonne-moi

CD 2
Rêver
L'Autre
Désenchantée
Nobody Knows
Je t'aime mélancolie
L'Amour n'est rien...
Déshabillez-moi
Les Mots (en duo avec Abraham Laboriel Jr)
Fuck Them All
Avant que l'ombre...

— Singles extraits :
Avant que l'ombre... (live)
Date de sortie : 20 novembre 2006
Paroles : Mylène Farmer
Musique : Laurent Boutonnat
Ventes France : environ 30 000 exemplaires
Clip réalisé par François Hanss

Déshabillez-moi (live)
Date de sortie : 05 mars 2007
Paroles : Mylène Farmer
Musique : Laurent Boutonnat
Ventes France : environ 20 000 exemplaires
Clip réalisé par François Hanss

POINT DE SUTURE
Date de sortie : 25 août 2008
Mise en place initiale : 300 000 exemplaires

— Tracklisting :
Dégénération
Appelle mon numéro
Je m'ennuie
Paradis inanimé
Looking For My Name (en duo avec Moby)

Point de suture
Réveiller le monde
Sextonik
C'est dans l'air
Si j'avais au moins...
Ave Maria (titre caché)

— Commentaire :

« Faut que ça bouge ! » Telle semble être la consigne générale de l'album, véritable collection de tubes en puissance. Adoptant un nouveau son électro pop concocté par un Laurent Boutonnat à son aise dans le genre, Mylène veut frapper un grand coup. Autant l'opus précédent était intimiste, autant *Point de suture* délivre un message ouvert sur le monde. Afin de *Réveiller le monde*, la star nous offre des titres énergétiques à souhait, comme *Je m'ennuie* ou *C'est dans l'air*. Et pour montrer qu'elle reste fidèle à ses origines libertines, elle célèbre le godemiché dans *Sextonik*. Plus discrètes qu'à l'ordinaire, les ballades n'en sont pas moins puissantes, à l'image du bouleversant *Point de suture*. Au final, l'album est sans aucun doute l'un des plus réussis de sa carrière.

— Singles extraits :
Dégénération
Paroles : Mylène Farmer
Musique : Laurent Boutonnat
Date de sortie : 18 août 2008
Clip réalisé par Bruno Aveillan
Meilleur classement : n° 1 au Top 50

À suivre...

Index des chansons citées

Pour toutes les chansons citées, sauf mention contraire :
Musique : Laurent Boutonnat
Paroles : Mylène Farmer
Label : Polydor

Notes

Prologue

1. Top Music, 1999.
2. Claude Gassian, *Mylène Farmer – Avant que l'ombre... à Bercy*, Anne Carrière, 2006.

1. « Pourquoi moi ? »

1. *Paris Match*, 20 mars 2008.
2. *Numéro Un*, novembre 1984.
3. Annie et Bernard Réval, *Mylène Farmer : De chair et de sang*, France-Empire, 2004.
4. *Rock Hit spécial*, 1989.

2. De l'inconvénient d'être née

1. *Paris Match*, 20 mars 2008.
2. Entretien avec l'auteur, le 28 mai 2008.
3. « Sept à huit », 6 janvier 2006.
4. *Angeline's*, n° 10, automne-hiver 1996.
5. Bernard Violet, *Mylène Farmer : une biographie*, 2004, Fayard.
6. « Sept à huit », 6 janvier 2006.
7. Rock FM, juillet 86.

3. La neige qui recouvre tout

1. « Sept à huit », 6 janvier 2006.
2. *Libération*, 18 septembre 1995.
3. « Sept à huit », 6 janvier 2006.

4. *Elle*, 23 décembre 1991.
5. « Sept à huit », 6 janvier 2006.
6. « Sept à huit », 6 janvier 2006.
7. *Graffiti*, 1986.
8. *Télé 7 Jours*, 6 avril 1991.
9. *Paris Match*, 6 décembre 2001.
10. « Sept à huit », 6 janvier 2006.

4. Une timidité maladive

1. « Mon Zénith à moi », 10 octobre 1987.
2. France Inter, 1994.
3. *Studio magazine*, n° 84, 1994.
4. Europe 1, 1991.
5. Annie et Bernard Réval, *Mylène Farmer : De chair et de sang*, France-Empire, 2004.
6. Entretien avec l'auteur, le 28 mai 2008.
7. Entretien avec l'auteur, le 11 juin 2008.
8. Entretien avec l'auteur, le 30 mai 2008.
9. *Platine*, février 1994.
10. Entretien avec l'auteur, 1996.
11. Annie et Bernard Réval, *Mylène Farmer : De chair et de sang*, France-Empire, 2004.
12. Benoît Cachin, *Mylène Farmer influences*, Tournon, 2006.
13. *Télé 7 Jours*, 12 mai 2008.

5. « Fille manquée »

1. *Rock News*, n° 33, décembre 1988.
2. « Mon Zénith à moi », 10 octobre 1987.
3. *Elle*, 11 décembre 1989.
4. *Graffiti*, 12 novembre 1988.
5. Pocket, 1999.
6. *OK*, n° 628, 25 janvier 1988.
7. *Elle*, 18 avril 2005.

6. La veine artistique

1. Jacques Lacan, *Écrits*, Seuil, p.99.
2. *Rock Hit spécial*, 1989.
3. Bernard Violet, *Mylène Farmer*, 2004, Fayard.
4. *Femme*, juin 1996.

5. « Sept à huit », 6 janvier 2006.
6. *Photo-Musique*, n° 28, juillet 1988

7. « Être indépendante »

1. Radio 2, Belgique, 1991.
2. Radio 2, Belgique, 1991.
3. Philippe Séguy, *Mylène Farmer ainsi soit-elle*, 1991, Tallandier.
4. *Studio magazine*, janvier 1994.
5. « Mon Zénith à moi », 10 octobre 1987.
6. Philippe Séguy, *Mylène Farmer ainsi soit-elle*, 1991, Tallandier.
7. *Graffiti*, 1986.
8. Philippe Séguy, *Mylène Farmer ainsi soit-elle*, 1991, Tallandier.
9. *Télé Z*, novembre 97.

8. La muse et le Pygmalion

1. *Le Matin de Paris*, 31 juillet 1986.
2. *Mylène Farmer et vous*, hors-série, été 2005.
3. *Le Matin de Paris*, 31 juillet 1986.
4. *Rock Hit Spécial*, janvier 1989.
5. *Nous Deux*, 25 juin 1991.
6. *Télé-Loisirs*, 1er août 1987.
7. *Le Matin de Paris*, 31 juillet 1986.
8. *France Soir*, 20 août 1986.
9. Annie et Bernard Réval, *Mylène Farmer : De chair et de sang*, France-Empire, 2004.
10. Annie et Bernard Réval, *Mylène Farmer : De chair et de sang*, France-Empire, 2004.
11. Entretien avec l'auteur, le 28 mai 2008.
12. Entretien avec l'auteur, le 11 juin 2008.
13. *Télé 7 Jours*, 6 avril 1991.
14. *Télé K7*, 15 avril 1991.
15. *Studio magazine*, octobre 94.
16. *Studio magazine*, octobre 94.
17. Bonus DVD de *Giorgino*, Fox Pathé Europa, 2007.
18. France Inter, 1994.
19. *20 Ans*, octobre 1994.
20. *France-Soir*, 3 avril 1987.
21. Interview réalisée par Jean-Rémy Gaudin-Bridet, le 4 janvier 2007.
22. *Télé 7 Jours*, 6 avril 1991.

9. Et Mylène devint Farmer

1. NRJ, 1988.
2. *Télé 7 Jours*, 5 décembre 1988.
3. Entretien avec l'auteur, le 30 mai 2008.

10. Occuper le terrain

1. Le Temps qu'il fait, 1998.
2. *Nous Deux*, 25 juin 1991.
3. *Graffiti*, 1986.
4. *Graffiti*, 1986.
5. *Charlie Hebdo*, juin 1984.
6. Annie et Bernard Réval, *Mylène Farmer : De chair et de sang*, France-Empire, 2004.
7. *Podium*, novembre 1984.
8. *Numéro Un*, novembre 1984.
9. *Cool*, 1984.
10. *Salut*, novembre 1984.
11. *Cool*, 1984.
12. *Salut*, novembre 1984.

11. Pourvu qu'elle soit rousse

1. Entretien avec l'auteur, 1996.
2. *Platine*, n° 18, février 1995.
3. *Salut*, n° 238, 7 novembre 1984.
4. *Elle*, 5 avril 1999.
5. Entretien avec l'auteur, 1996.
6. Entretien avec l'auteur, 1992.
7. Entretien avec l'auteur, le 30 mai 2008.
8. Récit de B. Le Page à l'auteur.

12. Créer une image

1. Journal d'Antenne 2, juillet 1986.
2. *Rock-Hit spécial*, février 1989.
3. *Numéro 1*, janvier 1986.
4. *Nous deux*, 25 juin 1991.
5. Annie et Bernard Réval, *Mylène Farmer : De chair et de sang*, France-Empire, 2004.
6. *Télé 7 Jours*, 1995.
7. *Mylène Farmer International Fan-Club*, n° 28, été 2000.

8. *Mylène Farmer International Fan-Club*, n° 28, été 2000.

13. Mylène est Libertine

1. *Télé 7 Jours*, n° 1483, 29 octobre 1988.
2. *Nous deux*, 7 juin 1988.
3. *Télé 7 Jours*, 4 novembre 1993.
4. Entretien avec l'auteur, le 11 juin 2008.
5. Entretien avec l'auteur, le 28 mai 2008.
6. Interview avec Claire Chazal sur TF1, le 31 août 2008.

14. Provoquer pour exister

1. *Charlie Hebdo*, juin 1984.
2. Entretien avec l'auteur, le 28 mai 2008.
3. *Salut*, novembre, 1984.
4. *Charlie Hebdo*, juin 1984.
5. *La Dépêche du Midi*, 24 août 1984.
6. MCM, 2000.
7. Anne Carrière, 2003.

15. Never explain

1. Antoni Gronowics, *Garbo, son histoire*, Presses de La Renaissance, 1990.
2. *L'Evénement du jeudi*, 31 décembre 1986.
3. MCM, 2000.
4. *Paris Match*, 20 mars 2008.
5. Le Temps qu'il fait, 1998.
6. *Rock Hit spécial*, 1989.
7. Paris Première, 13 juin 1996.
8. Rock Hit spécial, 1989.
9. *Paris Match*, 20 mars 2008.
10. *Paris Match*, novembre 2001.

16. Dernier sourire

1. Robert Laffont, 1995, 2001.
2. *Mylène Farmer International Fan Club*, n° 30, printemps 2001.
3. *Mylène Farmer International Fan Club*, n° 30, printemps 2001.

17. Je t'aime mélancolie

1. *Dorothée magazine*, 1er juin 1991
2. *France Soir*, 13 avril 1991.
3. Europe 1, 1991.
4. Annie et Bernard Réval, *Mylène Farmer : De chair et de sang*, France-Empire, 2004.
5. « Sept à huit », 6 janvier 2006.
6. *Rock Hit spécial*, 1989.
7. Entretien de l'auteur avec Philippe Séguy.
8. NRJ, 1988.
9. « Sept à huit », 6 janvier 2006.
10. Cioran, *Sur les cimes du désespoir*, Livre de Poche, 1991.
11. *Télé Poche*, Noël 1991.
12. Gallimard, 1989.

18. « On va le payer très cher »

1. Philippe Séguy, *Mylène Farmer ainsi soit-elle*, 1993, Tallandier.
2. Annie et Bernard Réval, *Mylène Farmer : De chair et de sang*, France-Empire, 2004.
3. Bonus DVD de *Giorgino*, Fox Pathé Europa, 2007.
4. *Studio magazine*, octobre 1994.
5. *Télé 7 Jours*, octobre 1994.
6. Bonus DVD de *Giorgino*, Fox Pathé Europa, 2007.
7. Dossier de presse, 1994.
8. *Instant-Mag*, hors-série Giorgino.
9. *Instant-Mag*, hors-série Giorgino.
10. *Instant-Mag*, hors-série Giorgino.
11. Annie et Bernard Réval, *Mylène Farmer : De chair et de sang*, France-Empire, 2004.

19. L'exil américain

1. *Instant-Mag*, n° 15, automne 2003.
2. La Table Ronde, 2003.
3. *Ciné-Télé Revue*, 7 octobre 1999.
4. *Instant-Mag*, n° 15, automne 2003.
5. *Gala*, 10 mai 1996.
6. *Spécial télé*, juin 1996.
7. Radio 21, Belgique, 1995.
8. « Paul Amar », Paris Première, 13 juin 1996.
9. *Télé 7 Jours*, novembre 1995.

10. Bonus du DVD Mylenium Tour, Polydor, 2001.

20. L'épreuve du miroir

1. *Mylène Farmer International Fan Club*, n° 21, automne 1998.
2. *Mylène Farmer International Fan Club* n° 25, automne 1999.
3. *Spécial Télé*, juin 1996.
4. Entretien réalisé par Pierre Fageolle, janvier 1996.
5. *Spécial Télé*, juin 96.
6. Entretien avec l'auteur, le 28 mai 2008.
7. *Mylène Farmer International Fan Club*, n° 21, automne 1998.
8. *Podium*, janvier 89.
9. « Sept à huit », 6 janvier 2006.
10. Mylène Farmer et vous, août 2005.
11. « Sept à huit », 6 janvier 2006.
12. Entretien avec l'auteur, le 30 mai 2008.

21. Ce que Mylène veut...

1. *Lyon Matin*, 11 mai 1989.
2. *Télé 7 Jours*, octobre 1988.
3. Annie et Bernard Réval, *Mylène Farmer . De chair et de sang*, France-Empire, 2004.
4. Annie et Bernard Réval, *Mylène Farmer : De chair et de sang*, France-Empire, 2004.
5. Entretien avec l'auteur, 1996.
6. Annie et Bernard Réval, *Mylène Farmer : De chair et de sang*, France-Empire, 2004.
7. *Mylène Farmer et vous*, n° 22, automne 2007.
8. Journal de 20 heures, TF1, 24 octobre 1996.
9. *Le Nouvel Observateur*, 1996.
10. *Mylène Farmer et vous*, n° 22, automne 2007.
11. *Mylène Farmer et vous*, n° 22, automne 2007.
12. *Mylène Farmer et vous*, n° 22, automne 2007.
13. Annie et Bernard Réval, *Mylène Farmer : De chair et de sang*, France-Empire, 2004.

22. La lectrice cannibale

1. *Mylène Farmer International Fan-Club*, n° 28, été 2000.
2. Entretien avec l'auteur, le 28 mai 2008.
3. Francesco Alberoni, *Le Choc amoureux*, 1993, Press Pocket.

4. Primo Levi, *Si c'est un homme*, Pocket, 1998.
5. *Le Petit Prince*, Folio, 1999.
6. Le Temps qu'il fait, 1998.
7. Pocket, 1999.
8. Pocket, 1993.
9. *Rock Hit spécial*, 1989.

23. « Oui, je suis narcissique »

1. *Rock Hit*, février 1989.
2. *Rock Hit*, février 1989.
3. *Salut*, 10 avril 1991.
4. *Télé Magazine*, 3 juin 1991.
5. *Nous Deux*, 25 juin 1991.
6. *Studio magazine*, octobre 1994.
7. *Télé Poche*, 30 septembre 1991.
8. Annie et Bernard Réval, *Mylène Farmer : De chair et de sang*, France-Empire, 2004.
9. Entretien avec l'auteur, le 28 mai 2008.
10. Annie et Bernard Réval, *Mylène Farmer : De chair et de sang*, France-Empire, 2004.
11. *Mylène Farmer et vous*, août 2005.
12. *Boys and Girls*, mars 1985.
13. *Télé 7 Jours*, 6 avril 1991.
14. *Télé 7 Jours*, 6 avril 1991.
15. Annie et Bernard Réval, *Mylène Farmer : De chair et de sang*, France-Empire, 2004.
16. TVA, Canada, 1999.

24. Le bestiaire farmerien

1. « Mon Zénith à moi. », 10 octobre 1987.
2. *Podium*, janvier 1989.
3. *Cine-Télé revue*, 7 octobre 1999.
4. *Star Music*, 1991.
5. « Sept à huit », 6 janvier 2006.

25. Un corps parfait

1. MCM, 2000.
2. *Mylène Farmer et vous*, hors-série, été 2005.
3. Entretien avec l'auteur, le 30 mai 2008.

4. *Mylène Farmer International Fan-Club*, n° 28, été 2000.
5. MCM, 2000.
6. *Mylène Farmer International Fan-Club*, n° 28, été 2000.
7. Entretien avec l'auteur, 1996.
8. Entretien de Caroline Quemerais avec l'auteur.

26. Les mots sont nos vies

1. Europe 1, 1991.
2. *Podium*, janvier 1989.
3. *Rock Hit*, janvier-février 1989.
4. MCM, 1993.
5. RTL, 1991.
6. Rock Hit spécial, 1989.
7. Entretien avec l'auteur, 1996.
8. Rock Hit Spécial, 1989.
9. *Télé 7 Jours*, 4 novembre 1995.
10. *Mylène Farmer et Vous*, n° 17, août 2006.
11. *Madame Figaro*, 30 novembre 1991.
12. *Radio Scoop*, Lyon, 1999.
13. *Radio Scoop*, Lyon, 1999.
14. Anne Carrière, 2003.

27. Dieu ou l'angoisse du vide

1. *Elle*, 23 décembre 91.
2. « Mon Zénith à moi. », 10 octobre 1987.
3. *France soir*, 13 avril 1991.
4. *Salut*, 10 avril 1991.
5. La Table ronde, 2003.
6. RTL, Journal, 1995.
7. *Top Music*, 1999.

28. Naissance d'une femme

1. Philippe Soguy, *Ainsi soit-elle*, 1991, Tallandier.
2. *Boys and Girls*, mars 1985.
3. *Spécial Télé*, juin 1996.
4. *Boys and Girls*, mars 1985.
5. *Paris Match*, 1999.

29. Tout contrôler

1. Flash, 2002.
2. *Paris Match*, 6 décembre 2001.
3. Entretien avec l'auteur, le 11 juin 2008.
4. Entretien avec l'auteur, le 28 mai 2008.
5. *Pulsion*, mai 1988.
6. Entretien avec l'auteur, le 28 mai 2008.
7. *Elle*, avril 1991.
8. *Rock Hit spécial*, 1989.
9. Annie et Bernard Réval, *Mylène Farmer : De chair et de sang*, France-Empire, 2004.
10. Annie et Bernard Réval, *Mylène Farmer : De chair et de sang*, France-Empire, 2004.
11. RTL Belgique, 1996.
12. *Mylène Farmer et vous*, n° 19, hiver 2007.
13. *Mylène Farmer et vous*, n° 19, hiver 2007.
14. *Mylène Farmer et vous*, n° 19, hiver 2007.
15. *Mylène Farmer et vous*, n° 22, automne 2007.
16. *Rock-Hit spécial*, 1989.

30. « C'est un ami, c'est lui »

1. *Rock Hit spécial*, 1989.
2. Skyrock, 1988.
3. Entretien avec l'auteur.
4. Annie et Bernard Réval, *Mylène Farmer : De chair et de sang*, France-Empire, 2004.
5. *Madame Figaro*, 1er novembre 1991.
6. *Paris Match*, 7 octobre 1999.
7. TVA, Canada, 1999.
8. TVA, Canada, 1999.
9. *Mylène Farmer International Fan-Club*, n° 11, janvier 1996.
10. *Madame Figaro*, 1er novembre 1991.
11. RTL, 1991.
12. Philippe Séguy, *Mylène Farmer ainsi soit-elle*, 1993, Tallandier.
13. *Mylène Farmer International Fan-Club*, n° 11, janvier 1996.
14. *Elle*, 5 avril 1999.
15. *Paris Match*, 20 mars 2008.
16. *Télé-Magazine*, 8 juin 1991.

31. Dans la main d'Isis

1. *Questions de femme*, novembre 1996.
2. « Mon Zénith à moi. », 10 octobre 1987.
3. Francesco Alberoni, *Le Choc amoureux*, 1993, Press Pocket.

32. « Rentrez chez vous, il fait froid »

1. *Paris Match*, 20 mars 2008.
2. *Pulsion*, mai 1988.
3. Entretien avec l'auteur, le 28 mai 2008.
4. Annie et Bernard Réval, *Mylène Farmer : De chair et de sang*, France-Empire, 2004.
5. *Le Parisien*, 14 novembre 1991.
6. *Oh la*, février 1992.
7. *Star Magazine*, juin 1996.
8. *VSD*, 5 décembre 1996.
9. Entretien avec l'auteur, le 16 juin 2008.
10. *Paris Match*, 6 décembre 2001.
11. Christophe-Ange Papini, *Deux ans à l'attendre,* K&B éditions, 2007.
12. Christophe-Ange Papini, *Deux ans à l'attendre,* K&B éditions, 2007.
13. « Sept à huit », 6 janvier 2006.
14. « Paul Amar », Paris Première, 13 juin 1996.
15. *France soir*, 7 décembre 1989.

33. « Je m'ennuie »

1. *Paris Match*, 20 mars 2008.
2. *Télé Magazine*, 9 août 1986.
3. *Paris Match*, 20 mars 2008.
4. *Têtu*, septembre 2008.
5. *Têtu*, septembre 2008.

34. Le business Farmer

1. Entretien avec l'auteur, février 2005.
2. *Voici*, 6 septembre 2004.
3. Entretien avec l'auteur, le 30 mai 2008.
4. Top Music, 1999.
5. Entretien avec l'auteur, le 28 mai 2008.
6. Entretien réalisé par Pierre Fageolle, janvier 1996.

7. *VSD*, 4-9 novembre 2004.
8. *OK*, 25 janvier 1988.
9. MCM, 1993.
10. *Figaro Magazine*, 1991.
11. Annie et Bernard Réval, *Mylène Farmer : De chair et de sang*, France-Empire, 2004.
12. *Têtu*, septembre 2008.

35. « Tendre et drôle »

1. Entretien avec l'auteur, le 30 mai 2008.
2. *Mylène Farmer International Fan-Club*, n° 14, novembre 1996.
3. *Charlie Hebdo*, juin 1984.
4. Annie et Bernard Réval, *Mylène Farmer : De chair et de sang*, France-Empire, 2004.
5. Entretien avec l'auteur, le 28 mai 2008.
6. *Mylène Farmer International Fan-Club*, n° 20, été 1998.
7. *Mylène Farmer International Fan-Club*, n° 16, mai 1997.
8. *Têtu*, septembre 2008.
9. MCM, 1993.

36. Peut-être lui

1. Francesco Alberoni, *Le Choc amoureux*, 1993, Press Pocket.
2. Radio Scoop, Lyon, 1999.
3. *Mylène Farmer International Fan-Club*, n° 28, été 2000.
4. *Paris Match*, 20 mars 2008.
5. *Gala*, 2 juillet 2008.

37. Icône gay

1. *Têtu*, septembre 2008.
2. *Têtu*, septembre 2008.
3. *Têtu*, septembre 2008.
4. *Gai-Pied*, 1986.
5. *Mylène Farmer International Fan-Club*, n° 17, août 1997.
6. *Têtu*, septembre 2008.

38. La voix d'un ange déchu

1. *Instant-Mag*, été 2003.
2. *Instant-Mag*, été 2003.
3. MCM, 1993.
4. *Instant-Mag*, été 2003.
5. MCM, 1993.
6. *Têtu*, septembre 2008.
7. Rock Hit spécial, 1989.
8. *Instant-Mag*, n° 15, automne 2003.

39. Tourner la page

1. *Mylène Farmer International Fan Club*, n° 21, automne 1998.
2. Antoine, Bioy, Benjamin Thiry, et Caroline Bee *Mylène Farmer, La part d'ombre*, L'Archipel, 2003.
3. Annie et Bernard Réval, *Mylène Farmer : De chair et de sang*, France-Empire, 2004.
4. *Mylène Farmer et vous*, hors-série, été 2005.
5. Entretien avec l'auteur, le 11 juin 2008.
6. Entretien avec l'auteur.
7. Annie et Bernard Réval, *Mylène Farmer : De chair et de sang*, France-Empire, 2004.
8. Annie et Bernard Réval, *Mylène Farmer : De chair et de sang*, France-Empire, 2004.
9. Annie et Bernard Réval, *Mylène Farmer : De chair et de sang*, France-Empire, 2004.
10. Entretien avec l'auteur, le 30 mai 2008.
11. Annie et Bernard Réval, *Mylène Farmer : De chair et de sang*, France-Empire, 2004.
12. Annie et Bernard Réval, *Mylène Farmer : De chair et de sang*, France-Empire, 2004.

40. Un mythe de son vivant

1. Edgar Allan Poe, *Histoires extraordinaires*, Folio Classique, 2004.
2. *Lire*, avril 1999.
3. *Paris Match*, 6 décembre 2001.
4. *Têtu*, septembre 2008.
5. *Télé 7 Jours*, 6 avril 1992.
6. RTL, Génération laser, 1991.
7. Balzac éditions, 1995.

8. Sigmund Freud, *L'Interprétation des rêves*, PUF, 1999.

41. Le risque de l'absence

1. *Paris Match*, 20 mars 2008.
2. *Libération*, 16 janvier 2006.
3. *La Société des people*, du même auteur, publié aux éditions Michalon en mai 2008.
4. *Paris Match*, 20 mars 2008.

42. Si vieillir lui était compté

1. *Instant Mag*, automne 2003.
2. *Mylène Farmer International Fan-Club*, n° 28, été 2000.
3. *Paris Match*, 20 mars 2008.
4. « Sept à huit », 6 janvier 2006.
5. Entretien avec l'auteur, le 11 juin 2008.
6. *Mylène Farmer et vous*, n° 19, hiver 2007.
7. *Paris Match*, 20 mars 2008.
8. *Paris Match*, 20 mars 2008.
9. Conférence de presse, 16 décembre 2004.
10. « Sept à huit », 6 janvier 2006.
11. *Mylène Farmer et vous*, hors-série, été 2005.
12. *Salut*, 10 avril 1991.
13. « Sept à huit », 6 janvier 2006.

Table

Photocomposition Nord Compo
Villeneuve d'Ascq

Imprimé par CPI Firmin Didot
Dépôt légal : novembre 2008
N° d'édition : L.01ELKN000212.N001 - N° d'impression : 92296

Imprimé en France